尋訪歐洲名人的蹤跡

歐洲華文作家協會 著

高關中、楊翠屏 主編

趙淑俠序言

　　自 1991 年歐華作協成立以來,會友們努力不懈的往前邁進,追求進步,表現及突破。出書是其中目標之一。從 1998 年出版第一本《歐羅巴的編鐘協奏》後,至今整整二十年,已出了十一本合集,這本《尋訪歐洲名人的蹤跡》是歐華作協所屬「歐華文庫」的第十二本會員作品。

　　作協成立迄今已 27 年,平均每兩年餘便出版一冊選集,給會員出版作品已成常態,能做出這樣的成績,對任何一個寫作團體都不尋常,何況在內容方面如此多樣化。在寫過微型小說,旅遊,教育,環保,飲食等主題之後,這次書寫的是「名人」。這些名人並非只是空泛的浪得虛名者,他或她們都是在其所屬的領域裡表現傑出,對自己的國家,甚至對世界,有巨大供獻,青史留名的傑出人物。他們的名,是經過時間和專業性質的考驗,篩選出的實至名歸的盛名。

　　編輯這樣的一本書絕非易事,由高關中和楊翠屏兩位文友擔任主編職責,可說恰如其分。高關中居住德國漢堡。漢堡大學經濟學碩士,榮譽文學博士。多年來筆耕不輟,總計問世著述 500 多萬字。作品以列國風土、遊記、人物傳記、西方文化介紹等為主。新近出版《寫在旅居歐洲時——三十位歐華作家的生命歷程》及《大風之歌—— 38 位牽動臺灣歷史的時代巨擘》。為撰寫旅遊文學及人物傳記的重要作家。

　　居住在法國里昂的楊翠屏,是巴黎七大的文學博士。她是位行萬里路讀萬卷書的女作家,對歐洲的史學文學有精深研究。著作多

種，從文藝作品中見其學術根底。譯作有《西蒙波娃回憶錄》，風行知識界。是一學者型作家。

由 30 位文友介紹的 51 位歐洲名人，涵蓋的領域涉及：文學、藝術、音樂及政治、軍事、科學思想和社會活動等等。經兩位主編逐篇審閱，進行校正整理，一本完整的《尋訪歐洲名人的蹤跡》得以成型。歐華出版的十一本文集之中，有十本我曾寫序。歐華是我的「老家」、「故鄉」。所以無論在外面說了多少次「不」，對歐華可是說不出口的。當高關中弟向我提起寫「序文」時，我便像以往一樣，二話不說便答應下來，說願寫篇一千餘字的小文權當序言。

主編寄來了全部稿件。看篇名目錄，我竟有如見故人般的激動和喜悅。因為被介紹談論的五十一位「名人」的名字，對我來說，竟沒有一位是完全陌生的。從少年時就熟知的托爾斯泰、契訶夫、歌德、湯瑪斯・曼、安徒生、喬治・桑、莫內、塞尚、瓦格納、柴可夫斯基、柯南・道爾等等，和到歐洲後才漸漸熟習的布萊希特、格拉斯、德國首任總理阿登納、波蘭政治家華勒沙等，連莫索爾所寫的西班牙作曲家羅德里哥都聽過大名。這些出類拔萃的人間毓秀們，曾怎樣走過他們的人生路？他們的不凡成就是怎樣達成的？都非常值得用文字記錄下來，給後人啟發，增加知識和智慧。

再將全文匆匆瀏覽一遍，覺的這真是一本內容豐富的書，涉及的主題多面性，被例舉的五十一位名人，都曾給歷史留痕，給社會造成影響。這樣的一本書，一千字的序是不夠的，我也不想只敷衍的做「送文藝花籃」式的人情。寫信去問主編、寫長點有地方容納嗎？他回信說：「有。你就寫吧！」

這樣的一本以「名人」為主題的書，不能僅憑著作者個人的認知和臆斷，或像一般敘事寫景那樣任意發揮，而是要下考證功夫，認定資料正確後，才能下筆。書中記述五十一位「名人」的文章的之內容，都曾是真實的存在。文中所寫的他們的事蹟，是他們實際做過或

說過，至少也應是作者根據他們的言行，判斷推論出來才成文的。雖非正式的「傳記」，卻有傳記的寫實性。

因為歐華作協是文學團體，會友們對文學的題材最靠近也最熟悉，所以談論歐洲文學家的文章竟達 18 篇，其中有呂大明的〈重訪阿房河：莎士比亞故鄉行〉，告訴我們她怎樣欣賞莎翁的戲劇。有麥勝梅談〈諾貝爾文學獎得主湯瑪斯・曼的一生〉。朱文輝的三篇有關推理小說作家的文章，說明他對「偵推文學」的知識是何等的豐富。加上他本身就是專攻推理小說的作者，已憑著精深的的德文造詣，逐漸打入西方文壇，德語書一本接著一本的出版。是華文作家成功打入西方文壇的代表性例子之一。

丘彥明本身是畫家，她的三篇文章：〈荷蘭美術家林布蘭和萊登城〉、〈我與達文西的緣分〉、〈我愛莫內的花園〉，還有西楠、高蓓明、夏青青、岩子，倪娜的談藝術家的美文，可說都是行家談行家，給人啟示頗多。

趙無極，這位被西方畫壇接納的中國畫家，在巴黎生活了一輩子，他過得好嗎？郭鳳西為我們娓娓道來。

張琴的〈畢卡索的毀滅與創造〉，譚綠屏的〈居里夫人——走過磨難的外嫁女〉，顏敏如的〈一杯酒、一支雪茄，手中有一本書——出版家羅沃特〉，楊翠屏的〈不向命運低頭的法國女作家：喬治・桑〉。倪娜的〈諾獎得主德國政治良心作家格拉斯〉，黃雨欣的〈德國戲劇家布萊希特的歸宿〉，池元蓮的〈童話大師安徒生〉等，可說都是情文並茂的傳記性散文，不但寫出了「名人」獨特的生活方式，也寫出了他們的精神。托爾斯泰〈翹家〉這一段，眾說紛紜，托翁到底是為了甚麼原因，在耄耋之年逃家出走？讀過白嗣宏的〈托爾斯泰與光明之園〉，終於明白了。

在此我要稍作討論的是〈奧地利作家茨威格：昨日世界〉。方麗娜把茨威格這位作家的文與人以及他生存的時代，做了嚴密的觀察

和分析，認為茨威格：「最擅長女性的心理描寫，常常用詩一般動人的語言娓娓道來，復活了湮滅在記憶灰燼中的、蟄伏心底的、最隱秘最微妙的感情。他能輕易穿透筆下每一個角色的靈魂，還原其豐沛的血肉情愫，引領讀者去傾聽軀體內部火熱的激情，去體察隱藏在平靜面容下的暗流洶湧，去感觸與生俱來的高尚與卑鄙情感的共存，讓人迷醉於人類共通的深不可測的靈魂悸動」。她分析得非常深刻，像是一篇條理分明的「導讀」。

斯蒂芬‧茨威格是我所知的作家，但我手中已無他的書：因在兩年前已將一千多本書，送給了一位要成立私人圖書的朋友。其中包括大部分的文學作品。但憑著記憶，還能記起他的中篇小說《一名陌生女子的來信》。這本書 1922 出版，是多年來書市場的「長銷書」，一直受到讀者歡迎，我是忠實讀者之一。故事是著名作家亞爾，四十一歲生日那天收到一封長信，寫信的是一位維也納女子，這女子自少年時就暗戀他，從他無名到成名，她沒變過。名作家亞爾的身邊有無數女人，和多個女人有過性行為，包括她在內，她跟他有過二次性行為，造成她的懷孕。她未聲張，只含辛茹苦撫養著小孩長大。沒向他求援，也不在意他身邊的女人，但孩子因病死亡，她自身亦病重垂危。在臨終前她寫信給作家亞爾，沉痛的表示：「在我一生最後的時刻，我也沒有收到過你一行字，我把我的一生都獻給你了，可是我沒收到過你一封信。我等啊，絕望地等著。你沒有來叫我，你一行字也沒有寫給我……一個字也沒有……。」作家亞爾終於知道了這位陌生女子的存在，良知復甦，自責不已。此時她已經離世，他連這位女子的面容都記不起來，一切都晚了。

正如方麗娜文中所言「茨威格描寫女心理，比女性本身還細膩。」在歐洲一片黑暗的時候，茨威格和他的妻子在巴西過安靜日子。但於 1942 年 2 月 22 日，夫妻卻雙雙服用鎮靜劑自殺。留下的遺言說：「出於自願和理智的思考。」

比起英法德奧，捷克離得似乎遠了一些，因此不管東方或西方，對捷克文壇的情況都較陌生。卡夫卡（Franz Kafka），存在主義的代表性作家，當然無人不知。1984 年獲得諾貝爾文學獎的捷克詩人塞弗爾特（Jaroslav Seifert），也略知一二。歐洲文壇喜歡政治性濃，特別是對自己的政府採取批判態度，甚至專唱反調的作家，所以那時哈威爾是被注目的，稱得上國際知名。當旅居法國的捷克作家，米蘭‧昆德拉踏足前人走出的存在主義之路，開闢了一個新的方向，1984 年出版哲學小說《不能承受的存在之輕》後，被讀者大眾喜愛的程度可用「洛陽紙貴」來形容。

　　整體而言，世界文壇並沒冷落捷克的寫作界。不過坦承的說：的確很少人知道赫拉巴爾的名字。也不是故意漠視，是他的著作沒走出捷克國境，正如老木所言：赫拉巴爾在很長一段時間內成了名副其實的「民族作家」。

　　憶起半世紀前初到歐洲時，跟西方人提起魯迅和胡適的名字，都說聞所未聞。他們知道而且肯定的是林語堂。理由很簡單，林語堂可直接用英文創作，西方文學界和一般讀者，有機會像對待西方作家的作品一樣，去接觸他的作品。所以，魯迅和胡適的處境和赫拉巴爾一樣：很長一段時間內成了名副其實的「民族作家」。老木用他細微的觀察，詳盡地介紹了當下的捷克文壇。

　　住在維也納的常暉，和德國許家結一樣，一口氣寫了兩篇音樂家的事跡，可見他們對音樂的喜愛與深知。說真的，這項喜好可說是我的同志。在歐洲四十年，我酷愛西方古典音樂，對巴哈、貝多芬、莫札特的作品最為激賞，也喜聽唱。男高音是我的最愛，堪稱半個歌劇迷。對音樂本身和作曲家的歷史，我也頗投入的鑽研過，最崇拜的是巴哈，非常同意名指揮家卡拉揚所說：「聆聽巴哈的音樂，彷彿清泉流淌在心靈。」大文豪歌德對巴哈的評語也恰如其分：「如永恆和諧的自身對話，有一股律動，源源而出。」貝多芬說的更中要害：

「巴哈不是小溪，而是大海。」他當然是大海，自由自在的迴盪的在天地萬物之間。

在威爾第的歌劇中，女性的確常常被當成「社會的犧牲品」給處理掉。十九世紀中期對女性的觀念就是那樣的標準，歌劇家威爾第就算有心也不見得有足夠的力量去改變，何況他可能根本沒往這方面去想，而只顧依照淒美的原著編成感人的歌劇。

試看 1856 年問世的小說《包法利夫人》，女主角為改變自己的人生而毅然追求愛情，結果下場如何？1874 年俄國大作家‧托爾斯泰的小說《安娜‧卡列尼娜》問世了，被廣泛認為是寫實主義小說的經典代表，他的女主角卻是為了不做「社會的犧牲品」，不顧一切地衝了出去。結果是自我毀滅。

這不是單一問題，是時代、社會、兩性和思想的問題。認真發揮起來足以寫成一本厚書，在這篇短序裡是說不清的。一般批評《茶花女》都著眼在「階級」，基本觀念是：阿芒是上流社會的富家子弟，不被允許和一個風塵女子戀愛。常暉在歌劇《茶花女》中發現這其間的衝突，源自兩性問題，是思想的一項突破。

《尋訪歐洲名人的蹤跡》內的佳作甚多，謝盛友的三篇全沒離開他的第二故鄉班貝格古城，比利時的方蓮華寫《丁丁歷險記》，郭蕾寫出了挪威海的浪漫，穆紫荊常常走過希特勒的老鷹窩，哲學家黃鶴昇漫步新天鵝堡，懷念路德維希二世的一生，高關中寫了七篇宏文，發現他是見那一欄文章量不足，就自己補上一篇，真是一位負責又煞費苦心的主編。

《尋訪歐洲名人的蹤跡》是一本內容厚實，多姿多采，可讀性高的書。恭賀歐華作協的豐碩成果。

2018 年 2 月 13 日

（趙淑俠為歐洲華文作家協會創會會長）

麥勝梅序言：歐洲名人的魅力

　　老伴最近又出差了，這回是要到北德一個靠海邊的不魯克村（Brokdorf）工作兩周。這幾天還下了雪，老伴說從辦公室窗口看出去，可以看到雪白一片的「湖泊」。可是公司的同事 L 女士卻告訴他，那不是湖，它只不過是一個個大水坑而已。

　　原來，這一帶每逢天下大雨，水壩和河堤便氾濫成災。為了阻止災難發生，村民在這附近挖很多泥土去填補河堤，大片的土地被挖走後，便留下一處處的大坑，日久就形成湖狀的水坑。據 L 女士說，詩人兼作家狄奧多·施篤姆（Theodor Storm, 1817-1888）曾經在《駿馬騎士》一書中，闡述築堤修堤的種種。詩人熟悉這一帶的環境，所以每在風聲呼嘯的長夜中，都能體恤居民的忐忑心情。

　　她接著又問老伴可聽說過這位詩人？這下子可考倒了這位「理工大兵」了，在他正感到有點尷尬之時，她又丟下一句：「也許您太太讀過施篤姆的詩，她不是很喜歡詩歌嗎？」

　　德國人一向重視故鄉文化，L 女士也是如此。施篤姆是德國十九世紀的著名文學家，晚年就在離小村子約 40 公里的小鎮哈德瑪遜 Hademarschen 度過，難怪這一帶的居民都與有榮焉。

　　正巧我不但讀過施篤姆的詩，還譯過不少他的詩歌，於是順手把一些譯作傳給他，讓他給她過目，並謝謝她告訴我們關於河堤和詩人的故事。其實胡松姆小鎮 Husum 才是詩人的出生地，記得他是這樣描繪的：

灰色的海灘和灰色的海

就在城市的不遠處

霧濃濃地壓在屋頂上

在寂靜中傳來海的咆哮

無聊地圍繞著城市

……

（節譯自施篤姆一首以《城市》為題的詩）

　　重讀施篤姆詩篇，彷彿聽到了詩人的召喚一般，我忽然好想走入那片靠海的土地。於是答應老伴，在他下一回出差時，我將陪同他去尋訪施篤姆的故里。

　　我相信人們對於歷史名人的敬仰，都是從閱讀中得來的，因為字裡行間中都有他們的閃耀著光輝的身影。

　　記得小時愛看故事書，花木蘭「代父從軍」的英勇表現，和司馬光幼時的「破缸救友」，留下深刻的印象。上初中時期，膾炙人口的拿破崙、居禮夫人等傳記成為我喜愛的課外讀物。拿破崙是 19 世紀的一代豪傑，他的雄心大志確實激蕩人心，但是他的失敗，促使我洞悉了他成功的因素，他一生的光榮，不在「永不失敗」，而在於能夠「屢敗屢起」，志在要成功，所以他未嘗躊躇過，在必要時，甚至不擇手段。

　　生活在一個「歧視女性」的時代，居禮夫人有不同的遭遇和束縛，她獲得兩次諾貝爾獎，她的光榮背後卻隱藏了很多不為人知的辛酸。讓人深切地了解所有的成功者，都經過不斷的奮鬥，絕不是不勞而獲的。

　　隨著年紀的增長，我閱覽了更多的歷史名人故事，至今，沒讓我減少對他們的敬仰。一路走來，我亦趨亦步地築起自己的文學夢，建造自己的魂，享受在書籍中與名人不期而遇的樂趣。

2017 年歐華作協年會在華沙召開，華沙是波蘭最大的城市和政經文教中心，也是音樂家蕭邦和居禮夫人的故里，我忽然有一個想法，期望借用歐華作家之筆，借古鑑今，寫出歷史名人高風亮節的精神，讓別人和自己一讀再讀。於是在接過歐華作協會長之棒後，便將我的心意告訴各位會員，並且推薦兩位理事高關中先生和楊翠屏女士主編《尋訪歐洲名人的蹤跡》一書。

　　頂著「活字典」美譽的高先生，在過去 30 年的寫作生涯，涉獵廣泛，著述豐富，他曾經出版了多本列國風土作品。然而，傳記的書寫也是他的專長，2014 年出版了《寫在旅居歐洲時——三十位歐華作家的生命歷程》和 2016 年出版的《大風之歌——38 位牽動臺灣歷史的時代巨擘》兩部具有代表性的著作。楊翠屏女士潛心研究法國和西班牙的歷史與文化多年，著有《名女作家的背後》、《誰說法國只有浪漫》、《情繫西班牙》等書，她不僅對歐洲的城市、宗教、歷史與人物感到興趣，並秉持著傳遞知識的使命及激情。這次由他們兩位攜手合作向讀者推介歐洲名人逸事，實在是最適宜的事了。

　　《尋訪歐洲名人的蹤跡》全書共有 51 篇，基於編選作業的訴求，分為六部分敘述，他們分別為文學家，美術家、建築藝術家，音樂家，思想家、社會活動家，政治家和軍事家。又因基於歷史觀上，具有影響力的重要人物，大體按其時代先後呈現。

　　閱讀全稿，發現論述文學家的文章共有十八篇，舉凡著名的文學家如莎士比亞、歌德、賽凡提斯、安徒生、托爾斯泰等都有他們和獨特的成長過程，作者以不同的文體形式各顯神通，旨在表揚文學家的創作成就。豐富的題材是書中最引人入勝的部分。

　　佔篇幅排第二多的是美術家、建築藝術家的部分，接著是音樂家部分。這兩部分可稱賞心悅目的篇章，讀者可以欣賞人類匠心獨具開創的藝術典範，儘管每一篇行文風格不同，但落筆不外在加強讀者閱讀的趣味。

說到這裡，我發現「找尋名人蹤跡」已成為一個關鍵詞，在創作的過程中，「閱讀」雖說可以豁人耳目，但若能置身其中，記憶就更不同凡響了。例如我們來到心儀的名人故里的時候，特別在面對達文西、梵谷、畢加索和高迪等神工意匠的藝術品之際，應該更有沁人心脾的感受。所以我相信，歐華作家在書寫之前，都已捷足先登拜訪各個名人故里、博物館或紀念館，親自驗收這些感受了。

我在拜訪巴哈舊居時，曾經有過一次難忘的體驗。在那裡，我可以聆聽博物館專員對各種不同的古代樂器的導覽，甚至可以欣賞不同的風琴奏樂。這種呈現方式不但有趣味，同時也引起參觀者的共鳴，原來古典音樂家筆下流淌出來的旋律，並不是想像中的單調乏味。相反的，竟然可以這麼優美悅耳，它澈底的改變了我對巴哈的音樂的成見。

本書的後面三部分也很精彩。15 位歐洲的傑出的人物依序陸續登場，使得名人隊伍更加壯大。例如宗教改革先進路德，偉大人道主義的史懷哲，獻身科學的居禮夫人和遺傳學家孟德爾，政治家德國總理阿登納，波蘭前總統華勒沙，「歐洲之父」舒曼和土耳其國父凱末爾等等……，他們每一個人都擁有自己的人格魅力，和圍繞著他們很多不為人知的故事。

經過半年的努力，從徵稿到組成書，可說是一氣呵成，碩果累累。最後要感謝的是 30 位歐華作者踴躍供稿！感謝本書的兩位催生者高關中先生和楊翠屏女士！感謝秀威編輯洪仕翰先生的協助，使得本書順利出版。

2018 年 1 月 28 日

（麥勝梅為歐洲華文作家協會現任會長）

Contents

輯二　美術家・建築藝術家

輯一
——
文學家

呂大明 法國

重訪阿房河：莎士比亞故鄉行

戲開場了，一位演員自頂棚出現，身披皇族貴冑留下的盔甲，
身材威武，操著男子低沉的嗓音，這就是鬼魂，像國王又不是
國王，他是莎士比亞扮演的角色。他一生活得十分豐富，傾心
於《哈姆雷特》的批註，以便扮演鬼魂這個角色，隔著鋪上屍
衣的架子，喊著站在對面的年輕演員柏比奇說：「哈姆雷特，
我是你父親的魂魄……」並叮嚀他聽著。他是對兒子——哈姆
雷特靈魂與肉身雙重對話，哈姆雷特是靈魂之子——王子，他
的肉身就是莎士比亞，他逝世於史特拉福鎮，這就使他的同名
者獲得永垂不朽。

——譯自喬伊絲 James Joyce 所著的《尤利西斯》（Ulysses）

　　與 1977 年春天我初訪阿房河（River Avon，又譯埃文河）一般，
嚦嚦鶯聲不是春愁春夢化著古代的輓歌〈薤露〉哭悼齊國的烈士田
橫，倒像古虞舜時代的曲子〈簫韶〉婉囀九變，慢一聲兒，緊一聲
兒……
　　不是像古神話所敘述去經歷一次天河之旅，坐在古稱「浮槎」
的木伐子上飄啊飄，看到城郭房舍、織女牛郎……
　　春寒鎮住悠悠長流的阿房河，河上凝結化不開團團的冷霧，河
的彼岸水仙花的豔姿麗質舞起凌波仙步，悠遊河上，在霧中穿馳是強
生（Ben Jonson, 1572-1637）所謂：「阿房河上的天鵝」，他對莎士
比亞的讚譽。

我又一次冥想莎士比亞葬禮的行列，彷彿是巴黎名服裝設計師克利斯汀・拉克魯瓦（Christian Lacroix）的服裝大展，但比那更繁豔多彩，首先出現是身穿丹麥先王服飾的哈姆雷特，凱撒大帝威風十足披著古羅馬的袍子，李爾王忽而錦袍裘服，忽而衣衫襤褸，克麗奧派屈拉（Cleopatra）風華絕代，一身埃及女王的裝扮，幾位英王穿著歷代英國傳統王室的服裝，約翰王、亨利五世、亨利六世、理查三世……

　　那躺在棺匣中只是一具朽壞的形骸，不朽的莎士比亞一定也參與了自己的葬禮，他走在他筆下所創造的人物當中，嘲諷地說：「人生不過是一個走動的影子，一個次等的伶人……。」（Life's but a walking shadow, a poor player……）

　　他把自己列入舞臺上的角色，在保姆懷中的嬰兒，拖著蝸牛步子上學堂的學童，如爐灶般長籲短歎的情人，在炮口上追求光榮的軍人，滿腹都是格言的中年人與龍鍾老叟……

　　他手中緊握著時間的種子，從容選擇了戲劇園地，播種那粒種子。

　　莎士比亞（William Shakespeare）於 1564 年 4 月 23 日出生於瓦偉克郡阿房河上的史特拉福鎮（Stratford-upon-Avon，又譯斯特拉特福），他是商人之子，約在 1571 年就讀鎮上的文法學校，1580 年與比他長八歲的安妮・哈瑟薇（Anne Hathaway），結婚，1587 年離開故鄉，從此開始他伶人與劇作家的生涯……直到 1616 年去世，留下《仲夏夜之夢》、《威尼斯商人》、《羅密歐與茱麗葉》等 37 部劇作。

　　英國在建立 The Theatre（劇場）之前，演員也像歌仔戲搭野臺子，經常流動演出，或在倫敦近郊，或旅館庭院。早年演員身分卑微如中國古時候的倡優，在伊莉莎白一世時代，劇中的女角都有由男孩子扮演，直到 1660 年，莎士比亞逝世 40 餘年後，舞臺上首次由女演

員演《奧塞羅》中的泰絲迪蒙娜。

《亨利五世》歷史背景是英法百年戰爭，描寫對象是被英國尊崇的亨利王子，那時人們認為將亨利五世這樣偉大的英雄故事在「環球」（Glob）劇院上演是有些寒傖，不過戲臺子就構成一片藝術天地，場面雖小，帝王還是威風凜凜地上場了，這裡就是亞金庫爾（Agincoirt）戰場，所有慓悍蒙著頭盔的勇士，都要在這兒表現高昂的戰鬥勇氣，所有爭戰、飢餓、百姓流離失散的場面都縮寫在這簡陋的舞臺上。

《李爾王》的故事來自民間，出自女兒如何在端給父親的菜裡不放鹽，如何觸怒了父親，在真相大白後，謎題也解開了。這類故事感人性不大，經過莎士比亞一枝如椽巨筆，就成了文學巨著，他不只將一具軀體加以粉飾，披上彩衣，他也賦予血肉之軀。莎士比亞的悲劇人物往往帶著神祕的使命步上舞臺，如李爾王駄負人間的悲憫，當他在暴風雨中黯然走出女兒的家門，流浪在多佛寂靜的曠野，身上披著雜草、衣不蔽體、饑腸轆轆……這時莎士比亞將大自然的暴風雨寫進李爾王的心坎裡，就成了李爾王內心的風暴，他一步步陷入悲劇的氛圍，感到世界對他關起大門，他衰老、孤零、恐懼地被拒絕在門外。

莎士比亞寫《凱撒大帝》（*Julius Caesar*）雖也取材普魯塔克的「名人傳記」，他絕不剽竊，而是像雕塑家，採用了大理石石材雕塑成完美的藝術品。這齣悲劇發生在古羅馬時代，無可置疑是歷史鏡頭。細細品味這位卓越巨匠的戲文，會發覺那些人物都遠遠超越了朝代，現代人生舞臺上仍然舊戲重演，莎士比亞是機杼之才，他塑造人物是透過他自我錯綜複雜，內心的衝突、掙扎與苦難、同情與智慧，生與死的詮釋……

「麥克佩斯」是莎士比亞戲劇中很成功的反派悲劇角色，他睥睨命運，揮舞鋼刀，本是戰場上的英雄，百戰歸來，面對卻是枕骸遍

地、骨曝沙礫的內心戰場，鳥寂寂，風淅淅⋯⋯

　　莎士比亞從內心去刻劃這位反派角色，「死亡的幻影也如酣沉的睡眠⋯⋯」，劇中多處提到夢與睡眠，如麥克佩斯的獨白：

　　這無辜的睡眠。

　　睡眠，它把憂患亂絲一刀斬斷，

　　它是每天生活的終點，勤苦勞動的溫泉，

　　受傷精神的慰安，大自然中的大菜，人生宴上的盛筵

　　　　　　　　　　　　　　　　　　　　　　──（楊烈譯）

　　讀莎士比亞作品不在欣賞那大場面，戰爭中兵車蹂躪，高邸大宅煙火焚燎化為灰燼⋯⋯而是他在對白或獨白中的優美文采與豐富思潮。他是否經驗驚濤駭浪的人生？不過他在人生中一定有過利鏃穿骨、驚沙入面之感，他不斷提出幻影與實體人生的疑問，人生到底是幻影？是真實？是「麥克佩斯」劇中科班對三位形容枯槁女巫的問話，生命雖像氣泡，像敝履卷起塵埃，像煙雲般消散，但莎士比亞不忘記將冰冷的爐子點燃了，融融火焰在蕩漾著空虛迴響的生命中依然維持一定的溫度，他在生命中注入了悲痛創傷，同時也注入熱淚歡笑。

　　距離初訪阿房河已經有 22 年了，阿房河畔史特拉福鎮依舊是灰撲撲的，韓里街上莎士比亞出生的小屋，伊莉莎白一世時代木造的建築，十六世紀那類灰泥牆撲上白粉漆，結實的石板，還有那張莎士比亞學童時代用的書桌，自木格窗子望出去園中纏結崢嶸的老樹，一切都如往昔。

　　莎士比亞大半輩子離開這塊土地，活躍在他所創造內心與外在的舞臺上，最後又回到故鄉走完人生最後的一程。據說他曾在家宅庭園種了一棵桑樹，好讓世人知道他埋葬在自己的故土⋯⋯

生命的完成彌漫著圓滿的氣氛，那是一齣戲劇的形式；序幕（開場白）——豐富的情節——劇情的高潮——落幕。

在當代，只能以倒敘的鏡頭去看史特拉福鎮，鎮上來了戲班子，是女王的喜劇演員，想想那樣一輛大車。所有劇場的裝備都在那裡頭……五歲的小威廉，莎士比亞父親叮嚀他看戲時可不能出聲，除非他想另給演員編臺詞……那時戲班子的幕後支持者都是貴旅，伊莉莎白一世的寵臣萊斯特伯爵就是其中之一，凡是女王的演員都穿紅上衣。

號聲響起，臺上的大幕拉開了，一位男士從幕後出現向觀眾鞠躬說了一套開場白，演員上場了，開始冗長的對白，舞臺上還有吹笛的、跳舞的、翻筋斗、武打場面……

在亨萊大街五歲的小威廉跟媽媽從戲場子出來，仍然沉醉在仲夏傍晚的蘿夢中……

踽踽獨行在大街小巷，莎士比亞時代的鐵匠鋪子、裁縫鋪子、街坊鄰家都消失在歲月的長流裡，真有位叫奇伍德師傅的裁縫匠，在昏暗的燭光下慢工出細活裁剪一隻袖子？鐵匠師傅霍恩比光著上身，肚皮上圍了一條圍裙，沐浴在焰紅的火光中？

不向命運低頭的法國女作家：
喬治・桑

　　第一次認識喬治・桑（George Sand）這個名字，是 1972 年在一個法國家庭的電視週刊上看到，節目名稱是「喬治・桑與繆塞」（Alfred de Musset，法國十九世紀詩人，一度是喬治・桑的情人），我當時並沒看這個節目，因為只是去探望寄居在法國家庭的一位台灣女友。誰是喬治・桑呢？我那時下定決心，以後法文較進步，若有機會一定要瞭解她的生平，進而閱讀其作品。

　　回國後，在家裡的書櫃意外發現「喬治・桑尋愛錄」的中譯本，高興之餘，一口氣把它看完，我暗地敬佩她是第一位掌握自己感情生活的著名女作家。

　　第二次來法國，在大學部上法國文學，並沒讀到喬治・桑的作品，在自修十九世紀法國文學中學讀本時，對她的生平與作品才有了較深的認識。她憧憬自由，嚮往愛情，關心政治，在當時是毀譽參半。我心儀她的決心與毅力、豐富的想像力、關注對象之廣闊，以及高強的寫作能力。

　　參觀作家故居一向是我喜愛的文化活動之一。學生時期參觀過雨果在巴黎的故居博物院、普魯斯特（Marcel Proust）姑媽蕾歐妮（Léonie）在伊利耶（Illiers）的房子、拉馬丁（Lamartin）在馬貢（Mâcon）的故居。結婚之後有了車子，1984 年、2012 年夏天兩次到中部諾昂（Nohant-Vic），造訪喬治・桑故居。

喬治・桑與繆塞

　　喬治・桑原名歐荷・杜邦（Aurore Dupin）於 1804 年 7 月 1 日在巴黎出生，父親是拿破崙帝政下的軍官，母親是鳥商的女兒。杜邦祖母起初不太贊成這椿生米已成熟飯，卻一點也不門當戶對的婚事，歐荷是在父母祕密成婚後不久來到人世。儘管杜邦祖母本身也是私生女。歐荷的父系祖先輩中，曾祖父薩克森・莫里斯（Maurice de Saxe）曾經是法國元帥，到處留情是這些生活散漫的公爵們的一種傳統娛樂，歐荷（喬治・桑的祖母也叫歐荷）是其私生女，她嫁給財務家杜邦，只有一位獨子莫里斯，即喬治・桑的父親。

　　喬治・桑四歲至十三歲在諾昂度過，使她有機會親近大自然，和她同年齡農夫的孩子一同玩耍。接著她在巴黎寄宿學校住了三年，但並沒忘掉諾昂，在青春後期回到此地，在祖母的教導下，勤奮讀書，彌補了學校教育的不足。

　　1822 年 9 月，她與杜得望公爵（Casimir Dudevant）結婚，婚後後者一手接管諾昂住宅及財產。雖然居住環境改善了，但花園原來的面貌不再，改變了她少女時期的生活環境，竟然引起了她的憂鬱症。假若丈夫具有與她一樣的文化涵養與靈性，她的憂鬱症或許不會發作。偏偏杜得望公爵對書籍和音樂完全沒興趣，喜愛打獵，嗜好杯中物。他們的婚姻終於在 1836 年結束，她育有一男一女。

　　1831 年 1 月她離開寧靜的鄉間與愛兒，隻身來到巴黎闖天下。雖然住處簡陋，但憑著毅力與勇氣，及同鄉的協助，在費加洛報社覓得一職。1831 年出版的《羅絲與布蘭熙》（*Rose et Blanche*）是她與男友朱利・桑德（Jules Sandeau）合寫的第一部小說。後來與不貞的他分手，卻使用他一半的名字 Sand 當作筆名。接著在 1832 年 5 月發表《安蒂亞娜》（*Indiana*），11 月完成《華蘭汀》（*Valentine*），1833 年 7 月《蕾麗亞》（*Lelia*）。

每星期為《兩世界評論雜誌》撰寫 32 頁的文章，初次的成功並未阻止她對幸福的憧憬。她認識了詩人繆塞（Alfred de Musset, 1810-1857），12 月與他同赴威尼斯，旅途期間已開始爭吵，抵達目的地之後，兩人先後病倒。喬治・桑愛上替繆塞治病的巴哲羅醫生（Dr. Pagello），繆塞病癒後獨自回巴黎。她與義大利情人度過四個月恩愛的生活，她勤奮地寫小說、短篇小說及《一位旅者的信箋》（Lettres d'un voyageur），她與繆塞的通信被認為是代表愛情文學登峰造極的作品，皆是在威尼斯退隱生活多產的成果。1834 年 8 月與威尼斯醫生同返巴黎，9 月發表《傑克》，且撰述獻給繆塞的《日記》，10 月和巴哲羅分手，與繆塞重修舊好，1835 年兩人再度分離。

不向命運低頭的女作家

此時 31 歲的她，到底要不要回到丈夫身旁？若向他投降、向命運低頭，喬治・桑這位作家就不會產生。1836 年 8 月辦妥離婚手續，兩個孩子歸她撫養，亦取回諾昂宅第。

恢復了真正自由之身後，和音樂家李斯特（Liszt）及其女友瑪莉・達古（Marie d'Agoult）相偕到瑞士旅行。《一位旅者的信箋》於 1837 年出版。

回巴黎後結識德國詩人海涅（Heinrich Heine，在法國曾用 Henri Heine）。1836 年年底蕭邦的波蘭朋友介紹她認識蕭邦。1838 年 11 月至 1839 年 2 月，喬治・桑、蕭邦及她的孩子到地中海西屬馬喬嘉島（Majorque，西語 Mallorca，即馬略卡島）。蕭邦一面譜曲，一面咯血；她完成《斯比利迪歐》（Spiridion），1839 年《蕾麗亞》修訂版發行。

她與蕭邦有時住巴黎，有時住諾昂。若健康情況允許，蕭邦則努力作曲；她與友人共創《獨立雜誌》，發表極受歡迎的《貢蘇羅》（Consuelo），此作品帶有人道主義色彩的神祕主義，且充滿奇遇冒

險。喬治・桑創作小說的靈感，深深受到蕭邦的音樂和波蘭藝術家的影響。

不幸地，她漸長的孩子阻撓了她與蕭邦的關係，女兒蘇蘭芝（Solange）愛打扮裝俏，試著去影響波蘭音樂家；兒子莫里斯（Maurice）過份扮演保衛母親的角色。精神愈來愈衰弱的蕭邦，1846 年 11 月離開諾昂，他們真正分手在 1847 年 7 月。

多方奔走關心社會問題

此後對喬治・桑而言，社會的進步似乎比脆弱的幸福來得重要。她陸續創作的小說大部分討論社會問題。法國 1848 年的革命，使她憧憬的理想得以實現，她承擔半官方性的工作：編輯內政部的公告及宣傳單，參與執政者每天的討論會。一旦享有在報社寫作的自由後，她自掏腰包成立一個持續不久的報紙「以人民的名義」（La Cause du people）。接著與人合編《真正的共和國》。一旦虛幻的社會理想受到沉重的打擊後，喬治・桑多方奔走，悲愴地呼喚社會和諧。卡費尼亞克（Cavaignac）鎮壓人民叛亂，令喬治・桑發出絕望之聲：『今日我恥於當一個法國人……我不相信成立一個共和國必先謀殺無產階級。』因怕被逮捕，她懷著恐懼離開巴黎，但已心灰意冷。

接著，一連串不幸事件降臨其身。1849 年蕭邦過世。與一位雕刻家結婚的女兒以離婚收場，那一年喬治・桑亦痛失摯愛的第一個孫女。她決定在諾昂定居，以便接近兒子及朋友。朋友中，她最喜歡雕刻家芒梭（Manceau），與他的關係一直持續到 1865 年他去世為止。芒梭是她的秘書、情人，也幾乎是她的兒子。財務上的困難及不順遂的愛情，使喬治・桑轉向戲劇方面發展。巴黎奧德昂（Odéon）及吉那茲（Gymnase）兩劇院上演她二十個左右的劇本。蕭邦在諾昂布置的劇場，1851 年增加了舞臺後，此家庭劇場正好用來試演喬

治‧桑的劇本。她的一家人、朋友、及有才華的傭僕，皆用來客串演員或充當觀眾。

被稱為諾昂慈祥的夫人

雖然深居鄉間，喬治‧桑仍然繼續保護被新政權威脅的共和國信徒，他們是政治理想的受挫者。當時政府並沒薄待她，她替放逐者的請求被接受了。1854-55 年間發表了《我的生涯》（*L'Histoire de ma vie*），對民眾傾訴她豐盛的回憶，這部傑作卻招來很多攻擊。1857 年繆塞之死，激發她去撰述《她與他》，此書亦引起誹謗。

1862 年兒子完成終身大事，育有兩個女兒。喬治‧桑的作品成功較不像以往頻繁。1863 年的《康丁妮小姐》（*Mademoiselle Quintinie*），是本反教士的小說。她在明晰與失望交錯的心情下，度過 1870 年的普法戰爭，不瞭解法國公社的起因。但沮喪的情況並不持久，再度執筆寫作。晚年在諾昂度過平靜的生活，執行慈善事業及人道主義理想，諾昂的農民尊稱她為「諾昂慈祥的夫人」。

直至逝世之前，她豐富的通信量及對新進作家的關注，使其智性生活一直持續不斷。她於 1876 年 6 月死於腸閉症，得年 72 歲。好友福樓拜（Flaubert）忍不住在葬禮中痛哭一場，她一向崇尚虛榮浮華的女兒，希望以宗教儀式舉行葬禮。雨果在追悼文中宣稱喬治‧桑為「不朽人物」。

獨具風格的古堡

喬治‧桑說：「稱它為古堡是太小了，但它適合我們的需要、風格，及各種活動的便利；我們改修出兩間畫坊、一間雕刻室、一間小圖書館、一個小劇場、道具室及儲衣室。有幾個夏天，除了家庭成員外，它甚至接待了 12 位左右的客人。在屋內所能用盡的空間和角落都被用盡了。」

古堡的前廳有一道樓梯，接著是位於房子正中央的飯廳，一道門可通向後院。餐具的擺設像是正在等待主客前來晚餐。置於玻璃杯腳下的卡片，令人憶起曾在此用餐的著名客人：李斯特、蕭邦、小仲馬、巴爾扎克、屠格涅夫、高第耶（Théophile Gautier，法國十九世紀詩人，又譯戈蒂埃）。籃色威尼斯製的吊燈，牆上掛著喬治・桑兒子的畫作、一個瓷製的蓄水池、一個掛鐘，家具是路易十六的樣式。

　　餐廳右邊的客廳掛滿家族畫像的彷製品。喬治・桑的畫像位於壁爐上方放鏡子處，再上面是她曾祖父薩克森元帥（Maréchal de Saxe）的畫像，左右有她的女兒及兒子的畫像。遊客可看到兩個非常漂亮細木鑲嵌的家具：一個屬於她祖父的文件櫃、一個針線飾物小櫃。此外還有喬治・桑彈過的鋼琴、一架豎琴、以及客廳中間那張寬大、供人圍桌而坐的著名大桌子。

　　我們散步到古堡後面的涼臺，我想像悶熱的仲夏夜，喬治・桑一家人與客人在此晚餐，他們一面乘涼、讓思緒遨遊，一面聆聽從室內傳來的音樂。喬治・桑習慣寫作至深夜三、四點，一直到中午或午後一點鐘，才像夢遊者一樣開始慢慢醒來。

　　參觀完喬治・桑的故居後，我購買一組風景明信片及三本書。看時候不太晚，於是催著外子驅車到諾昂南方六公里拉夏特鎮（La Châtre），繼續參觀喬治・桑博物館。每次總懷著朝聖者一般的心情去參觀作家故居後，常使我思潮起伏，久久不能平息：「婚姻不美滿的杜得望公爵夫人，敢下定決心擺脫不快樂、有名無實的婚姻束縛，獨身到巴黎闖天下。她的勇敢行為在當時是不被允許的，果斷性格戰勝了世俗的眼光與偏見。」喬治・桑不是生來就是喬治・桑，是她自己塑造而成的，她的生活就是一本引人入勝的活書本。逆境提供人們磨練心智的機會，促使人成長，每個人的命運不就是掌握在他自己手中嗎？

1	2
3	4

1 | 諾昂城堡
2 | 喬治桑雕像
3 | 餐廳
4 | 掛滿家族畫像的客廳

走訪賽凡提斯的故鄉

　　西班牙首都馬德里不僅市內名勝薈萃，郊區也有不少可看之處，文化名城 Alcalá de Henares 就是其中的一個。這個地名長了點，有人音譯為阿爾卡拉‧德埃納雷斯，有人則音意結合譯成埃納雷斯堡（中國地圖出版社採用此名）。其實當地人更習慣於去尾留頭簡稱阿爾卡拉，此地向來文風鼎盛，是馬德里孔普盧頓塞大學的創始之地，也是大文豪賽凡提斯（Miguel de Cervantes Saavedra，又譯塞萬提斯）的故鄉。

　　小城位於馬德里以東 30 多公里，現為首都圈一大衛星城，乘坐城鐵 C2 或 C7 都可到達。這座城市歷史悠久，建於古羅馬時期，當時叫 Complutum（馬德里大學校名中的孔普盧頓塞即取自這個古地名）。1499 年樞機主教西斯內羅斯（Cisneros）在這裡創辦一所大學。1508 年得到教皇訓令認可。根據賽凡提斯的描述，這座大學曾容納過 5000 學生，這在四五百年前簡直是一座巨型學府，對城市的發展促進很大。1836 年大學遷往馬德里，小城逐漸冷清下來。直到 1977 年，此地重新建立了一座大學，可謂「老樹發新芽」，現已達 2 萬學生的規模。小城亦再度興盛，人口超過 16 萬。

　　我來小城，是要慕名參觀賽凡提斯誕生的故居（Casa Natal de Cervantes）。這所故居是按照一些對賽翁頗有研究的學者們的意見設計施工，並於 1955 年建成的一處仿古建築，其院子、廳堂和家具基本上保持了當地 16 世紀民居的特點。這是一座兩層小樓，中間小院裡掘有一口水井。樓下有手術室，客廳，女眷室，餐間和廚房；樓上

則是主人，主婦和孩子的臥室及賽凡提斯著作陳列室等。扶手椅，書桌，火盆，乃至油燈，都是 16，17 世紀的樣式。在這所故居裡，通過實物和文字，向人們展示了這位西班牙文學巨匠年幼時的生活狀況。

小城還有一個以「賽凡提斯的世界」為名的紀念館（Centro Intepretacion "Los Universos de Cervantes"），就設在賽凡提斯受洗的聖瑪利亞小教堂裡。這裡系統地介紹了作家的生平。賽凡提斯 1547 年生於此地一個破落的貴族家庭，父親是一個潦倒終生的外科醫生。20 歲就寫成第一批詩作。1569 年，他讀完中學便隨一位紅衣主教赴義大利，兩年後參加了抗擊土耳其軍隊的勒班陀海戰（希臘海面），負傷失去左臂。回國途中被海盜俘虜至阿爾及爾，度過一段鐵窗生涯，至 1580 年才贖回自由。回到西班牙後從事寫作，生活貧困，做過軍糧管理工作，幾次被誣入獄，對社會的不公和人民的疾苦有著極深的體驗。1616 年 4 月 23 日病逝於馬德里。賽凡提斯是西班牙文學史上的一座豐碑，而《唐吉訶德》這部作品是世界上除了《聖經》以外版本最多的書籍。館內好幾個玻璃櫃裡全是《唐吉訶德》各種語言的版本。

這個紀念館位於賽凡提斯廣場西南角。賽凡提斯廣場（Plaza de Cervantes）在故居以東不遠，是城市的中心。這裡布滿濃濃的綠茵和鮮豔的玫瑰花，市民們喜歡在這裡休憩乘涼。一座高大的音樂亭頗具伊斯蘭風格，令人感受到歷史上阿拉伯人長期統治西班牙留下的影響。廣場中央豎立著作家的塑像。廣場南面豎有高塔。西面是市政廳和劇場，北面是小城主街，各種紀念品商店林立。不遠還有一座小劇場，名為「賽凡提斯沙龍劇場」（Tratro-Salon Cervantes）。每年 4 月 23 日至 26 日都要以廣場為中心舉辦以賽凡提斯的作品和他生活的時代為內容的「賽凡提斯音樂節」，氣氛隆重而熱烈。

從廣場向東 100 米左右，就看到了一座莊嚴的古樓，即古老的大學樓（Universidad Antigua），這座 15 世紀的建築至今保存完好。

賽凡提斯廣場

它有兩個庭院,校舍分布在庭院四周,呈正方形。被賽凡提斯譽為
「才子中的鳳凰」的劇作家維加(Lope de Vega,1562-1635)曾在
此就讀。這裡的禮堂(Paraninfo)是當年學生們考試和舉行畢業典
禮的地方,如今每年在此舉行賽凡提斯文學獎(Premio Literario de
Cervantes)的授獎儀式。這個文學獎初設於 1976 年,獎給西班牙和
拉丁美洲國家成就卓著的西語作家,享有西語世界「諾貝爾獎」的美
譽。授獎儀式於每年的 4 月 23 日(塞翁逝世週年紀念日)舉行,由
西班牙國王親自向獲獎者頒獎。

　　大學旁邊的聖伊爾德豐索教堂(Capilla de San Ildefonso)建於 16
世紀,內有建校恩公西斯內羅斯之墓,全部用大理石雕成。

　　像這樣的古老建築,全城還有不少,尤其是市中心馬約爾大街
(Calle Mayor)一帶,擁有成片的 16 至 18 世紀房屋。一座老修道院
則闢為考古博物館。昔日的皇家學院(建於 1551 年)現則改為賽凡
提斯學院(Instituto Cervantes)。該學院就像孔子學院和德國的歌德
學院一樣,以介紹和推廣西班牙語言文化為目的,在 30 多個非西語
國家設有機構,其總部設在馬德里和阿爾卡拉。1998 年,此地的大
學樓和老城中心(Universidad y centro histórico de Alcalá de Henares)
被列為世界文化遺產。

謝盛友 德國
歌德走進班貝格

　　約翰・沃爾夫岡・馮・歌德（Johann Wolfgang von Goethe）1749 年 8 月 28 日出生於神聖羅馬帝國的法蘭克福自由市，作為戲劇、詩歌和散文作品的創作者，他是一名偉大的德國作家，也是世界文學領域最出類拔萃的光輝人物之一。他的巨著《浮士德》、小說《少年維特之煩惱》和優美的抒情詩膾炙人口。這裡只擷取歌德人生的一個片段，講講他與古城班貝克的關係。

　　在法蘭克福，年輕的詩人歌德在作家翻譯家克奈貝爾（Karl Ludwig von Knebel）的介紹下結識了卡爾・奧古斯特公爵（Karl August），標誌了一個偉大友誼的開始。1775 年 11 月，應卡爾・奧古斯特公爵的邀請，歌德從法蘭克福來到魏瑪。兩人成為了摯友，歌德在卡爾・奧古斯特的政府中就職並得到他的保護與資助。1782 年被封為帝國貴族。歌德在魏瑪一直生活到 1831 年去世。

　　1797 年 11 月 16 日歌德從瑞士返回魏瑪途中，終於來到他十分嚮往的南德古城班貝格（Bamberg），下榻國王街 28 號的「白羊」酒店。該址現在是 Kropf 本土風味餐館。

　　班貝格是一座千年古城，在歷史上曾風光一時。早在 9 世紀，這裡就築起了城堡。1007 年，皇帝亨利二世在班貝格設立主教區，常來巡幸，死後就葬在這裡。主教坐鎮此地，儼然是一方諸侯，在 7 座小山丘上修起教堂、修道院和宮邸，築起一座主教城。

　　早在 1773 年歌德就完成了狂飆突進運動的代表作《鐵手騎士葛茲・封・貝利欣根》（*Götz von Berlichingen mit der eisernen Hand*），歌德

把班貝格主教（Bischof von Bamberg）作為主要人物來描寫。葛茲時代的德意志民族，表面上統一在神聖羅馬帝國（962-1806，1512年以後的全稱為「德意志民族神聖羅馬帝國」，Heiliges Römisches Reich deutscher Nation）之下，但是，當時的教廷、皇帝和各路英雄好漢都能施展自己的武力，控制自己的地盤。葛茲是那時候最出名的英雄豪傑，班貝格是最保守的天主教堡壘。歌德在《葛茲》中設定班貝格主教為主要人物，當然可以理解。

班貝格教區曾經成為神聖羅馬帝國的一個邦。歌德在《葛茲》中的班貝格主教原形人物就是林堡（Georg III. Schenk von Limpurg），林堡撰寫並頒布了《班貝格刑罰法》（*Bambergische Peinliche Halsgerichtsordnung*）。該法豐富了羅馬法系，至今仍然是德國刑法的一部分。

歌德時代的德意志民族神聖羅馬帝國幅員遼闊。幾百年來，在奧圖一世（Otto I, 912-973）和後代的不斷使其有地區納入、加盟下，帝國從日爾曼平原北至波羅的海，東達今天的波蘭部分，並南抵今天的瑞士、波希米亞、奧地利和義大利的北部。但是，用法國文學家伏爾泰（Voltaire）的話，那就是「既不神聖，也不羅馬，更非帝國。」因為教廷與帝國的各種政治結構仍然令人絕望地糾纏在一起，皇帝沒有成為民族凝聚力的代表，在同教皇時而衝突時而勾結的過程中把自己降為一名諸侯，「德國」不僅成為羅馬教皇的「乳牛」，而且也成為天主教會充當歐洲精神權威的最後支撐。

鐵手騎士葛茲在與班貝格主教的戰鬥中，逮捕了他原先的朋友魏斯林根（Weislingen），經過和解後，並承諾將他的妹妹嫁給魏斯林根。魏斯林根要回班貝格，向主教匯報這一「交易」，但是，情況非常複雜，其妹妹後來還是嫁給了騎士階層領袖的濟金根（Sickingen）。

歌德通過對班貝格主教的描寫，讓讀者閱讀到神聖羅馬帝國一

步一步的瓦解。在歌德的筆
下，其實葛茲和班貝格主教都
是失敗的。在當時的政治格局
中，左翼激進力量顯然無法達
致他們的目標訴求，於是，暴
力手段不可避免，最後暴力使
帝國渙散崩潰。

1		1	歌德班貝格居所
	2	2	歌德班貝格居所告示牌

高蓓明 德國

希登塞島與諾貝爾獎劇作家
霍普特曼

希登塞島（Hiddensee）是德國波羅的海上一顆小小的明珠。2009 年 8 月 21 日我們去了那裡。這是個細長的小島，位於德國著名的旅遊勝地呂根島的西面。在那裡，讓我認識了一位德國的大作家，諾貝爾文學獎得主蓋哈特・霍普特曼（Gerhart Johann Robert Hauptmann，又譯豪普特曼）。

小島風光

那天早上天氣異常地好，我們來到呂根島西北部的渡口 Schaprode-Fähre 出發。船在海上行駛，空氣是潮濕的，海風吹來，有一股潮腥味，颼颼地略有些涼意。航行了 45 分鐘，就到了希登塞島。

希登塞島是個非常樸素的小島，這小小的島上有個修道院，建於 13 世紀。有一所教堂，還有一座燈塔。希登塞島的美是一種天然去雕飾的美，一種野性的美。

我們去參觀了舊村的中心，舊村裡有兩個很小的超市，還有些為旅遊者開設的紀念品商店。有個漁碼頭，用於停靠船舶，運送物資和遊人。島上很隨意地散落著民居，一派天然，沒有人工的痕跡。房屋前種著金黃色的向日葵，白色的木柵欄後掛著花花綠綠的衣物。海邊的碼頭上停泊著小漁船，人們將這裡當作酒館和飯店，在這裡喝酒聊天。我們在一家漁飯館裡吃了魚，喝了熱熱的魚湯。隨後，我們沿

著海岸線，朝著燈塔的方向步行。路邊有許多松樹，沙棗的花開在我們的腳邊。一路上大海變幻多姿的美景呈現在我們眼前，大海是多麼地遼闊，再次感到我們人類的渺小。

正因為這個島嶼優美的景色，歷來吸引過無數文化名人來到這裡消暑，比如愛因斯坦、佛洛伊德、湯瑪斯·曼、柯勒惠支（Käthe Kollwitz，版畫木刻家，魯迅曾介紹過她的作品）等等，都來過此地。這些名人還在他們的作品裡記錄了這個小島的美麗風光。無論在上世紀初，還是後來東德共產黨統治時期，小島都保持了這個歷史傳統。這裡也是許多影片的取景地，有許多畫廊和藝術家工作室。而這個小島最出名的是，它與諾貝爾文學獎獲得者霍普特曼的名字緊緊相連。

劇作家霍普特曼

希登塞島上有霍普特曼故居，裡面的陳列介紹他的生平。霍普特曼是德國著名的劇作家，1862 年生於德國東部西里西亞（現屬波蘭）。父親是旅館老闆。霍普特曼青年時代曾學習繪畫、雕塑、歷史和表演藝術。1885 年定居在柏林郊區。1889 年第一部劇作《日出之前》（*Vor Sonnenaufgang*，描寫一個成為暴發戶的農民家庭的墮落）在柏林首演成功，他一舉成為德國戲劇界代表人物之一。1892 年推出的戲劇《織工》（*Die Weber*）、次年創作的《獺皮》（*Der Biberpelz*），和 1911 年所作的《群鼠》（*Die Ratten*，又譯《大老鼠》）也很有名。

霍普特曼生前痛恨當時的教育制度，他在學校的成績一直不佳，甚至有被開除學籍的記錄。但是他深愛戲劇藝術和詩歌，是自然主義文學在德國的重要代表人。自然主義是 19 世紀後半葉流行於歐洲的一種文學思潮，力求對現實生活的個別現象做精確的記錄式描寫。霍普特曼開始文學創作的時候，正當自然主義文學思想在德國興

起。他是德國自然主義詩人團體通訊社的成員。他的第一個劇本《日出之前》就是自然主義文學的代表作。

他一生創作了 47 個劇本，5 首德文敘事詩、20 多本長短篇小說，10 多部詩歌、童話、傳說，在他的所有作品中，戲劇占了主導位置。他還翻譯過莎士比亞的作品，寫了 3 部自傳體作品，是德國歷史上少見的多產作家，也是位多才多藝的文學巨匠。1912 年霍普特曼榮獲諾貝爾文學獎，是該獎歷史上第 13 位得主。當年的頒獎辭說：「此獎意在表揚他在戲劇藝術領域中豐碩、多樣的出色成就。」目前中國國內有他的作品譯本《霍普特曼小說選》、《霍普特曼戲劇兩種》等等。

霍普特曼故居

希登塞島是霍普特曼生前最喜愛的夏季度假地，在 1885 至 1929 年間的大部分夏天，霍普特曼都在這個島上度過。在經過了將近半個世紀的傾慕，1930 年他終於下決心在這裡買了房子，成了他的「夏宮」。他的工作極其有規律，每天早上起來先去游泳，然後工作，晚上會邀請一些客人來家裡討論文學。當地人說，如果霍普特曼來島上了，說明夏天開始了；如果他家裡酒窖裡的酒喝光了，說明夏天結束了。如今這個故居辟為霍普特曼紀念館。這是兩棟不高的斜頂房子，中間有一條走廊連接，包含客廳、睡房、工作室、酒窖和陽臺。舊居有他豐富的藏書。

紀念館的女主人帶領我們參觀了霍普特曼的生活和寫作居所，這是一個很有風度的女學者，一定也是霍普特曼的粉絲，看她滿懷深情的敘述就能得知。她告訴我們霍普特曼有一個習慣，當靈感來了的時候，他會隨時拿起筆在牆上記錄下來。最後她站在書房前，為我們朗誦了作家死前不久，最後一首歌頌希登塞島的詩歌，表達了一個 80 高齡的老人對他生活過的地方的眷戀，聽得我熱淚盈眶。對於

希登塞島的喜愛，霍普特曼曾經寫道：「自從 1885 年起，希登塞島就與我的命運密不可分了，但是直到在度過了半個世紀的忠實相守之後，才決定在這個小島上為自己買下一處居所。往日的愛情不會褪色（直譯：舊愛不會生鏽）：希登塞島在我的晚年給了我新生的活力。每當我的腳踏上這片可愛之地，她的魅力總是讓我一次又一次地青春煥發。」

　　一般來說，霍普特曼與島上的居民關係相當融洽。但是文人相輕，湯瑪斯·曼和霍普特曼，這兩個諾貝爾文學獎獲得者、兩個德國巨人「曼」（Mann，人的意思），在這個小島上有過過節。1924 年恰巧這兩個家庭都在該島度假，他們一起住在島上修道院的旅館「海邊之屋」。這個地方很出名，總是聚集著一群知識份子，於是他們經常會一起同朋友聊天，討論文學。由於霍普特曼在島上很受歡迎，居民對他很尊重，這讓湯瑪斯·曼感覺霍普特曼舉止傲慢和輕視別人，彷彿他在這裡是一個國王，以至於湯瑪斯·曼和他的太太情緒很壞，他在以後的《魔山》裡將霍普特曼的舉止編入到書中的一個角色裡。他說過：在這樣小的島上，沒有空間安置兩個巨人。再過五年湯瑪斯·曼也拿到了諾貝爾獎，他用獎金在波羅的海另一個島上買下了一座夏季別墅，以示另立山頭。

　　有一首詩寫於霍普特曼第一次來到希登塞島的晚上，那是 1885 年 7 月 29 日，也就在那一刻，他愛上了這個島。霍普特曼一生愛過好幾個女人，但對希登塞島的這份愛，他一生都沒有改變過。下面是這首詩歌《月光雲雀》中的一段：

　　　　在一個夏天的夜晚，
　　　　我有點兒疲勞，
　　　　月光包圍了一切，
　　　　夜色漸漸地圍攏了過來，

白色的沙灘上，一浪接著一浪，

海在不停地低語，像一首小號。

草地、田野和林子，閃著銀光。

雲雀在月光中沐浴，

月光中的雲雀唱起了歌。

「喂喂，雲雀，

你在唱什麼？夜已經深了，」

「如果我想唱一首讚美的歌，

我將日日夜夜不停地唱。」

　　第一次世界大戰開始時，法國大文學家羅曼‧羅蘭寫信給他，要他對戰爭進行批判，但他拒絕了。希特勒在德國上臺後，他沒有及時看透第三帝國的法西斯本質。隨著時間的推移，他逐步認清了希特勒的本質。可是，當他認清歷史潮流的趨勢時，已是心有餘而力不足了。1946 年 6 月 6 日，這位文學巨匠與世長辭了。但他留下了豐富的著作，對德國文學和世界文學做出了巨大的貢獻。在全世界享有很高的聲譽。

　　1946 年 6 月 28 日早上日出之前，在希登塞島上舉行了霍普特曼的葬禮，1951 年希登塞島修道院中豎起了霍普特曼的墓碑。按照他生前的願望，死後，他被葬在這裡的墓地裡。墓碑上只刻了霍普特曼的名字，沒有其他的文字。這是他最後的願望：「假如我不用害怕，我的做法打擾了別人，我將願意在希登塞島這個樸實的墓地，永遠地睡去。」

諾貝爾文學獎得主湯瑪斯‧曼的一生

> 我在哪裡，哪裡就是德國。我帶著德意志文化與世界保持聯
> 繫，我並沒有把自己當作失敗者。

——湯瑪斯‧曼

　　湯瑪斯‧曼（Paul Thomas Mann，又譯托馬斯曼）是一位著名的德國文學家，在納粹黨的暴政下流亡到瑞士，之後轉輾到了美國，1943 年取得美國籍，成為美國公民，二次大戰後，他在理念上和美國自由主義形成分野，最終決定回歸歐洲。湯瑪斯‧曼可稱為二十世紀最有優秀的敘事作家，他因小說《布登勃洛克：一個家族的衰落》（Buddenbrooks）於 1929 年獲得諾貝爾文學獎。

　　當金黃的陽光舒展在特拉沃河（Trave）上，我終於被滿眼的波光粼粼擁抱入懷。邁著休憩的步履在呂貝克（Lübeck）老城的街上走，視線一直被兩旁紅磚或紅黑的大房子吸引著，古香古色的山牆建築物總讓人緬懷，它終究留下漫長的時光痕跡。

　　夏日，是走訪名人故居的好季節，其中城區的孟街（Mengstr.）4 號的白山牆大屋是最不可忽視的地標，那是著名的布登勃洛克紀念館，也是湯瑪斯‧曼之祖屋。買了門票，便走入這棟端莊高雅的「豪門世家」去，我彷彿有了收索他人私隱的許可證般，理直氣壯地找尋這位文學巨匠的歸屬。

（一）家族歷史的記憶

　　湯瑪斯・曼 1875 年出生於一個富裕家庭，年少就愛好散文創作，並在《春天風暴》雜誌兼任編輯工作。據說在他的落款中，公然署上「湯瑪斯・曼，抒情戲劇詩人」，當時的他才謹有 14 歲，他自我期許的態度，令人不禁對他刮目相看。

　　《布登勃洛克：一個家族的衰落》是湯瑪斯・曼在 22 歲時開始寫的第一部長篇小說。1901 年《布登勃洛克》出版後，立即轟動文壇，獲得巨大成功，從此奠定了湯瑪斯・曼在德國的文學地位。

　　這部世界名著的精華在於敘述了四代人奮發圖強的故事：第一代努力追求財富，第二代終身守護家族產業；第三代追求社會地位，透過從政躋身於上流社會之中；第四代追求自我安逸，醉心於藝術，卻無力挽回在狂瀾中的家族事業。湯瑪斯・曼透過他錘練的文字，展現了扣人心弦的情節，那栩栩如生的故事人物，可以說是對號入座。有人稱之是一本歐式版的紅樓夢，表面是寫「布登勃洛克」家族在經濟、社會地位的衰落和道德的瓦解，其實是揭穿了十九世紀德國市民社會的危機。

　　現實生活中的曼氏家族是《布登勃洛克》小說的原型。回顧 18 世紀下半葉，湯瑪斯・曼的曾祖父約翰西格蒙・曼離鄉背井到呂貝克經商，他之所以選擇了這個地方，因為他看到了商機。

　　原來，呂貝克坐落於特拉沃河沿岸，並有運河南通易北河，四面環水，水路十分發達。凡是到過呂貝克城市的人，多不會忘記特拉沃河。特拉沃河是德國北部石荷州一條流入波羅的海（Ostsee）的河流，長達 124 公里。從呂貝克港口通到波羅的海僅有 15 公里，河上來來往往的中型海輪，正是這兒一道風景。

　　早在 12 世紀時，呂貝克已成為波羅的海最大的貿易港市。到了 12 世紀時，基於防海盜掠奪因素，波羅地海的沿海城市結盟成為漢

薩同盟，而呂貝克更以得天獨厚的水行大地地勢起了主導漢薩同盟的作用，曾被譽為「波羅的海女王」。然而好景不常，她的光環在 15 世紀時逐漸已消褪。

事實證明了約翰西格蒙・曼是有膽識的商人，除了買賣糧食農產品外，他還創辦了一家運輸公司，透過勤奮他慢慢地在呂貝克站穩了腳跟。在世代交替中，曼氏家族在呂貝克的聲譽如日中天。湯瑪斯・曼的祖父曾經被選為呂貝克救濟院的負責人，而湯瑪斯・曼的父親 37 歲時就當選自由城市呂貝克的參議員。他的從政工作對家族來說，無疑是一種榮譽的事。

曼氏家族一路走來，多少風浪，多少商場上的爾虞我詐，企業依然世代承傳。不料到了他的父親這一代，竟然產生了一個「後繼無人」的問題，因為湯瑪斯・曼和他哥哥打從心裡就沒秉承衣缽的意念。到底誰來繼承曼氏家族的產業呢？這個問題一直困擾他的父親，腦汁雖已絞盡，最終卻一籌莫展。

1891 年，湯瑪斯・曼的父親在 41 歲英年早逝，這也同時宣告了「約翰西格蒙・曼的仲介貿易和運輸公司」的終結。在遺囑中，他的父親說明要把他的產業和住宅變賣來維持妻兒們日後的生計。1893 年，湯瑪斯・曼的母親和兄弟姐妹們遷往慕尼克（München，又譯慕尼黑）。次年，湯瑪斯・曼才到慕尼克和家人相聚。

（二）湯瑪斯・曼的成長

對於一個文藝少年的成長，往往不能用世俗眼光來衡量。出生於豪門世家的湯瑪斯・曼，在學校唸書時候並沒有優異的表現，在保險公司當見習生時，他又對一般文房工作不感興趣，只有對文學，他總是一心一意、孜孜不倦地投入，他彷彿早已為自己鋪下一道寬闊的文藝創作之路了。1893 年發表的中篇小說《墮落》和 1894 年的詩歌《兩次告別》，雖說初試啼聲，已受到關注。

1897 年，海因里希（Heinrich Mann）和湯瑪斯・曼到義大利遊學，兄弟二人在小城 Palestrina 租了一套房子。湯瑪斯・曼在這期間完成了幾部中篇小說，並且開始長篇小說《布登勃洛克家族》的創作。

接下的一年，他在 Simplicissimus 雜誌社找到一份編輯的工作，做了一年就離職，專心寫他的《布登勃洛克家族》。雖然花了四年的時間去完成這部小說，但是書寫的過程中是挺愉快的，因為故事的人物是他再熟悉不過了，要描寫的人物，可以隨時從他記憶裏跳出來，故事的場景亦是他兒時聽到和看到的，所以揮筆時，如數家珍般，洋洋灑灑。1901 年初版上下冊一千本，可惜銷售緩慢，1903 年修訂版增印一萬本，才使他名利雙收。

1905 年湯瑪斯・曼和卡提亞（Katharina Pringsheim）結婚，婚後育有六個子女，他們長大後都投身於文學與藝術工作，真不愧是書香之家。

（三）戰爭與流亡

就在第一次世界大戰爆發的時候，不少德國文人支持戰爭，不但有一些詩人激情地歌頌戰爭，甚至教堂的神父牧師也在佈道會中稱「上帝給予祝福」。湯瑪斯・曼也認為「戰爭」是必要的，是「某種精神的淨化、解放和希望」，並發表《戰爭中的思考》一文，這樣一來，便引發了他主張反戰的哥哥海因里希的批判。

人民的命運往往是與祖國的命運緊密相連的，而身為大作家更應該反思與前瞻。

四年後，戰敗的德國一窮二白。湯瑪斯・曼目睹戰爭所帶來的嚴重破壞，知道這是懸崖勒馬的時候，他從此和軍國主義澈底切割。1922 年 6 月 24 日，外交部長瓦爾特・拉特瑙遇刺身亡，該事件促使他第一次表明了他對威瑪共和制的支持。

1930 年 9 月的議會大選中，納粹黨得票率大幅增加，這使湯瑪斯‧曼非常擔心，於是他又出來大聲疾呼選民要理智，並指責納粹分子的蠱惑民心。他 1930 年 10 月 17 日在柏林的發言「德意志致詞」振振有詞，博得很多掌聲，因而載入史冊。

1933 年德國政治情勢更混亂，各政黨之間的鬥爭催迫威瑪共和國的提前崩潰。1 月 30 日希特勒成為德國總理，納粹黨開始鎮壓異己，左翼政黨被禁止進行任何會議；就連一些溫和派的人士也自覺不保。2 月 27 日晚上，國會縱火案發生，納粹黨一口咬定縱火者是共產黨員，希特勒陰謀誘導總統使用緊急法令，並要求取消了憲法中數項保障有關公民自由的條款，以便迅速打壓異黨政治會議。

1933 年，正在湯瑪斯‧曼出遊瑞士之際，納粹黨剝奪了 37 位知名人士德國國籍。他這次雖然倖免，但是財政部以他「偷稅」的理由，沒收了他在慕尼克的房產和家具。兩年後他和家人也被剝奪了國籍。

1936 年 11 月 19 日湯瑪斯‧曼在捷克斯洛伐克領館申請捷克國籍。1938 年他全家人移民到美國。面對流離顛沛的生活，每當人們問他，他心裡到底是甚麼滋味？他總是從容不迫地回答：「我在哪裡，哪裡就是德國。我身上帶著德意志文化。與世界保持聯繫，我並沒有把自己當作失敗者。」

第二次世界大戰爆發時，他積極參加社會與移民機構的活動，在 1940 年 10 月至 1945 年 5 月之期間，透過 BBC 英國廣播電台，每月主持一個叫「德國聽眾」的節目。主要評論戰爭事件，向他的同胞傳達他流亡期間的政治思想，並譴責法西斯罪行的演說，他的 80 篇演說集分別於 1942 和 1945 年出版。

記得德國大文豪歌德說過，決定一個人的一生，以及整個命運的，只是一瞬之間。所謂人在江湖，人生已步入暮年的湯瑪斯‧曼，這回再次受到命運的愚弄。

湯瑪斯・曼在羅斯福總統逝世後，被美國眾議院指責是史達林的最大同情者之一，並要他對他的言論負責任。湯瑪斯・曼知道是選擇離開美國的時候了，於是他在 1952 年 6 月返回瑞士定居，於 1955 年 8 月 12 日在蘇黎世的醫院逝世，享年 80 歲。

（四）著述豐碩

湯瑪斯・曼的著述豐碩，膾炙人口的作品很多，最受推崇的大致有三部，第一部自然是《布登勃洛克》，它被公認是最卓越的德國現實主義小說，曾多次改編成電影。最受歡迎的要算 2010 年由海因里希・布雷羅爾（Heinrich Breloer）導演的「湯瑪斯・曼之豪門世家」了。

第二部是中篇小說《魂斷威尼斯》，用他的話來說，「一切都恰到好處，凝結成純淨的水晶」，是一部充滿文藝美學意念的小說。它敘述一個具有同性戀傾向的老作家，在度假旅館中，因邂逅一名俊美少年，驟然激發一段「置他於死地」的戀情，同性戀是一個敏感性的題材，所以馬上受到讀者熱烈的關注，其實對「少年」的傾慕和同性關係在湯瑪斯・曼的筆記和眾多文學作品中曾經出現過，故此他自身有同性戀之嫌。由義大利導演維斯康蒂（Luchino Visconti）執導的《魂斷威尼斯》，被公認是唯美極致的電影，它榮獲康城影展 Cannes 1971 年的 25 週年紀念獎。

第三部是 1924 年出版的《魔山》，故事的開始敘述主人翁漢斯，到阿爾卑斯山上的療養院探訪住院的表兄約阿希姆，誰知自己也被診斷出患上肺結核病，在入院接受治療期間，朝朝暮暮和來自各地的病友一起辯論健康、醫學、宗教、哲學、科學、政治、文學和音樂等問題，尋找自我的人生定位及價值。這看來是與世隔絕的療養院，實質上是漢斯接受超凡的導師們陶冶的道場，特別是他切身體驗生與死、愛與恨，還有湯瑪斯・曼所說的「人道與浪漫主義、進步與反動

的矛盾」。

　　七年後漢斯病癒了，並離開魔山從軍去，參加了第一次世界大戰，不久戰死在戰場上。《魔山》是湯瑪斯・曼爐火純青的大作，它蘊涵了清晰教育和政治理念和有高度的創意，那些筆觸是凝煉的，讓人感觸和深思的，然而並未能得到諾貝爾獎評審委員的重視，湯瑪斯・曼因而感到耿耿於懷。

　　在湯瑪斯・曼逝世超過半個世紀後的今天，一切關於他的爭議、評擊和喧囂都止息了，而他的文學作品是依然歷久彌新，布登勃洛克紀念館仍然是呂貝克傲人的一張名片，散發了濃厚的文學氣息，每天到此造訪的人潮，總是絡繹不絕。毋庸置疑，在當代文學版圖上，湯瑪斯・曼佔有不可忽視的地位。

1　湯瑪斯曼呂貝克故居
2　故居內湯瑪斯曼立像

黃雨欣 德國

德國戲劇家布萊希特的歸宿

　　位於德國首都柏林米特區喬瑟大街 125 號的那幢白色的居民樓
（Chausseestraße 125, 10115 Berlin Mitte），從外表看上去是那麼簡樸
無華，這樣的樓房很容易就被淹沒在柏林數不勝數的富麗堂皇的建築
群中。然而，一個非同尋常的名字卻令這幢普普通通的居民樓也變
得非同尋常起來，他就是德國戲劇界一代宗師——貝爾托・布萊希特
（Bertolt Brecht）！1953 年 10 月，布萊希特結束了他多年以來顛沛
流離的生活，定居於此，直到 1956 年 8 月 14 日，在這裡靜靜地為他
不平凡的人生落下了最後的帷幕。

　　布萊希特 1898 年 2 月 10 日出生於德國巴伐利亞州奧格斯堡
（Augsburg），是德國著名的戲劇家和詩人、寓意劇創始人。布萊希
特表演體系和當時享譽戲劇界的斯坦尼斯拉夫斯基體系齊名，在戲劇
領域上被稱為布氏學派，布萊希特理論在戲劇歷史發展中，呈現出一
個全新的概念，被稱為「間離法」或「陌生化方法」，就是把戲劇作
品通過舞臺藝術的加工，強化事物本質的矛盾性，使生活中最平常的
事物顯得不平常，他的理論竟然和我們中國藝術家們「藝術源於生活
而高於生活」的主張不謀而合。

　　當年，漂泊無定的布萊希特將自己最終的歸宿確定在此，主
要原因異乎尋常地出人意料，因為與之毗鄰的喬瑟大街 126 號是柏
林著名的多羅頓城市公墓，這裡長眠著很多德國最有影響力的各個
領域的精英人士，包括哲學家黑格爾和費希特，作家亨利希・曼
（Heinrich Mann，又譯海因里希・曼）、建築師弗里德里希・奧古

斯特・斯杜勒（Friedrich August Stüler）和卡爾・弗里德里希・申克爾（Karl Friedrich Schinkel）、攝影藝術家約翰・哈特菲爾德（John Heartfield），著名演員海林娜・魏格爾，她也是布萊希特最後一任妻子。

在布萊希特當年租用的這套公寓裡，一進門，最先映入眼簾的是靠牆而立的四排落地書架，這是布萊希特的私人藏書館，共藏書4000多冊，這裡除了收存歐美文學、哲學著作外，還有大量的馬恩列斯的共產主義理論著作。其中第一排書架裡，滿滿地存放著的是孔子、老子、孫子等中國古代先哲的著作，還有很多中國古詩詞的德譯本，從中看出布萊希特與中國文化的不解之緣。他很早就癡迷於中國文化，年輕的布萊希特在接受馬克思主義理論的同時，也開始涉獵中國古典哲學著作，《道德經》、《墨經》不但是他中國古典哲學的啟蒙，《墨經》還是他隨身攜帶隨時品讀的書籍。除此之外，他還關注和研究中國古典戲劇，中國元代雜劇的戲劇表現形式對他以後的戲劇創作產生了很大的影響，他以關漢卿的雜劇《救風塵》為靈感，創作出了著名的《四川好人》，這部完成於1943年的寓意劇以陌生化的表現方法，深刻形象地塑造了一個既惡事做絕又善事做盡的雙重性格，其反射出的哲理即使放在跨世紀跨時代的今天仍然引人深思。劇中的主人公被神明賦予充當好人的重任，不惜超出自身能力解救眾生，最終反被眾生逼得陷入罪惡，在被神明審判時，無奈而悲愴地發出「如果世道不改變，僅靠『好人』怎能解救眾生？」的詰問。布萊希特似乎在他創作高峰的時代就預見了七十多年之後的歐洲困境，某些國家試圖憑一己之力解救難民危機，卻無法權衡本國民眾利益而身陷兩難的境地。這部影響深遠的劇作誕生以來，不只一直在歐美各地上演，更由於與中國的淵源，自八十年代以來，曾被中國各地方劇團多次改編成川劇、越劇、歌劇等風格迥異的表演形式被搬上中國舞臺。布萊希特除了劇本以他從未到過的中國四川命名以外，他還通過

中國戲劇與歐洲戲劇的對比研究，總結出《中國戲劇表演藝術的間離方法》等戲劇理論著作。

在藏書館四排落地書架的對面，靠窗的牆壁兩邊各懸掛著一幅中國條幅，左邊一幅是龍飛鳳舞的毛澤東詩詞「沁園春‧雪」，這也是布萊希特最欣賞的中國詩詞之一，他曾將這首詩詞改寫成德文詩，這幅書法條幅也是他專門請居住在柏林的中國書法家朋友書寫的。窗子右邊的條幅是全身的「先師孔子行教像」。在這間的小型藏書館裡，處處體現著布萊希特對中國古典文化的熱愛。

穿過圖書館，就直接到了位於正中央最寬敞明亮的一個房間──書房兼工作間。在這間七十平方米的書房裡，所有靠牆的位置都擺放著形狀各異、高低不同的書桌和座椅，這些家具都是布萊希特當年用過的，我數了數，整整八張書桌！而且桌椅沙發都不成套，一看就是東拼西湊而來，如此隨意率性的陳設正是說明劇作家會隨時隨地進入寫作狀態。最大的那張八仙桌擺在一進門最醒目的位置，四周圍著一圈顏色不一的沙發，這裡是當年布萊希特與他的學生們探討劇本的地方，書房正中央留出一方很寬敞的空間作為舞臺，師生經常一邊揣摩劇本一邊就地排練。就是在這裡，他的很多著名劇作如《四川好人》、《卡拉爾大娘的槍》、《三分錢歌劇》、《大膽媽媽和他的孩子們》、《伽利略傳》等，就會在他的靜心指導下，通過一代新人的演繹一幕幕精彩重現。在八仙桌正對面的牆上，懸掛著一幅真人大小的中國古代人物半身像，上書四個中文字「先師孔子」，與此相反的臨窗立桌上，則擺著兩幀幾寸見方的小鏡框，按照德國人的習慣，在這個位置擺放的照片，通常鏡框裡會鑲嵌家庭主要成員的小像。我凝神端詳著小鏡框裡的人物，卻是馬克思主義理論的創始人卡爾‧馬克思的生活照。此時，置身在布萊希特的生活場景中，我試著解讀劇作家的內心，在感情上，莫非他將我們中國的先哲孔夫子當作聖人來敬仰膜拜，而把同是德國人的卡爾‧馬克思認作家人至親？

布萊希特的臥房就在書房的裡間，和寬敞的書房相比顯得很狹小，僅能放得下一張床和一張小書桌，即便如此，酷愛中國古典文化的布萊希特仍然沒有忘記，在他的床頭，懸掛一幅古香古色的中國水墨畫。通往衛生間的門上還掛著劇作家日常用的拐杖和毛呢貝雷帽，就是在這間臥室裡，布萊希特因心肌炎，走完了他人生的最後旅程，年僅 58 歲。

　　布萊希特書房的窗外就是名人墓園，穿過六十年的歲月，我努力想像著這位劇作大師在創作之餘，站在同一扇窗下，透過斑駁的陽光，凝視著窗外墓碑上一個個不平凡的名字時，是否渴望著與他們進行靈魂的交接與碰撞？當他的目光觸及到為自己預留的安居之地的時候，是否會生出關於生命和死亡的思考？

　　1978 年 2 月 10 日是戲劇大師布萊希特的 80 歲誕辰，就在這一天，布萊希特最後的棲息地面向公眾開放了。如今，喬瑟大街 125 號已成為布萊希特紀念館，入口處的會議廳經常定期舉辦文學沙龍，這幢看似普通的民居充分滿足了眾多戲劇藝術愛好者們朝聖般的心願。後人來此，緬懷這位劇作大師的同時，也會到隔壁喬瑟大街 126 號的多羅頓名人墓園，除了祭奠安睡在 4 號的布萊希特夫婦，也瞻仰眾多長眠在此的德國先賢們，他們如點點繁星縱使殞落，那曾經劃過夜空的一道亮光，依然光耀璀璨，像燈塔般照亮了歷史，引領著未來。

倪娜 [德國]

諾貝爾獎得主德國政治良心作家 格拉斯

　　一個叛逆拒絕長大的男孩，鐵皮鼓成了他不滿反抗、面對威脅唯一保護的工具、活下去的精神支柱。上課敲鼓擾亂課堂秩序，讓老師的眼鏡片破碎，只要他不高興，一聲尖叫讓他面前的玻璃窗破碎狼藉，他臉上便露出最愉悅的「壞笑」，因此平衡了所有的不公平，成人對他束手無策，一個永遠長不大的侏儒，他的名字叫奧斯卡，在德國家喻戶曉。栩栩如生的奧斯卡，就是君特‧格拉斯（Günter Grass）筆下《鐵皮鼓》裡的人物，格拉斯被譽為德國良心作家。

造訪君特‧格拉斯之屋

　　2012 年 2 月去漢堡遊玩，特意去了一趟呂貝克（Lübeck），早有耳聞，那裡是中世紀的古城，尤其還是德國文學家之城，成為我心儀嚮往之地。呂貝克是波羅的海最大的港口，「漢薩同盟城市呂貝克」被聯合國教科文組織列為世界文化遺產。僅憑這就足以吸引遊客的眼球，是德國北部重要的旅遊城市。

　　我們驅車前往，滿眼藍天白雲、一望無際的天然綠色牧場，汽車時而被牛羊隊伍阻擋，從來沒有的好性子停停走走，體會慢生活節奏裡自然生態風貌。從車窗裡遠遠地望到，一個夢中的城池由遠拉近，一片綠茵地前走下車，簡直不敢相信眼睛看到的圖景，尖尖的兩隻深色鉛筆被一個暗紅的格尺固定住，從正中間進入裡面是座城堡，像積木搭就，賦予色彩的童話世界——中世紀的人文歷史之門被一扇

一扇地打開。

聽人介紹，這裡已被劃為保護區，仍然保持著中世紀的完整格局。十世紀城市特有的宗教性和世俗性和諧地融為一體。七座教堂哥特式、巴羅克式、洛克克式、現代式各具特色、渾然一體，恰似教堂森林、形象生動的建築博物館。市政廳和 15 世紀建成的古城門是呂貝克城的地標象徵。

呂貝克的文學精神星光璀璨。特有的文化滋養和發達經濟，歷史背景，不難想像，許多文學大師與之息息相關，這裡有諾貝爾文學獎得主湯瑪斯‧曼和文學家亨利希‧曼（又譯海因里希‧曼）的「布登勃洛克之屋」；還有諾獎得主文學家格拉斯的「君特‧格拉斯之屋」。

走進外表很不起眼的 21 號樓──「君特‧格拉斯之屋」，他的卓越文學性與藝術性原作大放異彩，一一盡收我等文學仰慕者的眼底。了不起的君特‧格拉斯，偉大的德國作家，曾多次被譽為德國的良心。

1927 年 10 月 16 日君特‧格拉斯於出生於但澤（Danzig，今屬波蘭），一位德國新教徒的家庭，從小在天主教的環境下成長。1943 年成為空軍志願兒童軍，後加入第十黨衛軍裝甲師，受傷後被俘虜，被送到一個美國戰俘營，關押於西德避難所。他先後在杜塞爾多夫藝術學院和柏林藝術大學學習。除了長篇小說，格拉斯還創作劇本、散文、短篇小說和詩歌，極富藝術才華，此外還從事劇本、雕塑和版畫創作。他的一生不僅是一位職業作家、詩人，而且曾是平面設計師、雕塑家、畫家、攝影師、美食家，從 1983 年到 1986 年間，擔任柏林藝術學院的主席。在創作的同時還熱衷政治，參與政治活動。

格拉斯的興趣廣泛，他熱衷美食，喜歡豐盛的農民食物，他對動物的熱愛體現在書中，他還喜歡爵士樂，一度當過爵士樂手。格拉斯於 1954 年與瑞士舞蹈家瑪格麗特‧施瓦茲結婚，自 1960 年以來一

直住在柏林。他於 1978 年離婚，第二年再婚，同年秋格拉斯偕新婚的第二位夫人、管風琴演奏家烏特・格魯奈特訪問中國。2015 年 4 月 13 日，他在居住了數十年的德國北部城市呂貝克逝世，享年 87 歲。

他身後在世的親人還包括他的第二任妻子尤塔・葛爾奈特；他與第一任妻子的四個孩子：蘿拉、布魯諾、弗蘭茲與拉奧爾；兩個第二任妻子所生的的兒子：馬爾他和漢斯，以及他的另外兩個孩子，海倫和尼爾；18 個孫輩，可謂子孫滿堂。

格拉斯最初是以詩歌出道文壇。1955 年他的《睡夢中的百合》在南德廣播電臺舉辦的詩歌競賽中獲得了三等獎，出版詩集《風信雞的長處》和《三角軌道》。幾乎在寫詩的同時也開始劇本創作，在他整個創作生涯中，繪畫與文學密不可分，他的許多詩集裡都有他自已繪製的插圖。這些插圖的內容和形式大多與詩歌的內容緊密配合，為詩歌提供了形象的注解。將文學作品的主題變為作畫的對象，是格拉斯美術作品的一個突出特點。

主要作品有《鐵皮鼓》、《貓與老鼠》、《狗年月》、《特・格拉斯詩選》、《比目魚》、《剝洋蔥》等。

1999 年，瑞典學院將諾貝爾文學獎授予格拉斯：「回憶那些被否認與被遺忘的東西，以此承擔了回顧當代史的重大任務：那些犧牲品、失敗者與謊言。人們想要遺忘它們，只因他們一度相信它們。」瑞典學院還稱《鐵皮鼓》是「二十世紀長盛不衰的文學作品之一」。

奧斯卡：一個複雜、象徵性人物的成功塑造

《鐵皮鼓》是他 1959 年寫的小說，為「但澤三部曲」的第一部。小說展示 20 世紀 20 年代到 50 年代的德國歷史、人文畫卷，主人公奧斯卡以第一人稱自述的人生經歷。曾被改編成同名電影搬上銀幕，好評如潮，榮獲 1980 年度奧斯卡最佳外語片獎。1990 年 3 月《鐵皮鼓》中譯本由上海譯文出版社首次在中國出版發行。

一個精神病患者住在療養院裡回憶往事而寫下的自傳。奧斯卡同樣誕生在但澤，利用他特有的天賦為武器，來對抗醜惡的成人世界，一個倔強又無法逃出大背景大環境戲弄的侏儒形象。

　　看過《鐵皮鼓》電影後，覺得這個德國家庭的故事十分荒誕離奇，難以置信又的確來源於生活的真實。為了躲避盤查，矮小的外祖父當年躲在高大外祖母的裙子下，竟使外祖母懷孕生下了美貌的母親，母親和自己的表舅相戀近親不能結婚，便偷偷幽會，他們的苟合場面竟被躲到桌子底下玩的奧斯卡發現後，從此他懷恨在心，厭惡成人世界虛偽、欺騙，他既同情可憐父親，又愛恨母親、舅舅，作為孩子的他無可奈何，他以莫名的火氣逆反與成人對抗，拒絕長大。

　　奧斯卡懷疑自己是他們誰的孩子，一直折磨他成長過程中幼小的心靈。當他一看到母親與舅舅幽會，就會爬上鐘樓，用尖叫震碎所有玻璃來抗議；當他上課擊鼓抗議課程的無聊和老師的責罵時，以嘶聲尖叫震壞了老師的眼鏡為快；在納粹的盛大集會上，奧斯卡用四分之三拍的鼓點擾亂了樂隊的演奏，把會場變成了滑稽舞場，以壞笑來平衡他的重負。

　　後來他加入了侏儒表演劇團，也無法逃脫為德國軍隊表演。母親懷孕時由於拚命吃魚而中毒，死後父親強姦了 60 多歲的傭人瑪麗亞，瑪麗亞也是奧斯卡的情人之一，與情人生下兒子，引誘自己的父親，在試圖吞下納粹領章時父親被蘇軍亂槍打死。埋葬父親時奧斯卡終於丟掉了武器——鐵皮鼓，被親生兒子科特用石子擊中腦後，開始長個了，尖叫的特異功能也開始蕩然無存。

　　他的第二個情人羅絲薇塔死於轟炸，對他打擊很大，之後他回到了家鄉，並且成為了一夥年輕犯罪分子的首領，奧斯卡一手攜瑪麗亞一手攜兒子搬到了杜塞爾多夫住下，在那裡又愛上了鄰居桃樂西婭修女，奧斯卡自己都沒有想到，搖身成了受歡迎的爵士鼓手。一天他發現了一截斷指——被謀殺的桃樂西婭修女的無名指，早已厭倦了名

利的奧斯卡，終於找到理由，他以謀殺犯被當局關進了精神病院。

格拉斯以詩歌的想像力，敏銳的政治嗅覺，預示奧斯卡就是納粹撕下偽裝發出侵略信號的化身。奧斯卡是一個複雜的、魔術般的象徵性的小人物，小說具有強烈的政治含義，已超出了小說本身的文學範疇，作品中賦予寓言、神話、傳奇等多種元素，諷刺、暗喻隱含的思想是：藝術有能力戰勝戰爭和憎恨，格拉斯生動地闡述了戰後德國人意識的矛盾性帶有精神分裂憂鬱症。

《剝洋蔥》：一個虔誠教徒見上帝前的懺悔

此書是他最後一部作品。被翻譯成三十多種文字，講述了君特・格拉斯人生二十年輕春最好年華的經歷，罪責感讓格拉斯對同「黨衛軍」有關的經歷保持沉默了六十餘年。見上帝前他終於鼓足勇氣，決定剝開人生記憶的洋蔥，一層一層地向世人袒露自己不為人知的「不光彩的過去」。17 歲的格拉斯主動報名參軍，成了一名坦克兵，二戰後期德軍全線潰退。軍旅生涯中充滿恐怖、飢餓、死裡逃生，他拿防毒面具裝果醬，炮彈爆炸後果醬漏了一褲子，被醫護人員當成重傷患搶救。

回憶錄《剝洋蔥》共 11 章，格拉斯記敘了他從 12 歲到 32 歲的生活經歷，從 1939 年第二次世界大戰爆發寫起，戰時的苦難和失足，經歷戰後「三種飢餓」即食物、女人、藝術的困擾，然後是以流浪者浪跡天涯，追求藝術，家人團聚，朋友交往，四七社的童話，一直講到 1959 年《鐵皮鼓》取得舉世矚目的成功。反思二戰時《剝洋蔥》的主題思想。格拉斯寫出了他所代表的這一代人痛苦的心路歷程：我要說出最後的話。

> 我累了，只有回憶能讓我保持清醒。回憶是一顆要剝皮的洋蔥，從發芽時它就要把自己編成密碼……我對埋在心裡的往事

也守口如瓶：回憶像孩子的遊戲一樣，也愛玩捉迷藏的遊戲。它會躲藏起來。它愛獻媚奉承，它愛梳妝打扮，而且常常並非迫不得已。他與記憶相悖，與舉止迂腐、老愛爭個是非區直的記憶相悖。你若是追問它，向它提問，回憶就像一顆要剝的洋蔥。回憶就像剝洋蔥，每剝掉一層都會露出一些早已忘卻的事情。層層剝落間，淚濕衣襟。

格拉斯呂貝克居所

《剝洋蔥》的問世震驚文壇，他成了備受爭議的作家。

很多人支持君特・格拉斯。

美國小說家約翰・歐文：「無論從作家的角度還是從道德準則的角度而言，你一直都是我的英雄」、「真相進一步證明了格拉斯的勇氣」。

中國作家肖復興：「作為社會良心的知識份子尤其應該從這本書中看到作家對歷史的警醒」。

前德國總理施羅德：「格拉斯毫無疑問是當代最重要的德國作家，長期以來享有國際聲譽，諾貝爾獎金授予他清楚地證明了這一點。」

英國《獨立報》則高度評價：「君特・格拉斯是德意志民族的『政治良心』」。

奧地利作家茨威格：昨日世界

一

　　20 世紀歐洲文壇上有三位作家被公認為是出類拔萃的中短篇小說家，他們是俄國的契訶夫，法國的莫里亞克（François Mauriac）和奧地利的斯蒂芬・茨威格（Stefan Zweig），而作品譯文的語種之多，銷售量之盛，首推茨威格。

　　茨威格的一系列中短篇小說，在世界範圍內擁有廣泛讀者。他偏重於內心世界，筆觸細膩而精准。茨威格常常用詩一般動人的語言娓娓道來，復活了湮滅在記憶灰燼中的、蟄伏心底的、最隱秘最微妙的感情。他能輕易穿透筆下每一個角色的靈魂，還原其豐沛的血肉情愫，引領讀者去傾聽軀體內部火熱的激情，去體察隱藏在平靜面容下的暗流洶湧，去感觸與生俱來的高尚與卑鄙情感的共存，讓人迷醉於人類共通的深不可測的靈魂悸動。

　　茨威格擅長心理描寫，並將自己擅長的領域發揮到了極致。他的代表均以綿密的心理表述來支撐，而不是單靠故事情節建構和推進，他將各種境遇下的女性心理，或焦灼或矛盾或彷徨等層面的刻畫，呈現得淋漓盡致。《一個陌生女人的來信》是茨威格廣受稱道的一個中篇小說，整個故事源自女主人公的個人獨白，細碎的心理轉變，執著一生的感情付出，那些閃著淚光的舊情回憶，不見天日的單思苦戀，淒美豐潤，撼人心扉。茨威格對形形色色的女性心理的把握，含著溫度的人道情懷，被高爾基譽為「世界上最瞭解女人的作

家」和「以罕見的溫存和同情來描寫女人」。

在小說創作中，茨威格總是將情感的熱力，投注在小人物的悲劇命運之上。他一系列中短篇小說中的主人公，從來都是屈服於強者的弱小者。他的觸覺常常掠過人們的視線，探向歷史命運之下的卑微人物，以探討人的內心世界為主線，欲望與激情，溫暖與淒涼，道德與人性，繁華背後隱藏著觸目驚心的糾結、彷徨、掙扎與迷惘。一種企圖擺脫社會枷鎖和道德的壓抑而尋求主體自由的解放，也一直是茨威格筆下對人性觀照的聚焦點。茨威格對遭受命運擺佈而身不由己的人，尤其是女人，充滿了寬容和理解，只有同情，沒有審判。

我讀了茨威格幾乎所有的中短篇小說，其中《看不見的收藏》和《象棋的故事》是我所偏愛的。《看不見的收藏》描寫一戰之後德國社會面臨通貨膨脹和經濟蕭條，許多富商寧可收集古董古畫也不願保留一日數貶的現金。經營古畫買賣的 R 先生苦於沒有古畫可以收購和出賣，於是想到幾十年前的一位收藏家。但老人已雙目失明，他的家人在物價飛漲、度日如年的艱難時刻，為瞭解決生存困境，不得不背著老人將他珍貴的藏畫，一一變賣。老人面對一堆看不見的收藏，津津樂道，興致勃勃，讀來令人動容。作者以別樣的方式，來控訴戰爭帶給人們的苦澀、艱難和創傷；而《象棋的故事》則是茨威格自殺前一年創作的。這是一部控訴德國納粹非人性的心理小說，通過對人物命運的走向，揭示出納粹對人的精神摧殘和靈魂謀殺。茨威格在對人物進行心理描述時，採用了佛洛伊德式的心理分析，那些節奏緩慢而縝密的文字，像慢行的坦克車，一釐米一釐米地碾過來，蓋過你的神經與靈魂，讓你喘不過氣來。

除了小說，茨威格在戲劇和人物傳記等方面，也有著過人的造詣。在《人類群星閃耀時》一書中，茨威格採用橫向截取人物生命中的某些關鍵時刻，那些決定生死、民族存亡，甚至整個人類命運攸關的時刻。書中集結的人物事件跨越了地域、時代和領域的界限，從

十九世紀俄國文學巨匠托爾斯泰，到十八世紀法蘭西皇帝拿破崙；從二十世紀俄國革命家列寧到十八世紀德國作曲家亨德爾（Georg Friedrich Händel，又譯韓德爾）。茨威格的筆墨在時空經緯間行雲流水般穿梭，構成了一幅讓後人高山仰止的人類群星閃耀圖。

二

　　1881 年，茨威格出生在秩序井然的千年帝都維也納，一個猶太富商家庭。19 世紀末期的歐洲，階級分明，但唯有對藝術的愛好，可以打破社會各階層的藩籬，在對藝術的鑑賞力方面，不分貧富。一切似乎都建立在持久而恆定的基礎之上，國家本身便是這種經久不變的最好的保證。青年茨威格在維也納不僅獲取了文學啟蒙的豐富營養，也造就了他對文學藝術宗教般的癡迷。他終生維持一種溫文爾雅的「維也納情調」，崇尚精神享受，保持藝術至上的文化格調。

　　維也納的寧靜、溫情和包容的氣質，充分體現在茨威格的回憶錄《昨日的世界》裡。那是「一個太平的黃金時代」，茨威格寫道：「在歐洲再也沒有一座城市，像維也納這樣狂熱地追求文化生活。這座音樂之城最突出的天才，莫過於把各種各具差異的文化和諧地融為一爐，形成新的獨特的奧地利文化、維也納文化。在這種環境下生活的人們，不知不覺變成了一個超民族主義者、世界主義者和世界公民。」

　　由此，法國作家羅曼‧羅蘭稱：茨威格是奧地利市民社會高貴的代言人，是他們的能力、弱點、魅力和絕望最好的描寫者。

　　然而，這種人人嚮往的寧靜、祥和與包容，被兩次世界大戰的陰霾澈底摧毀和戕害。維也納這座有著兩千年歷史的藝術之都——茨威格一生為之牽念的精神家園，一夜之間變成了德國納粹麾下的一個棋子，茨威格像眾多猶太人一樣，罪犯似地倉皇出逃。二次大戰和納粹的猶太種族滅絕政策，使得茨威格從一個維也納的精神貴族，淪落為亡命天涯的文人，進而陷入孤絕和精神崩潰的境地。

面對人性的困頓與精神荒原，茨威格自然擁有取之不盡的寫作題材。但是，當世界的變化和道德的淪喪，遠遠超出作家的感知和承受限度，當人們的遭遇和未來期許遠遠背離人類文明的軌道，當理性的良知已陷落在仇恨的深淵時，作家的心靈，已不堪重負，其作品也像風中的蠟燭，氣若游絲。作家的精神世界坍塌了。

《昨日的世界》既是茨威格的回憶錄，也是一封有條不紊的絕命書。他在歐洲藝術之都度過了無比豐富的青年時代，並享受到充分的個人自由，隨之又目睹了世界大戰的殘酷與無情。出於一個知識份子的良知，即使手無寸鐵，茨威格也無法讓自己置身世外，他有責任也有義務，為後世留下這個時代分崩離析的真實圖景。他要以文字來證明，強權與暴政固然能禁錮人的身體自由，卻無法剝奪其心靈飛翔的權利。

在《昨日的世界》裡，茨威格對適逢人類動盪不安的奇特命運之下的個人遭遇，和文化名人精神困頓的描摹，對人類歷史和故鄉舊友的緬懷，以及對各種匪夷所思的人生遭際的追憶，袒露出他對和平、人道與理性的極度渴望與留戀。字裡行間瀰漫著作者對安穩世界和歐洲文明業已喪失的痛惜與無奈，一股難以忽視的悲情貫穿其中。

三

在中國，有一位茨威格作品的愛好者和深切迷戀者，並深受茨威格寫作風格的影響，那就陝西女作家周瑄璞。

周瑄璞說：「茨威格除了故事的精巧，語言的優美哲理，最牽動人心的是他那大段大段，甚至長達幾十頁的心理描寫，以及他那神經質的無處不在的優雅，因為，這世上所有的寫作，最終指向的是人的心靈。也就是說，文學是為心靈服務的，超越國界和種族，達到全人類心靈的溝通和共鳴，讓我們明白，人與人之間，不同的只是外表、膚色、種族、所處社會制度、習俗等，除了這些硬指標外，全世

界人總有相同的地方，就像人類歷史不論再進步發展，總有不變的倫理秩序，那就是人的內心世界。」

周瑄璞是我魯迅文學院的同學，也是我一生的文學摯友。在魯迅文學院的宿舍裡，她曾面對面向我推薦茨威格的小說，為我講述《一個陌生女人的來信》、《灼人的祕密》和《情感的迷惘》，她甚至將自己當作茨威格小說中的一個女主角，平凡而微小，她說她人生的每一次痛苦和精神深淵，都不是為祖國為民族的遠大前程而擔憂，她的激情也不是出於為全人類的解放事業而奮鬥，只是為了內心自我的意願或卑微的情愫而糾結，那些不可告人的令人心碎的角落裡，有著無處安放無法傾訴的痛楚與焦躁，而她醫治心靈創傷的方法，就是投入茨威格的汪洋大海，就像怕冷的人投入溫暖的池水中，就像怕見陽光的人投入黑夜的懷抱。

後來，瑄璞親自從西安買來《茨威格中短篇小說集》寄給了我。當我在維也納微涼的星空下，沉湎於茨威格那些令人喘不過氣來的章節和文字時，我禁不住掩卷沉思，竭力想像著她是如何在沉沉黑夜裡，在一個又一個陰霾天，享受那些冗長而投入的閱讀，她生命中破碎的東西，在茨威格的汪洋大海中，漸漸得到慰藉和修復。她也因此能夠寫出這樣的話：

茨威格為每一個受傷的心靈，挫敗的野心準備了最好的溫度，那是黑暗中的低訴，那是無聲的哭泣，那是陪伴你的心靈世界，你的每一個心願他都瞭解，你的每一次傷痛他都知道，你每一次卑微破敗他都看到，他是月光，他是黑夜，他是曲折的回廊外加青藤密密實實地覆蓋，他是水溫適宜的大海，收容破碎的心和不甘的願望。

六年前，我邀請周瑄璞來到維也納，並陪伴她前往薩爾斯堡（Salzburg）拜訪了茨威格研究中心。那是坐落在阿爾卑斯群山之間的一座金色小樓，依山面水，濃蔭密布，風光旖旎。在那個十一月的午後，我倆並肩攀上長長的石階，越過花草簇擁的庭院，款步走進那

座小樓。客廳、走廊和安靜的書房，在初冬的陽光下泛著平和溫潤的光。我們的目光追隨茨威格撫摸過的書桌、沙發和手稿，而後凝聚在茨威格那張永恆的黑白照上。斯人已去，而茨威格的高貴和他無處不在的優雅，早已定格在我們的心裡。那一刻，我相信周瑄璞從容篤定的外表下，定然是內心奔流著熾熱的岩漿，不動聲色地與茨威格展開靈魂的交流。此時此刻，茨威格正長眠於南美洲的崇山峻嶺間，他怎麼也不會想到，有一位癡迷於他多年的中國女作家，不遠萬里來到薩爾斯堡，滿懷深情地輾轉於他的精神故園。

茨威格若九泉有知，也該瞑目了。

四

1935 年茨威格離開維也納，前往英國而後去了北美。

作為一個猶太人，茨威格親眼目睹了自己的同胞，陷入人類幾千年來最深重的災難。希特勒的上臺，猶太人如同走到了世界末日，他們的生命乃至尊嚴，被無端地剝奪和踐踏。這個民族兩千年來尋找的，不過是一塊不再流浪，可以安靜生活的土地。這已經辦不到。法西斯主義到處蔓延，歐洲因為自己的瘋狂，而漸漸走向死亡。

歐洲，西方文明的搖籃和聖殿，茨威格夢魂牽繞的精神家園，已瀕臨絕境。

1941 年茨威格與妻子綠蒂移居南美巴西，住在里約熱內盧北部的一座山間別墅裡。他身在巴西，雖然遠離戰爭，但傷痛依舊。一種目睹文明倒退和人性泯滅的傷痛，使他終日鬱鬱寡歡，憂心忡忡。茨威格決計走向死亡之前的幾個月裡，無限深情地回望那個世界——昨天的世界。在那個世界裡，他作為作家可以影響人們的思想，觸動人們的靈魂，愉悅人們的感情。而眼下，他身在異鄉，四海飄零，內心飽受煎熬。一種從未有過的無力感折磨著他，他感到心力交瘁。這不是外在的肉體之痛，而是內在心靈的枯竭。

1941 年底太平洋戰爭的爆發，把茨威格推向崩潰的邊緣，他絕望了。他來不及目睹世界反法西斯戰爭的最後勝利，1942 年 2 月，茨威格與妻子雙雙自殺。他曾說過：人和動物相比，唯一的優越之處就在於，人類擁有毀滅生命的自由。茨威格的絕世，不是出於對生活的絕望，而是孤寂和理想的幻滅，也許可以歸屬為法國思想家蒙田所謂的「高貴的自殺」。

茨威格用自己的高貴和無處不在的高雅，撫慰了一顆又一顆破碎的心，卻無法修復自己坍塌的信仰。雖然巴西政府和人民對這位溫情脈脈的作家，充滿敬意和愛戴，卻無法拯救他的孤獨與絕望。

茨威格留給世人的最後一段文字是：「在我自己的語言所通行的世界對我來說業已淪亡，在我的精神的故鄉歐洲業已自我毀滅之後，我再也沒有地方可以從頭開始重建我的生活。我的力量在無家可歸的漫長歲月中已消耗殆盡……」

德國作家湯瑪斯‧曼說：茨威格在全世界所贏得的聲譽實至名歸，在時代的沉重壓力下，他儘管天賦極高，意志力卻崩潰了，這真是令人無比悲痛。他最讓我欣賞的一點就是具有獨特的天賦，能夠憑藉心理和藝術創作上的技巧，栩栩如生地重現歷史上的某些時期和人物形象。

茨威格死後，巴西總統親自主持並為他舉行了國殤儀式。將這位遠道而來的文學家的靈柩，安葬在巴西國王彼德羅二世的墓旁。在世界文壇中，一個流亡作家死於異邦，卻享受到國葬待遇，這在世界文學史上，唯有斯蒂芬‧茨威格。

老木 捷克

百姓的赫拉巴爾

　　凡是到過捷克布拉格的人，面對秀河、千塔、古橋和被稱為世界建築博物館的老城，無不被它古撲沉靜的環境所浸染和陶醉。沒有人懷疑這裡是一個文化氛圍十分濃厚的城市。

　　在這個只有一千多萬人的國家裡，近代以來出現了許多舉世聞名的文化人：從 15 世紀初的宗教改革先驅胡斯（Jan Hus），到後來 19 世紀晚期的作家：卡夫卡（Franz Kafka）、哈謝克（Jaroslav Hašek）；20 世紀早期的作家，有 1983 年獲得諾貝爾文學獎的捷克詩人塞弗爾特（Jaroslav Seifert），還有被德國法西斯殺害的《絞刑架下的報告》的作者伏契克（Julius Fucik），以及恰佩克（Karel Capek）、萬楚拉（Vladislav Vancura）三位作家；20 世紀中晚期，有被稱為當代「捷克文壇三劍客」的赫拉巴爾（Bohumil Hrabal）、昆德拉（Milan Kundera、克里瑪（Ivan Klima）。一百多年的時間裡，如此燦爛的捷克文化群星閃耀在世界文學的天空。無疑是令世人羨慕、令捷克民族驕傲的。然而，當代「捷克文壇三劍客」最少人為人之所知的便是「捷克民族的」作家赫拉巴爾。

　　俗話說：對於文化產品來說，民族的才是世界的。自然這是就民族文化的多樣性集合成世界文化大成的角度來說的。但在如今意識形態矛盾的自然環境下，強勢的意識形態常會借了輿論的力量、有話語權的一方常會借了其優勢的地位，把他們中意的某種民族的文化當作那個民族的主流文化。比如，國際上習慣於把中國的「消極」文化，作為主流文化，獲得國際獎的電影小說，已經向我們證明了。真

正老百姓認可的、符合當地生活主體實際的文化產品和作家，往往被所謂「國際主流輿論」所排斥。也就是說，在偏頗的標準（如諾獎的評委文化背景和尺度缺乏多元化組合的情況）之下，很多時候，真正當代的民族性的文化成果常常被忽略和排斥，得不到應有的「國際肯定」。其原因少不得是因為評論家和評獎專家幾乎都有同樣的宗教文化背景，都認同「公民個人財產神聖不可侵犯」的「基本人權」所包容的、世間最普遍、最不公平的剝削在內的「普世價值」，都慣於使用源自一神教的形式邏輯為主體的西方思維方式而排除辯證邏輯為主體的東方思維方式，因而造成了「必然」的價值觀偏差。

偏頗的思維方式，必然出現相應的評論或評獎結果。那麼誰掌握話語權，誰佔有優勢的輿論地位，誰就成了文化「主流」。而另一方面，則自然成為「文化主流」之外，遭到忽略和排斥的「邊緣文化」這個部分。這時，被忽略和排斥的文化有怎樣的群眾基礎，與當地的社會現實有怎樣緊密的聯繫已經不再是主要的。重要的是它已經「身處」主流之外。捷克的赫拉巴爾就很像是一個被國際文學評論界「主流」忽略的作家。

捷克是一個十分崇尚閱讀的民族。電車、汽車、火車等公共交通工具上，常有捧書閱讀的人。週末花園裡，多見邊做日光浴邊讀書的老少各個年齡和不同性別的讀書人。在捷克鄉村的酒館裡，與捷克人說起文學和作家。人們會告訴你：他們更喜歡哈謝克、赫拉巴爾、恰佩克。

很顯然，這些老百姓喜歡的作家們，都生活在社會最底層、觀察思考的都是普通老百姓的日常生活。所以他們的筆端流淌著的，是普通人的思想和感情，代表了他們的那個時代勞動大眾的切身感受和所思所想。而比他們更有名的那些「大文豪」們，或者是身處上層的都市生活圈，故事都是百姓生疏的文化人的生活。或者是文化人幻象的生活。他們的思想傾向，是自己需要的、形而上的東西，而不是百

姓切身感受的現實的東西。所以,「他們是西方的作家」,只有哈謝克、赫拉巴爾、恰佩克才是捷克老百姓的作家。

捷克民間這種對一代作家的評價,顯然帶了一些民族性的偏頗,會讓來自異邦,腦子裝滿被主流輿論「格式化」的定論,到了捷克就找卡夫卡、昆德拉、哈威爾等名人故居和「遺產」的所謂外國文化人,感覺十分詫異。細想才會明白,某個作家的作品,「民族性」就像一頂戴在頭上的美麗花帽子。至於是不是真的代表了民族性,不是作家本人和作品決定的,也不是由作家的祖國和民族的老百姓決定的,而是由製造和頒發帽子的人決定的。

博胡米爾・赫拉巴爾 1914 年生於如今捷克的第二大城市布爾諾的一個普通人單親家庭。生父是一個沒有與母親結婚的、一戰時在捷克服兵役的奧地利士兵。年幼時母親帶著他到我現在居住的城市 Nymburk,嫁給了一個啤酒廠的白領。繼父對他很好,1935 年進入查理斯大學法學院(我女兒後來就讀的學校)就讀,1939 年因納粹關閉捷克的高等學院而輟學,直到二次大戰結束,才繼續修完課程。

沒人知道赫拉巴爾為什麼一生都沒有從事過與自己的法律專業有關的待遇優厚的工作,而是選擇做他專業之外卑微的行業維持生活。他的做法,很像新中國建政初期,社會提倡作家深入基層體驗生活。赫拉巴爾無意間,被生活壓制在生存的低層,將生活的根深扎在捷克的普通的民中之中,感其所感、思其所思、書其所曆。而且一往二十年不曾改變。

在格拉德諾鋼鐵廠裡做工受過嚴重的工傷康復之後,赫拉巴爾打過零工,在廢棄物回收站裡當廢品收購員、打包工,還當過製作舞臺背景的工人、倉庫管理員、碎石工、火車調度員⋯⋯他做過許許多多最基礎的普通工作。這除了豐富了他的生活閱歷,為他提供了豐厚的寫作素材之外。也給了它一顆身處低層卻懷著神聖正義的文化人的良心和一雙哲學、理性、詩意觀察和記錄社會情狀的文學之眼。

赫拉巴爾圖片

他的寫作素材，除了自己的生活經歷，還有很大一部分，是他晚上走進啤酒屋打發時間的同時，聽升斗小民閒話家常，聽他們的各種稀奇古怪的故事，與他們設身處地地交流情感，一起發牢騷、一起編黃段子……他的許多題材，就是來自這些他所謂的「時代垃圾堆」上的人物身上所發生的故事。

赫拉巴爾閱歷豐富，記憶力好、善於思考。他的文字靈動幽默，講求新意，能在鄉野村夫的雜談與曠世倫理間遊刃有餘，其獨特的敘述魅力對讀者有著超然的吸引力。赫拉巴爾一生創作頗豐，一生結成十九卷合集。其中最知名的有：《嚴密監視的列車》、《我曾伺候過英國國王》、《時間靜止的小鎮》，以及帶有自傳色彩的《過於喧囂的孤獨》。

有法學博士學位的赫拉巴爾，早期是一個做著與法學無關的低微普通工作，被太太和母親嘲笑為寫「壞牛奶」文字的業餘文學愛好者。

赫拉巴爾每每提到他的妻子艾麗什卡，那種語調總是讓人忍俊不禁。他說，他妻子一直感到驚訝，不知為什麼有人會如此缺乏文化，竟然把赫拉巴爾看成一個有文化的文化人。很有一段時

間，赫拉巴爾不上班，在家寫作，又沒有出名，無錢可掙，他有時嘟囔一句：「真累啊！」他妻子怒目圓睜，咆哮道：「你累從何來？」也是，人家一個人，每天五點半起床去賣燒雞，是有權這樣咆哮的。

在艾麗什卡的眼裡，丈夫是一個邋裡邋遢無可救藥的傢伙，白天趴在桌上寫些「壞牛奶」一樣的字，晚上就到小酒館去灌一肚子啤酒。赫拉巴爾說：「我妻子常因我是個白癡、傻瓜、無賴、撒謊大王和騙子而哭泣。」很多時候，生計的重擔壓在她的身上，讓她難以承受。

他們沒有孩子，她完全可以離開他，但兩人就這麼一路走到頭。這一切只有一個理由，那就是她愛他。

很多時候，赫拉巴爾是靠太太養活著的。赫拉巴爾太太艾麗什卡（艾麗絲）儘管看不起他毫無意義的寫作，對他天天「吊兒郎當」地塗鴉那些「壞牛奶」文字不屑一顧，但是，她畢竟滿懷母性地容忍了這個「不著調」的丈夫。可以想像：一個常常沒有工作，有點工作也工資低微，在家「不幹正事」，出去泡酒館還要手心朝上請求妻子贊助啤酒錢的男人，若不是妻子寬容地把他看成自己的一個「沒出息」的大孩子，無論如何是不可能繼續像個「廢物」一樣不斷寫作下去的。

不管是不是坊間傳說的：二戰期間，歐洲的大批男人戰死或逃亡，女人們有個男人陪在身邊不容易，所以赫拉巴爾太太雖對「頹廢」的丈夫無奈，還是容留和「供養」了赫拉巴爾這個「廢物」；或者是像後人讚美的那樣：赫拉巴爾太太是因為愛，才允許丈夫那樣長期處於「頹廢」狀態，慢慢改變，最後終於幫助他從自卑、鬱悶中走出來成為偉大的作家。眼下哪種說法不重要，重要的是赫拉巴爾留下了他的傳世著作，和他著作裡他所生活的那個時代的那些故事。

赫拉巴爾被中國的文學界關注比較晚的原因，除了其著作翻譯成中文較晚的問題之外，主要是由於他本人的著作早期不被捷克文學界、歐洲文學界重視。即便是後來，也不像坐牢的反共鬥士哈威爾，

遠去法國揭露共產主義「罪惡」的昆德拉、克里瑪那樣，受到意識形態特色濃厚的西方文學界和輿論界的關注，因而在「世界文學界」長期沒有「重要影響」。國際、國內漠視式的「封鎖」，使得赫拉巴爾在很長一段時間內成了名副其實的「民族作家」。

如今，人們這樣評價赫拉巴爾的創作：「他獨特的風格和題材直接影響了捷克文學的發展，他創造了啤酒館的神話，他把對這個世界邊緣人的完美注視和傾聽搬到自己的小說裡，他坦然地把普通人的聊天與深邃的哲學思維糅合在一起，他用充滿詩意的和善意的眼睛去透視灰暗的日常生活，發現底層珍珠的熠熠閃光。」

赫拉巴爾在捷克的底層社會生活了大半輩子，1962 年起，年近半百的赫拉巴爾才開始較有系統地進行創作。1963 年赫拉巴爾已屆 49 歲之年，才由捷克斯洛伐克作家出版社出版了他的處女作、短篇小說集《底層的珍珠》。1968 年，由於支持「布拉格之春」運動，他的著作被列入禁書名單，他本人成為「被嚴密監視的作家」。1970年末，捷克作家協會被文化部解散，許多拒絕同當時政權合作的作家選擇了流亡，以在海外通過講演和寫作，揭露專制主義危害而增加了知名度。而赫拉巴爾卻依舊堅持與他的祖國和民眾在一起。1970 到1976 年間，赫拉巴爾陷入人生低谷，與妻子隱居在 Nymburk 市西郊的小鎮。在那裡，他找到了靈感，他連續 18 天，一氣呵成地完成了它的代表作之一《我曾伺候過英國國王》。進入了他的又一個文學豐產期。

1997 年 2 月 3 日，84 歲的赫拉巴爾從布拉格一家醫院的五層樓墜落。關於死因，有人說是自殺，因為在他的作品中就曾出現過「從五樓墜落而亡」的情節，晚年失去妻子的他異常苦悶，想以此方式尋求解脫；也有人說，他是在窗臺喂鴿子時不慎失足，捷克作曲家弗拉基米爾・弗朗茨因而這樣形容他的死亡——是鴿子把他叼向天空，化為不朽。

有人曾用利刃、沙子和石頭，分別來形容捷克文學三劍客昆德拉、克里瑪和赫拉巴爾：昆德拉像是一把利刃，利刃刺向形而上；克里瑪像一把沙子，將一捧碎沙灑到了詩人筆下甜膩膩的生活蛋糕上，讓人不知如何是好；赫拉巴爾則像是一塊石頭，用石頭砸穿卑微粗糙的人性。

捷克的著名雜誌《週刊》所做「捷克最偉大的 50 名作家」的讀者調查顯示，赫拉巴爾僅次於《好兵帥克》的作者哈謝克，排名第二。這個結果說明了「國際標準」和「民族標準」的差距。也告訴我們：心懷正義，貼近百姓、著眼社會實際寫作的赫拉巴爾作為捷克老百姓喜愛的作家當之無愧。

托爾斯泰與光明之園

1910 年 11 月 9 日夜，托爾斯泰（Leo Tolstoy）祕密離開自己的莊園亞斯納亞・波良納（Jasnaja Poljana，意思是「光明園」）。陪同出走的只有他的私人醫生馬科維茨基。凌晨三點（已是 10 日），托爾斯泰找到醫生，要求陪他出走。醫生在自己的雜記裡寫道：「他的表情是痛苦的，激動的，堅決的。『我決定離開。您同我一起走。』當時的任務是從臥室裡取出箱子，不能驚動索菲婭・安德列耶夫娜。她把門都開著，為的是只要有動靜，她就能醒過來。托爾斯泰得手了。他的女兒薩莎和她的女朋友瓦爾瓦拉・費奧克利托娃收拾好箱子，毛毯包袱和大衣，還有一籃子食品。列夫・尼古拉耶維奇到馬廄裡幫助備馬。」

離開之前，托爾斯泰給妻子留下一封信：「我的出走會給你帶來苦惱。我很抱歉。可是，請你理解，請你相信：我沒有別的辦法。我在家裡的情況，已經令人難以忍受。此外，我不能再像過去那樣過著奢侈的生活。我做的事，就是我這個年齡的老人通常做的事：擺脫紅塵，深居簡出，清靜安然。請你理解這一點，如果你得知我在哪裡，也別來找我。你來的話，只能惡化我你的情況，而且也改變不了我的決定。謝謝你同我共同度過 48 年的誠實生活。我如果有什麼對不住你的地方，我誠懇地希望你都原諒我。同樣，我也誠懇地都原諒你對不住我的地方。我勸你容忍因為我的出走而出現的新情況，別對我抱任何不良的感覺。你如果有什麼想對我說的，你告訴薩莎，她知道我在哪裡，會轉告我的。至於說出我在哪裡，她不能說，因為她答

應我不對任何人說。」托爾斯泰夫人得知他走了，要永遠離開亞斯納亞‧波良納，離開她，她心情壞極了，兩次投水自殺。

亞斯納亞‧波良納在莫斯科以南 190 公里，是托爾斯泰的家族莊園。他的曾外祖父於 1763 年購得。當時沙皇宣布，貴族們可以自由生活，不必居住在皇宮周圍。他的外祖父沃爾孔斯基公爵，就利用這個機會搬到遠離首都的光明園居住。托爾斯泰的外祖父尼古拉公爵是葉卡傑琳娜女皇的重臣，步兵上將。因為拒絕娶波將金元帥（Potemkin）的姪女，受到冷落，一氣之下回到亞斯納亞‧波良納莊園。在他的經營下，莊園不斷擴大不斷發展。那是 19 世紀初。遠離首都的塵世紛擾，一心鑽研莊園藝術，懷著對園藝的熱愛，把亞斯納亞‧波良納建設成一個傑出的莊園。那時俄國崇尚法國的伏爾泰學說，葉卡傑琳娜女皇更是伏爾泰的朋友和追隨者。公爵也是一個伏爾泰份子，十分喜愛法國文化。他按照法式莊園的風格，自己設計，自己監工，在園裡建造了階梯式人工湖，建造了雙柱門塔。

進門之後就是一座大池塘。他只有一個獨生女瑪麗婭。瑪麗婭公爵小姐嫁給了托爾斯泰伯爵，成了伯爵夫人。老公爵把莊園留給了女兒，也就是托爾斯泰的母親。在《戰爭與和平》裡，托爾斯泰描繪了自己的母親，那就是瑪麗婭公爵小姐。托爾斯泰 1828 年出生在這裡。雙親仙逝之後，1847 年弟兄們分家，托爾斯泰分得了亞斯納亞‧波良納莊園。從此他就成了莊園的主人。他高興極了，因為他可以按照自己的意願修整發展這座家傳瑰寶。

走進圓柱塔門，左手就是著名的大池塘。托爾斯泰家的女傭和莊園外農村的農民都在這裡洗衣服。池塘裡養有魚，大家常來釣魚，划船戲水。冬天更是孩子們的天下。他們成群結隊來滑冰。托爾斯泰的孩子們在回憶錄裡經常提到他們兒時在大池塘裡的歡樂生活。

順著林蔭道 PRESHPECT（大道）前進，我們立即投入莊園的茂密林木之中。這裡是分立兩旁的秀麗挺拔的白樺樹。托爾斯泰

在《戰爭與和平》裡描述過這條林蔭道，還保留了它的真實名稱PRESHPECT。托翁常早上起來以後到這裡散步，「我的晨禱」。1897 年他給妻子的信裡說：「今春村裡特別漂亮，漂亮得能使逝者復生。PRESHPECT 上的白樺樹綠葉濃密。早晨綠葉上光與暗的閃爍遊戲，映射在濃綠色的草坪上，蔚藍的勿忘我，綠色的蕁麻葉，特別是大道上白樺搖曳，就像 60 年前我頭一次發現就愛上了這美景一樣。」

林蔭道右邊是一座花園，名「英國花園」。原來這裡是一處小河溝。兩座水堤把河溝隔成三層，形成三個小池塘，稱作上池、中池、下池。連接三池的水溝上架有白樺樹小橋。園裡曲徑幽幽，花香撲面。中池裡有不少清泉，是這些清泉不斷湧出活水，使中池成了一座最好的水池。托爾斯泰用柳枝編織了一個浴池，一家人常在這裡洗澡，洗衣服。托爾斯泰的母親在這裡種了許多玫瑰花和其他花草。每至秋天，五彩繽紛。花園深處有一座小涼亭。傳說托翁的母親常坐在這裡守候托翁父親外出辦事回家。托翁回憶對母親的愛說，「我雖然不記得她，但是她對我來說，是神聖的理想。」

向前走去，是四角形椴木園。這座園子是按法國常規公園設計的。一共有 40 公頃，即 600 畝。椴木種在四周。裡面種的是蘋果。托爾斯泰用亞斯納亞·波良納做《戰爭與和平》裡主人公家莊園的藍本。如今每年秋季，碩果累累，莊園的工作人員，會擺出果攤，向遊客們出售蘋果。

樹林裡有一幢兩層的木樓，白牆黃頂。這是莊園目前的主樓，也是托爾斯泰故居博物館所在地。它是莊園建築群中的右廂房。托爾斯泰出生所在的主樓，已經不存在。托爾斯泰父親因資金困難把主樓房子賣了出去。俄國人的傳統做法，賣房子只是賣木料，買家只把木料拆走。這塊地目前空著。地上有一塊石碑，上面刻著「托爾斯泰出生的房子就在這裡」。

　　1862 年，托爾斯泰把自己的新婚妻子從莫斯科帶回這個光明之園。他的 13 個孩子，11 個生在這裡。二樓，有一間大房間，六個窗戶。全家人在這裡聚在一起，其樂融融。客人們來訪，人多時也在這裡聊天。二樓的一個房間是他的新書房。他在這間書房裡從頭到尾寫完了《安娜‧卡列尼娜》。大客廳旁邊有一間小客廳，是托爾斯泰寫作的書房。許多著作都出於這間書房。托爾斯泰寫作一向認真，修改繁多，塗改重重，筆跡難辨。他的夫人不辭辛勞，替他抄稿。單是

一部《戰爭與和平》手稿就有 16 卷之多。托爾斯泰為感謝夫人抄寫《安娜‧卡列尼娜》的稿子，特地送給她一隻鑽戒。這只鑽戒陳列在莫斯科的托爾斯泰故居博物館。

托爾斯泰離開莊園，在火車上受了風寒，得了肺炎，1910 年 11 月 20 日在一個小站逝世。按照他的遺願，把他安葬在莊園裡，他生活了五十年、寫作了五十年的地方。

亞斯納亞‧波良納是托爾斯泰安息之地。莊園裡椴樹林中有一個小小的不顯眼的土堆，誰會知道這就是世界大文豪托爾斯泰的墳墓。小小的土堆，覆蓋著小草。一年四季都有鮮花放在墓腳。晚年托爾斯泰多次說過，希望在他離開這個世界時，把他葬在小綠棒埋藏的地方。這裡有一個小故事。

托爾斯泰小時候，聽他的兄長尼古拉說的一個故事。尼古拉 12 歲時告訴家裡，有一個特大祕密：只要能解開這個祕密，誰也不會死去不會生病，不會打仗。大家都是「螞蟻兄弟」。這個特大祕密刻在一支綠色小木棒上。現在就是要找到這支埋藏在莊園沖溝裡的小綠棒。托爾斯泰和兄弟姐妹們常常做「螞蟻兄弟」遊戲。他們坐在自己搭起來的帳篷裡，彼此緊緊拉住手，覺得在同一屋簷下，是幸福的。他們也希望天下的人都幸福。人處夕陽，托爾斯泰寫道：「那時好極了，好極了，我能做這種遊戲，要感謝上帝。我們叫它遊戲，其實，世上除了那個之外，都是遊戲。」如今，到亞斯納亞‧波良納來參觀的崇拜者，都會看到這座清冷的墳墓。托爾斯泰有過明確的指示：「我的遺體下土時，不舉行任何儀式；木頭的棺材，誰願意，就由他們送到『老林子』裡，沖溝對面，埋小綠棒的地方。」

站在托爾斯泰墳墓前，他的讀者，他的崇拜者，在這悄悄的林聲裡，在這滿是傳奇的莊園裡，《戰爭與和平》、《安娜‧卡列尼娜》、《復活》，一個個場景，會重現在他們的眼前。

契訶夫在麥列霍沃的寫作和情史

　　麥列霍沃莊園（Melikhovo）是俄國文學的一顆明珠。契訶夫（Anton Chekhov, 1860-1904）在麥列霍沃莊園一共生活了七年，從1892 至 1899 年。既當醫生，又當作家。他在這裡無償給大量霍亂病人治病。他當社會活動家。他建造學校。在契訶夫的作品裡常常出現「C 城的鄉下」的說法，指的就是麥列霍沃。這段時間裡，契訶夫寫了 42 部作品，其中包括劇本《萬尼亞舅舅》和《海鷗》，小說《第六病室》、《帶閣樓的房子》、《套子裡的人》，遊記《薩哈林島》，等等。1899 年，契訶夫因肺病遷居克里米亞，離開了麥列霍沃莊園。

　　麥列霍沃莊園在莫斯科南郊，當初契訶夫選擇在郊外找一處居所時，就要求離莫斯科不遠，還要交通方便，適合寫作。契訶夫在向文友們介紹自己的新居時，特別提到莊園的大門就在幹道的邊上，來往方便。這座面積不大的莊園成了契訶夫生活與創作的重要地方。

　　麥列霍沃契訶夫故居莊園的一個特點是，每年都要舉行「麥列霍沃之春」國際戲劇節。開始是 1982 年契訶夫故居博物館組織演出契訶夫作品，接著是上演根據契訶夫早期小說改編的劇本。頭一炮《太太》就轟動戲劇界。故事寫一個地主太太勾引青年農民，青年沉浸在性歡樂之中，酒後砍死了自己的妻子。這齣悲劇曾轟動俄國內外劇壇。

　　2017 年 9 月的一天，我特地跑到莫斯科以南 70 公里的契訶夫市麥列霍沃村。這裡是契訶夫生前住過七年的地方。俄國的夏日是美麗

而舒適的，微風拂來，白樺樹濃綠的葉片，沙沙絮語；花園裡各種花卉散發出陣陣淡香；池塘裡小魚兒漫遊自如。莊園裡飄蕩著一種契訶夫式的淡淡愁緒，一種契訶夫式的撫摸人們心靈的情緒。就在這氛圍裡，這一天，上演契訶夫的名劇《海鷗》。契訶夫故居的露臺化作舞臺。剛剛拜謁過契訶夫於 1894 年創作《海鷗》劇本的小木屋，來訪者紛紛落坐在露臺前的觀眾席裡，片刻即無一席之地。人們彷彿體味到契訶夫坐在小木屋的小書桌前，俯首思考與書寫《海鷗》時同樣的心境和情緒，更深刻更生動地體會劇本裡難以捉摸的內涵。隨著劇情的進展，觀眾墜入不可救藥的契訶夫戲劇情緒裡。這是一切劇場裡無法比擬的戲劇效果。觀眾們聯想起剛剛漫步在莊園聞名文學戲劇界的愛情小道，又回味起莊園裡的幾段浪漫情史，身旁又是列維坦作畫的小丘。列維坦暗戀契訶夫妹妹瑪麗婭的故事，這一切的一切，給契訶夫莊園增添了異彩。博物館下屬有契訶夫劇團，一些俄國的名導名演員都是劇團的支持者。劇團創建於 2006 年，有自己的劇場（就在莊園裡），有自己的舞美部門，有自己常設的劇團管理處。最大的特色，是這個劇團只上演一個作者，即契訶夫的劇作，堪與莎士比亞環球劇場比擬。

2015 年，契訶夫劇團在露天劇場公演《海鷗》一劇。故事發生在莊園魚塘裡的木排上。女主人公尼娜是身著雪白色宇航服的外星人。她緩緩飄向索林村，身邊帶著一群「紅眼睛魔鬼」。這是迄今為止《海鷗》「現代化」形式演出的最大膽的嘗試。目前契訶夫劇團除了上演契訶夫自己創作的劇本、後人根據他的小說作品改編的劇本個，還演過「契訶夫流派」其他作者的劇本，其中包括戲劇界公認的契訶夫風格最佳繼承者萬比洛夫的名劇《長子》（該劇我的譯本曾多次在中國上演，最近一次是 2016 年 11 月中國國家話劇院在北京公演。）。

契訶夫故居莊園入口處是「紅門」。當年他就是在這裡迎接自

己的客人們。「一切知識份子都認為順訪我是必需的，應當的。」

　　進入紅門之後就是栽滿紫丁香樹的林蔭道。林蔭道盡處屹立著契訶夫的紀念雕像。稍右一座紅色平房掛著「門診室」的牌子。當年這裡並沒有門診室。他的門診室設在另外兩個村莊裡。這裡是仿照真實的門診室陳列的，目的是讓參觀者對契訶夫行醫的景象有一個概念。契訶夫入住麥列霍沃莊園時，三十出頭，身高 1 米 86，風度翩翩，與日後因肺病而瘦弱的他不可相比。

　　莊園的主屋，契訶夫的書房是主要的景點之一。義大利式的大窗，幾乎落地。鋪著綠毯的書桌上，除了顯眼的書寫工具外，就是柴可夫斯基的照片。書桌對面牆上掛著他崇拜的屠格涅夫和托爾斯泰的照片。書櫃裡是他常用的書籍。

　　園子裡分別種有蔬菜和花卉。單是丁香花就有 38 個品種。有不少蔬菜和花卉是從法國南部採購的，因此，契訶夫把自己的花園取名「法國南部花園」。一年四季，時令鮮花一批換一批綻放。菜園裡長著豆角、茄子、蘆筍、番茄、南瓜、西瓜、白菜、辣椒、玉米。春寒料峭，一片藏紅花，接著是鬱金香，丁香，牡丹，睡蓮，大理花。契訶夫的最愛是玫瑰。他叮囑家人，他不在家的時候，不要修剪玫瑰。他認為「我修剪之後玫瑰長得特別豔麗和動人」。秋天果樹結果，他會邀請臨近村莊的小朋友前來分享。百花叢中，立著一個木樁，上面掛著一個銅鐘。每天中午 12 點，僕人就會打鐘邀請家人和客人們到餐室用餐。

　　1995 年開始設立「海鷗日」，這一天上演《海鷗》。演出中穿插猜謎遊戲。角色會向觀眾提出一些詼諧有趣的問題，要用劇本中的對話來解答。臺上臺下融為一體，劇場裡一片歡樂，同時也加深了觀眾對契訶夫作品的理解和感情上的接受，是其他劇場做不到的，因而也達不到的效果。契訶夫喜愛音樂。今年莊園就舉行第 19 屆全俄兒童音樂節《在安東·巴夫洛維奇家做客》。每年一次，得到許多社會

團體的支持和贊助。

　　麥列霍沃莊園有兩處景點訴說它的主人與朋友們的浪漫故事。一處是愛情小道。一處是列維坦小丘。

　　愛情小道，單從名稱上就可看出與愛情的聯繫。契訶夫一生有不少浪漫情史，愛過不少女人，也有不少追求他的女人。他所愛的女人中，麗卡‧米吉諾娃是他在麥列霍沃居住時期最動人的一段情史。麗卡是契訶夫妹妹瑪莎的朋友。瑪莎帶麗卡到莊園做客。契訶夫愛上了她。他在給麗卡的信裡說：「可愛的麗卡……來吧，可愛的金髮女郎，我們說說話，吵吵架，沒有您，我感到非常寂寞，我寧願出五個盧布，換來同您五分鐘的談心時間……漂亮的麗卡，來我們家吧，唱唱歌。夜越來越長，沒有人願意幫助我驅趕寂寞……」「唉，我已經是個老青年了，我的愛不是太陽，既不能給我也不能給我熱愛的鳥兒帶來春天……」那是一段沒有結果的愛情。他與麗卡的愛情很特殊，是一種先後表現出來的感情。契訶夫向麗卡示愛，她卻婉拒，回答契訶夫的是五年的友好通信，信裡盡是某種若隱若現的愛的暗示，卻沒有明確的態度。契訶夫一表人才，玉樹臨風，自然不缺女性追隨者，如著名的女作家麗吉婭‧阿維洛娃（Avilova）。在麗卡沒有明確示愛期間，契訶夫有多次浪漫史，其中就有阿維洛娃。她寫道：「我們對視了一眼，可這一瞬間的目光卻滿含情意！我的心上猶如有一顆火炮爆炸了！我堅信，他心裡也是如此。我們彼此感到驚訝，感到高興。」契訶夫則寫道：「我愛上了您，我覺得世上沒有一個女人能值得我如此之深的愛。您美麗動人，您身上的青春散發著如此多的清新和光彩照人的魅力。我愛上了您，我只想念您。」三年之後他們再見面的時候，契訶夫覺得她更動人更豔麗。她對契訶夫說：「您什麼時候需要我的生命，您就來取走。」

　　契訶夫的小說《說愛》寫的是，一個男人多年愛一個女人，但同時又是這個家庭的朋友。他怕破壞這個家庭的幸福，把自己的愛情

深埋在心裡，從不顯露。女人也用同樣的態度對待他們之間的愛。只有在離別時，在火車站上，他們熱烈投向對方的懷抱，然後分離。這段傷心的情史，正是他同阿維洛娃相愛故事的寫照。

等到麗卡回心轉意，契訶夫已經冷淡對之。麗卡先結婚，契訶夫也隨著結婚。麗卡責怪契訶夫毀了她的一生。一場有愛無緣的情史就此無疾而終。但是，我們仍能設想出當時契訶夫挽著麗卡，在兩排盡是椵樹的愛情小道上漫步，低聲傾訴對麗卡愛慕之情。又有多少契訶夫的女友們，陪他在這條小道上度過多少難忘的戀愛時光⋯⋯因為，如想要使你的愛情夢幻變成現實，就要在小道上走一遍。

莊園裡有一堆小土丘，周圍是一圈雜樹。小土丘上有一台小桌子，兩把鐵椅。這就是著名的列維坦小土丘。俄國風景畫大師列維坦（Levitan）是契訶夫的好友，繪有年輕契訶夫的肖像。列維坦與契訶夫有著共同的愛好。他們都熱愛大自然，都善於在麥列霍沃的景色裡發現詩意和美。對於列維坦來說，更有一層別意。他單戀著契訶夫的妹妹瑪麗婭。這是他的初戀。然而瑪麗婭沒有報之以愛，只是跟他學習繪畫，給他以熱情的友誼。瑪麗婭的友情使他得到心靈上的安慰。他常常到莊園來，看著瑪麗婭的日常起居，教授瑪麗婭作畫，漸漸恢復理性，使他打消了為愛而自殺的念頭。列維坦時常坐在這張小桌前休憩。契訶夫的小說《花心女人》，用麗卡的豐滿的形象作為女主角面貌的藍本，寫女主角同畫家私奔的故事，寫畫家對女主角始亂終棄的故事。列維坦以為是寫的他，為此大為生氣，斷絕了同契訶夫的交往。後來在朋友們勸解之下，列維坦重返麥列霍沃莊園。兩人一見，熱烈擁抱，盡化誤解和前嫌，重歸友好。

莊園裡那座兩層樓的小木屋以「海鷗之家」出名。小屋是契訶夫親朋好友來做客時居住的地方，也是他離開熱鬧的主屋一個人靜心寫作的地方。《海鷗》就是在這裡寫成的。契訶夫筆下的尼娜，性格原型就是他曾經迷戀過的麗卡，一個富有幻想追求美的形象。小屋二

麥列霍沃莊園海鷗小屋

樓的露臺,是他和朋友們品茶聊天的地方。從這裡鳥瞰全園,夏日櫻
桃的絳紅果子淡淡的香味,不禁使人們想起,契訶懷著多麼深厚的情
意寫下劇本《櫻桃園》。

　　小小的麥列霍沃莊園成了情與美的結合體。

池元蓮 丹麥

童話大師安徒生

　　丹麥作家漢斯・克里斯丁・安徒生（Hans Christian Andersen）一向被稱譽為世界上最著名的童話作家。其實，他本人的一生就是一個精采的童話故事。他出身貧寒，小的時候窮得連一雙鞋子也沒有，天天穿著木屐在街上跑；去世的時候，他成了享譽全球的童話大師，被丹麥人視為國寶。他出生的簡陋故居已於 1908 年改建為紀念他的博物館。

　　安徒生不單是童話故事的著作者。他也是小說家，出版了 6 部長篇小說；他也是詩人，作詩 1000 多首；他也是旅行家，寫了 5 本長的遊記，自傳也有 4 本；他的摯愛是舞臺戲劇，編寫劇本 50 種以上；此外，他還留下大量的散文、日記、信箋……等。

　　安徒生眾多的著作中，使他名垂青史的是他的童話故事。

童話故事的特色

　　根據丹麥「安徒生中心」的統計，安徒生一共寫了 156 篇童話故事，若加上那些比較寫實的故事，那就是 212 篇，被翻譯成 150 多種語言。

　　與安徒生童話同時代的，還有德國格林兄弟（The Grimm Brothers）的童話故事。但，兩者有很大的分別：格林童話是從德國民間收集來的口傳故事；而安徒生的童話故是他自己的創作。

　　安徒生所寫的故事在丹麥文裡叫做 Eventyr，意為奇異故事，是採用口語方式寫的；他的文字簡美自然，卻具有一種魔力，能使奇

異的幻想變成美如花朵似的故事：花兒、蝴蝶、樹木、公雞、癩蝦蟆……甚至沒有生命的小東西都成了故事裡活生生的角色。而且，故事反映出人性的千姿百態。所以，安徒生說他的故事不但是講給孩子們聽，而且也是寫給成人看的。

到了今天，新的安徒生童話集仍陸續不斷地在世界各種語言裡出現，獲得世人的歡心。如，醜小鴨、美人魚、國王的新衣、賣火柴的小姑娘……等都是世界上家喻戶曉的名字。

生平：醜小鴨變天鵝

出生

丹麥有許多樹林蔥鬱的綠島，其中一個名叫芬妮島（Fyn），島上的首府是歐登塞城（Odense）。按北歐古代傳說，維京人所崇拜的智慧神奧丁（Odin）就住在那裡。十九世紀初葉，歐登塞城的貧民區有一棟小屋子；屋子裡住著一個稍懂文化的窮鞋匠和一個目不識丁的洗衣婦。他們就是安徒生的父母親。

1805 年 4 月 2 日，安徒生在這棟小屋子裡唯一的一間小房間裡出生。

醜小鴨的歲月

安徒生家裡雖然窮，但不缺乏愛。母親愛他；視他如命的父親愛跟他講一千零一夜的故事，又常把丹麥戲劇家的戲劇讀給他聽，還替他做了許多玩具娃娃。幼小的安徒生在家裡搭起戲台，收集顏色漂亮的碎布，替他的玩具娃娃做戲服，讓他它們穿著在小戲台上演戲；要不然，他就坐在屋後，閉著眼睛幻想。有些人還以為他是個瞎子。

他整天躲在家裡玩他的戲台娃娃，不跟別的小孩子玩；樣子又長得醜，臉長鼻子大，眼睛深陷在眼窩裡：身材比同年的孩子高，手

長腿長，天天穿著一對大木屐。於是，他成了男孩子們嘲笑戲弄的對象，跟醜小鴨在農莊裡被別的雞鴨追逐咬啄的情形極為相似。

那個時代，拿破崙正在歐洲征戰。安徒生的窮鞋匠爸爸為了多賺點錢，跑去當傭兵。當兵回來後不久便一命嗚呼。家道赤貧，為了貼補家用，年僅十一歲的安徒生先到織布廠工作，後又在菸草廠打工。兩年後，他的母親再嫁。

十四歲那年，安徒生按丹麥風俗在教堂行堅信禮。那天，他所穿的外套是由他亡父的大衣改成的，新靴子則是他生平第一雙。走在教堂的地板上，他聽到新靴子發出唧唧的響聲，心裡驕傲得很，相信別人都注意到他了。堅信禮後，安徒生的母親叫兒子去做裁縫，因他替戲台娃娃縫衣服手指靈活得很。但安徒生說，他要到哥本哈根去。母親問他到哥本哈跟去幹什麼？安徒生的問答是：「我到那裡成名！」

母親當然反對，安徒生再三哀哭懇求，才得到母親的同意。但迷信的母親還是先請個算命婆來替兒子預測前途。算命婆說：「你的兒子將來是個偉大的人物，整個歐登塞城將會為他點燃燈火！」

沼澤過冬的苦日子

1819 年，十四歲的安徒生背著小包袱，口袋裡放著他多年積蓄起來的十幾塊錢，離開故鄉到哥本哈根去追求他成名的夢想。

他有漂亮的男童聲，先在哥本哈根皇家音樂學院的合唱團唱歌；不久，因嗓子改變而失業。他又跑到皇家戲劇院求職，也被拒絕了，原因是他缺乏文化修養。此時，他的錢袋已空，生活潦倒，天天僅吃一塊麵包充飢。在窮途末路之際，他寫了兩個劇本，投到皇家戲劇院。這一次，運氣卻來了。稿子雖然被退回，但戲劇院的院長認為安徒生是可造之才，但一定要再念書，把語文學好。院長還以庇護人的身分替安徒生向丹麥國王申請到了一筆助學金。

從 17 歲到 22 歲的五年，安徒生先後在兩個城市的文法學校讀書。可是，他在學校裡不斷受到校長的責罵和凌辱，情緒低落，終於忍不住，寫信向他的庇護人訴苦。後者同情他，把他召回哥本哈根。日後，安徒生把那段求學生涯描寫為他人生最黑暗、最悲苦的日子。

長成天鵝

過後的十年（1828 到 1838），安徒生靠寫作為生，所得的稿費不多，生活捉襟見肘。那時他一心要成為出名的戲劇家和小說家，還沒想到要寫童話故事。

三十歲那年（1835）是安徒生人生的轉捩點。他出版了他的第一部長篇小說《即興詩人》（*Improvisatoren*），名噪一時。但，對他前途更有影響力的是：他開始童話故事的寫作，以小冊子的方式出版了 4 篇童話故事；冊子的標題是「Eventyr: fortalte for børn」。（中文譯為：對小孩子講的故事；英文譯為：Fairy Tales Told for Children。）

當時就有一位哲學家對安徒生說：「小說使你目前成為小有名氣的作家，但將來使你聲名不朽的是這些小東西。」

跟著，安徒生又出版了兩小冊新的童話故事；然後把已經出版了的 3 小冊子合成一集，於 1837 年推出市場。這是安徒生最初出版的 9 篇成名作：《打火匣》、《小克勞斯和大克勞斯》、《豌豆公主》、《小意達的花兒》、《拇指姑娘》、《頑皮的孩子》、《旅伴》、《小美人魚》和《國王的新衣》。

長篇小說和童話故事相繼問世，被翻譯為德文、瑞典文等外語，安徒生名聲大振，成為歐洲的知名作家。

次年（1838），他獲得丹麥國王賜給他的一筆每年度生活津貼費，欣喜萬分，認為是他生命春天的開始。經濟有了保障，他致力於童話故事的創作，直到 1872 年停止。童話續集不再使用「對小孩子

講的故事」的標題；而且，他童話故事的聲望早已超過他的小說。

整個城為他點燃燈火

四十歲是安徒生國際成名之年。他的童話故事於 1845 年被翻譯成英文，傳入英國和美國；立刻被英國文壇公認為是既有生命又有幻想、既適合祖父又適宜孫子讀的作品，數年後成為經典文學著作。

從那時開始，安徒生在西方遐邇聞名：他是世界上最著名的童話大師。

成名後的安徒生被歐洲的上層社會當作寵兒看待。丹麥的貴族富人紛紛邀請他到他們的莊園去作客小住；他出國旅遊，歐洲的皇家、公侯伯爵爭相設宴款待，請他朗誦故事。丹麥國王和德國普魯士皇帝授給他勳章與頭銜，封他為爵士。

1867 年，安徒生六十二歲了。歐登塞城贈給他榮譽公民的榮銜，邀請他回故鄉大事慶祝。於是，他在一個寒冬日榮歸故里。城裡的學校放假一天，主教陪著他坐馬車前往市政廳，沿途市民夾道歡呼，家家戶戶掛起紅白國旗。全城的重要人物齊聚一堂，盛宴接待昔日窮鞋匠的兒子。

市長請安徒生站到一個長窗戶前。窗外一片火光，城裡的每棟屋子都點了燈籠蠟燭，各行會的成員拿著火把在街上遊行，來到市政廳前的廣場上向安徒生致敬。此時此刻，算命婆半世紀前下的預言成真：整個歐登塞城為他點燃燈火。

去世

照顧安徒生人生最後一段歲月的，是一個哥本哈根猶太富商的家庭。安徒生視這家人為他自己的親人；他肝癌病危時就住在這家人在哥本哈根北郊的別墅，一棟名叫 Rolighed（意為平靜）的屋子。

1875 年 8 月 4 日，安徒生在「平靜」別墅一睡不醒，與世長

辭，享年 70 歲。他的遺體下葬於哥本哈根的 Assistens 墓園。

寂寞的感情生活

安徒生的感情生活不但是寂寞的，而且常被憂鬱感所困。

他終生沒結婚，過的是獨身生活。他一向租房間而居，從未擁有過自己真正的家，僅把好朋友的家當作自己的家。他熱愛旅行，一生出國旅遊數十次，德國、法國、瑞士、義大利、希臘、君士坦丁堡、西班牙、葡萄牙、瑞典、挪威、英國⋯⋯都去過了。按統計，他在外國逗留的時間總計起來，竟長達九年之長。

安徒生曾經單戀過數次，但從來沒有嘗試過真正的戀愛滋味。最出名的那次單戀發生在他三十八歲那年。是年，瑞典的女高音歌唱家珍妮・林德（Jenny Lind）來到哥本哈根演唱三個星期。安徒生愛上了珍妮的美妙聲音和純潔美貌，送了後者數首詩、一個公事包和一張他自己的畫像以示愛。珍妮離開哥本哈根的時候，安徒生遞給她一封情書，但等了很久才收到回信。珍妮在信裡說，她對安徒生的感情僅不過是兄妹之情而已。安徒生替這段愛情寫了個墓誌銘：她是我一生所見最美麗的「孩子」。《夜鶯》的故事就是他為珍妮而寫的。

安徒生博物館將換新衣

現存的安徒生博物館採用安徒生的手稿、圖片、畫像、書本原著、外語翻譯本、雕像⋯⋯等文物來介紹他的生平：對他的童話故事則不重視。博物館前有個水池，數隻鴨子在水上游蕩；池旁建了個小戲台，演員們打扮成安徒生時代的人物，在臺上走動，其中一個扮演安徒生。

如今，21 世紀開始了，歐登塞城決定在城中心為安徒生建築一座規模更宏大、內容更豐富的新博物館。2016 年籌到巨資，挑選了日本名建築師 Kengo Kuma 的建築模型。新博物館的面積佔地 5,600

| 1 | 2 |
| 3 | 4 |

1 整個歐登城為安徒生點燃
　聖火（博物館壁畫）
2 博物館前的戲台
3 安徒生對小孩講故事
4 安徒生與他的童話故事

　　平方米，其中三份之二建於地下；地面的空間則用來建造一個神祕花園；博物館內部的展覽將繞著安徒生童話故事的主題來設計，建設成一個童話宇宙。

　　新博物館預計於 2020 年落成，屆時世人將有機會遨遊安徒生的綺麗童話宇宙。安徒生也將繼續在他不朽的童話故事裡活下去。

德累斯頓的兒童文學家
——凱斯特納

> 我是德國人，
>
> 來自薩克森的德累斯頓。
>
> 祖國，它
>
> 不讓我離去。
>
> 我堪比一棵
>
> 在德國長大的樹，
>
> 必須
>
> 在那兒乾枯。

　　文學家埃里希·凱斯特納（Erich Kästner），一個薩克森的德國靈魂。在心力交瘁的戰爭歲月，他面對納粹的慘無人道，堅守祖國，寫下了上面的詩句。

　　這位在 1960 年獲得安徒生獎的文學巨匠，血液裡流淌著薩克森人的豪情壯志和錚錚硬骨。1933 年納粹上臺，德國文化人士大量離境。出生於德累斯頓的凱斯特納，卻反其道而行之。在黑暗降臨的日子裡，他曾短期前往義大利和瑞士，與當年的文人朋友們相聚，卻最終決定打道回府，在人性顛倒的歲月裡，直面柏林。二戰期間，作為魏瑪共和國的著名青年知識份子，凱斯特納不斷受到蓋世太保審訊，其文學作品亦被定位為「文化蘇維埃主義」，遭到下架焚燒。

　　1899 年，凱斯特納在德累斯頓呱呱落地。他是一個貧窮人家的

孩子，自小熟視無睹的場面，是在箱包廠做技工的父親與其他工人一起上街遊行，遭員警鞭打。而工人們用來發洩報復的最佳方式，莫過於用石塊砸爛街燈。他曾回憶自己陪著母親站在視窗，怯生生地觀看局勢進展！

20世紀初的德累斯頓，反對皇權的民主火花開始蔓延，勞資矛盾也欲蓋彌彰。一天天長大的少年凱斯特納，漸漸愛上了一件事，即去奧古斯汀叔叔家爬院牆。叔叔家位於阿爾伯特廣場，是觀察四面街景的絕佳處。他爬上叔叔家的院牆，居高臨下，觀察路面上的人來人往。那是瞭解世相的好機緣，更是自由自在的和平好時光。但好景不常，隨著一戰來臨，和平戛然而止。

凱斯特納在1957年出版的自傳《當我還小的時候》中寫道：「世界大戰來了，我的童年走了。」

一戰時，凱斯特納不例外地被徵兵入伍，上了戰場。戰爭結束後，他回到中學繼續學習，卻發現心理創傷難以癒合。他說，如果一個年僅17歲的孩子被征過兵，回到班級後又發現同學有一半已經死去，兩個年級只能湊成一個班，那麼可以想像，這樣一個心存芥蒂的年輕人對軍事如何仇視，對軍備，包括對重工業，充滿了怎樣的憎惡之情！

幸運的是，一戰後的萊比錫成為凱斯特納追求知識的天堂。在那座充滿人文氣息的城市裡，20歲的他如饑似渴地在萊比錫大學攻讀歷史、哲學、德語文學和戲劇理論。為了勤工儉學，他到處打零工。給《新萊比錫報》的投稿，讓他發現了自己的寫作才華。在通過論文答辯，完成學業之後，他開始全職為報社撰稿，逐漸成為知名記者和戲劇批評家。兒童時代對罷工的觀察，少年時代對戰爭的回憶，促使這位年輕知識份子反思人類行徑，探索起社會制度。他的「文化蘇維埃主義」，想必已在這個時期漸露端倪。

凱斯特納將激進理想，回饋於嬉笑怒罵間憤世嫉俗的文風之

中。此般鋒芒畢露很不討喜，非保守的老一代編輯所能接受。後者將之看作眼中釘，肉中刺。1927 年，他被報社辭退。被辭退的凱斯特納來到柏林，繼續以筆名為萊比錫的那份報紙寫作。

值得注意的是，在離開萊比錫之前，凱斯特納就開始作為一本家庭雜誌的兒童副刊（《克勞斯和克雷爾的兒童報》）的編輯，涉足兒童文學。這是一片新的樂土，將定位凱斯特納的文學生涯。當他又一次遭遇人類的血腥戰爭，便看破了紅塵，歸隱了兒童世界。在那兒，純潔的心靈沐浴在天真無邪的光環裡，殘酷的社會掩藏在甜美俏皮的隱喻間。

回顧凱斯特納的兒童作品創作，首部名為《埃米爾擒賊記》（*EmilunddieDetektive*）在他被萊比錫報社辭退兩年後的 1929 年，就已問世，並一炮打響。凱斯特納寫兒童小說得到了當時著名的自由派人士，女翻譯家和出版家埃蒂特・雅可伯森（Edith Jacobsohn）的鼓勵，並由她的出版社出版了這本插圖兒童小說。

《埃米爾擒賊記》講述一個驚險的偵探故事。小學生埃米爾假期裡坐火車去柏林的祖母那裡，母親給了他 140 馬克，在火車上不慎被小偷竊走。他到柏林後，一批小朋友協助他偵察，機智地抓獲了小偷，追回了失款。那個小偷正是警察局長期追捕的銀行搶劫犯，埃米爾獲得了 1000 馬克的獎賞。他的母親來到了柏林，一家共慶歡聚。小說歌頌了孩子們之間的團結互助和機智勇敢精神。

小說在柏林出版後，很快成為暢銷書，售本高達兩百萬冊，還被譯成 59 種文字，並拍成電影。不誇張地說，《埃米爾擒賊記》奠定了凱斯特納作為兒童文學家的基石。

1931 年，凱斯特納的第二部兒童小說《小不點和安東》出版，1933 年，他的《飛翔的教室》也出版了。兩部作品越發脈絡清晰地抑惡揚善，抨擊社會弊端。也正因此，凱斯特納在二戰的德國屢遭禁書。他卻置若罔聞，不顧警告，繼續發表作品，1934 年，《埃米爾

和三胞胎》出版，1935 年，《消失的微雕》出版。

　　凱斯特納的大部分書籍都遭納粹撤架並被焚燒的命運。直到二戰結束，他才迎來創作上的第二春。

　　凱斯特納曾言自己寫兒童文學純屬歪打正著。但戰後的他，恰恰是兒童文學方面的非凡成就，讓世人不斷關注，並不斷給他獎項。1949 年，他出版了《動物會議》和《兩個小洛特》。前者乃政治童話，傳遞世界各國應和睦相處的資訊，後者以家庭喜劇式的故事，敦促成年人遏制利己主義思想，還孩子們以幸福童年。1957 年，凱斯特納出版了自傳《當我還小的時候》。60 年代時，年事漸高卻仍勤於筆耕的他，又出版了三部兒童小說，包括《理髮師的豬豬》（1962）、《袖珍男》（1963）以及《袖珍男和袖珍小姐》（1967）。

　　除了兒童文學，埃里希·凱斯特納寫過包括詩歌散文等在內的大量作品。這位見證了兩次世界大戰的薩克森之子，1974 年 7 月 29 日辭世，長眠於德國南部城市慕尼克（又譯慕尼黑）。但薩克森沒有忘記他，德累斯頓沒有忘記他。他的禮帽，他書中的名言，他端坐牆頭的姿態，都以青銅鑄成雕塑，讓時光凝固，讓易北河畔的人們，永遠銘記他。

喬治・雷米與《丁丁歷險記》

方蓮華 比利時

提起比利時的漫畫，很難略過《丁丁歷險記》不談。漫畫主角「丁丁」（Tintin）是一位來自比利時的年輕記者：身材並不魁梧，圓圓臉龐上綴著豆大的眼睛，額前總是翹起一小撮金髮，燈籠褲是常見的穿搭。書中最重要的配角，當屬追隨丁丁多時的忠狗白雪（法文原名 Milou）。這兩位搭檔共同開啟對世界的探險歷程，從而衍生出《丁丁歷險記》漫畫系列，並被譯為數十種語言發行，銷售量至今已超過 2.2 億冊。創造《丁丁歷險記》傲人成果的作者，就是以筆名艾爾吉（Hergé）廣為世人所知的比利時漫畫家喬治・雷米（Georges Rémi）。

距離比利時首都布魯塞爾南邊約 30 公里遠的新魯汶區（Ottignies-Louvain-la-Neuve），有座於 2009 年完工並開放的艾爾吉博物館（Musée Hergé），即是為紀念喬治・雷米而建設。館區外觀現代感十足，稍微傾斜的兩幢建築物，一邊牆面上有張頂大的貼圖，呈現望向遠方的丁丁背影；另一邊牆面整片刷白，只在底部印上「Hergé」，簡潔有力。博物館內部有三層樓，包括九個展廳，咖啡館，紀念品商店和一個小型電影院。博物館地址標示為 Rue du Labrador 26，這正是《丁丁歷險記》中丁丁家的地址。來到這兒，好似意味著來到了丁丁的家，虛擬且真實，令人莞爾。

喬治・雷米，1907 年生於布魯塞爾 Etterbeek 區中產階級人家。父親 Alexis Rémi 是印表機工作人員，母親 Elizabeth Dufour 婚後放棄裁縫工作，成為專職家庭主婦。喬治有一位弟弟保羅，服務軍職。

1921 年，就讀高中的喬治加入童子軍，他的第一張畫作就刊登在這份童子軍雜誌上。兩年後，作品開始連載於《比利時童子軍》月刊。1924 年，喬治開始使用筆名艾爾吉（Hergé）發表畫作。1926 年起，他替連載故事《冒失鬼巡邏隊長托托》畫插畫。大約在 1928 年，喬治加入《二十世紀日報》，當時報社老闆諾爾貝爾·瓦萊神父正在籌辦給青少年閱讀的副刊《小二十世紀報》，並把創刊的任務交給他。一年之後，22 歲的艾爾吉就從這張小小的副刊，創造出丁丁的探險世界。

從第一本歷險記開始，丁丁已經完成前蘇聯、非洲和南美洲之旅。接著，艾爾吉把焦點轉移到東方。二十世紀初期，歐洲世界對遠東的瞭解甚少，對中國的誤解甚多。當艾爾吉著手進行丁丁的中國歷險時，遭遇到資訊不足的瓶頸。透過一位比利時魯汶大學神職人員的介紹，認識就讀於布魯塞爾皇家美術學院高級油畫和雕塑系學生張充仁（1907-1998）。張充仁當年是申請「中比庚款助學金」留比的。他為艾爾吉詳盡介紹了關於中國各方面的知識，如歷史、哲學思想和道教教義等，也化解了許多艾爾吉，或者說，歐洲人，對中國的偏見，例如認為中國人殘忍、野蠻，裹著小腳，甚至生了女孩還會丟進河裡等等。張充仁也教授艾爾吉中國美術技巧、漢字、書法。艾爾吉從此認識一個過去所不知道的中國，他把這些新的認識，表現在《藍蓮花》書中多處，例如當黃包車夫不慎撞上西方商人吉本斯（Gibbons），吉本斯拿著拐杖追打車夫，口中大罵「髒鬼，竟敢衝撞洋人」時，丁丁保護黃包車夫不受欺辱，對充滿種族歧視眼光的吉本斯斥道：「野蠻！」又如丁丁目睹日本商人平野松成炸毀鐵路，親眼證實日本企圖以此嫁禍中國，以為侵華藉口時，說出日本商人「用販毒賺來的錢發起戰爭」這樣一句充滿正義與勇氣的論斷，與當時不甚瞭解中國的多數西方人大相逕庭。《藍蓮花》裡的中國人，有反鴉片的兄弟會成員，有熱情善良的張充仁，這些都是艾爾吉從前不

曾理解的。可以說，艾爾吉讓歐洲人認識了一個沒有歐洲人成見的中國。在 24 本《丁丁歷險記》中（包括最後未完遺作《丁丁與字母藝術》），最吸引筆者的，就是這本關於中國的《藍蓮花》，除了故事情節與中國有關，書中的正體中文字更是賞心悅目。在一位道地西方作家的筆下，看到自己母語文化被書寫、被認識，怎不教人興奮呢！

從《藍蓮花》開始，艾爾吉開始樹立自己的風格。他的作品不再只是以褊狹的西方眼光，向歐洲人展現探險見聞，他更理解到漫畫故事主線的重要性和背景真實的必要性。艾爾吉曾說，那是一種責任。他比之前更認真對待創作，仔細收集丁丁即將前往探險之處的資料，嘗試理解異國居民的生活狀態。丁丁歷險故事不再僅僅是帶著幽默對話的繪畫，艾吉爾以更平等開放的心態去描述其他文明。這樣的轉變，更增加漫畫的可讀性，並廣受讀者歡迎。艾爾吉的改變，《藍蓮花》的成功，張充仁功不可沒。

1935 年張充仁畢業後回到中國，開畫展、辦畫室，也和艾爾吉失去聯絡。因緣際會，1937 年蔣宋美齡女士讀到《藍蓮花》，感謝他將日本侵華史實繪入書中，希望邀請艾爾吉訪問中國，根據《丁丁之子艾爾吉》（Hergé, fils de Tintin）作者的說法，當時國民政府並不只是單純地邀請一位歐洲漫畫家來訪，他們更希望的是借重艾爾吉繪畫長才，在中國創立一份兒童週刊。這個計畫也確實讓艾爾吉心動，但是因為歐戰爆發在即，日本對中國步步進逼，中、歐兩邊的氣氛愈趨緊張，艾爾吉中國之行未能如願，頗為遺憾。

雖然去不了中國，艾爾吉一直沒有放棄尋找張充仁。尋友心切的艾爾吉曾拿張充仁的外文名字「Tchang Tchong-Jen」，詢問中華民國駐比利時使館秘書，其依發音寫下「張仲仁」三個字。這份對張充仁的懸念具體表現在書中，1958 年，《丁丁在西藏》的故事梗概，就從尋找因飛機失事，在夢中向丁丁求救的老友開始。丁丁在搜尋途中偶然間看到一塊大石頭，上面寫著這位老友的名字，就是「張仲

仁」。書中的張仲仁命運多舛，但終於被丁丁救回；現實中的張充仁一生也屢遭波瀾，他歷經日本侵華、國共內戰，1966 年又遇文化大革命，回國近三十年努力的成果毀於一旦，並遭多次下放，直到 1977 年才得以平反。最終在艾爾吉努力下，兩人分離 46 年後，1981 年於比利時再次見面。老友重逢，成為比利時媒體的焦點，兩年以後，艾爾吉因病逝世，他與張充仁的友誼卻常存在許多讀者的心中。

雖說當年蔣宋美齡女士的邀請未能成行，艾爾吉卻去了趟台灣。1973 年，艾爾吉偕夫人接受台灣駐比利時代表處邀請，赴台訪問。在 Musée Hergé 珍藏史料中，筆者找到艾爾吉參訪台灣的照片，相片中的街景，正是我知悉的成長環境。當時國立歷史博物館還贈與艾爾吉金罍獎章一枚，感謝他對比、中兩國情誼的付出。艾爾吉到訪小吃攤，在傳統市場逛水果攤，逛寺廟，還留下與小朋友打招呼的身影。

自 1929 年，「丁丁」誕生於《小 20 世紀報》，到 1983 年，喬治因癌症去世而被迫停筆的 54 年間，《丁丁歷險記》真實呈現了丁丁從小報漫畫人物蛻變成代表比利時的藝術形象。艾爾吉在比利時地位頗高，甚至被譽為國寶級漫畫大師，郵局為他發行限量版郵票，天文協會也以他的名字命名新發現的行星。但就在提筆寫這篇文章的同時，從電視新聞上看到博物館面臨經營不善的問題。隨著人物凋零、時空變遷，出生平民家庭的喬治，有著「近代歐洲漫畫之父」美名的艾爾吉，曾擄獲廣大讀者青睞的丁丁，恐怕也有時不我予的感慨。

喬治・雷米與中國和台灣、艾爾吉與張充仁、丁丁與藍蓮花，許許多多的因緣巧合，將原本毫不相干的人事物牽連在一起，串成歷史。虛虛實實，真真假假。庚子賠款造福了張充仁，張充仁豐富了藍蓮花。艾爾吉虛擬了丁丁，丁丁做實了藍蓮花。一次偶然的聚首，一段睽違半世紀的重逢，一趟未曾預想的台灣之行。我們正在書寫歷史，歷史也正書寫著我們。

朱文輝 瑞士

偵推小說作家：柯南道爾

　　柯南道爾（Conan Doyle）筆下的神探福爾摩斯（Sherlock Holmes）問世於 1887 年 11 月，至今（2017 年）已整整一百三十年。大偵探在讀者眼中出神入化的身影更是歐美後來許多偵探推理小說繼起名家爭相效法創作的典範。

　　在偵推文學史上，我們尊崇美國的愛倫坡（Edgar Allan Poe, 1809-1894）及法國的嘎波里歐（Emile Gaboriau, 1832-1873）為現代偵探小說的鼻祖，他們筆下的偵探主角（前者為杜賓C. Auguste Dupin；後者為雷哥先生Monsieur Lecoq 及塔巴黑Le Pére Tabaret）雖然也都是聰明絕頂、具備分析及推理天才，但，真正能予世人有血有肉、栩栩如生、印象深刻、音容不滅的永恆神探形象者，則非柯南道爾筆下的福爾摩斯莫屬！他這神探造型，為後世的偵探文學開創了先河。

一

　　1987 年是柯南道爾筆下神探福爾摩斯問世的一百週年。

　　記得那年的 4 月 30 日，我從洛桑下班回當時租寓的德、法雙語城市碧兒（Biel）鎮。下車時突然聽到火車站的月臺上樂隊演奏聲大作，我四下環顧，發現與我同一列車有節車廂坐滿了身著古裝的男男女女，紛紛向樂隊和看熱鬧的人群揮手致意，場面熱鬧有趣。幾經打聽，原來是英國倫敦的「福爾摩斯協會」為了紀念神探百年「冥誕」，號召了一百多名福迷組團穿戴神探那個十九世紀中葉的古

裝，各自扮成小說裡的角色，搭機飛到日內瓦換乘火車轉往伯恩高原茵特拉肯市（Interlaken）附近的麥靈根小鎮（Meiringen）去。他們到那兒做什麼？凡熟知福爾摩斯探案來龍去脈的讀者此時必然心領神會，這大隊人馬浩浩蕩蕩是要登上柯南道爾筆下《最後一案》（The final Problem）刻意安排神探與死敵莫禮阿提教授決鬥而雙雙墜崖的來欣八賀瀑布（Reichbachfall）去作「朝聖之旅」，兼對神探的「憑弔」。

四年之後的 1991 年同一時間，也就是四月底五月初，我從新聞報導得悉，英倫的「福爾摩斯協會」再次組團前來瑞士舉辦同樣的活動。這幫福迷將在瀑布現場即景演出福爾摩斯與死敵怪邪教授在山崖的狹徑相逢、兩人惡鬥扭打，最後雙雙隨著一如撕裂巨袋白麵粉撒落開來的瀑布匹練，一起往下墜落，葬身於潭底。我這個福迷兼偵探推理小說作者見此千載難逢的機會，也連忙於五月四日搭火車趕過去麥靈根鎮湊熱鬧，躬逢其盛。

話說名噪天下的神探福爾摩斯後來因為天才招忌，不幸英年早逝於來欣八賀瀑布。探究根底，讓他喪命的真凶竟然是他的原創催生者柯南道爾！他一口氣寫下 1887 年的《血字的研究》與 1890 年的《四簽名》兩部長篇以及 1891 至 1893 三年之間共 33 個短篇（如《波希米亞醜聞》、《紅髮盟》、《黃面孔》、《希臘語口譯員》等）膾炙人口的福爾摩斯探案之後（前後合計共 35 篇），便宣告倦筆，不再創作神探系列。背後真正的原因是，由於他筆下的主角名頭太過響亮，原作者所有的光環盡為福爾摩斯所搶，致令柯南道爾有志在歷史小說方面出人頭地的願望落空，乃遷怒於神探的《功高震主》，便於 1893 年故意安排福爾摩斯於 1891 年 5 月 4 日在《最後的難題》（亦稱《最後一案》）中與莫禮阿提教授決鬥於風景名勝來欣八賀瀑布，兩敗俱傷，雙雙隨著瀑布墜落，同歸於盡，結束了神探英勇光輝的一生。這一結果，大大震驚了全球的福迷讀者，紛紛去信懇

求柯南道爾筆下超生，儘快設法讓他們心目中的大英雄復活，然而十年之久他一直鐵石心腸，不為所動。

二

柯南道爾 1859 年 5 月 22 日生於英國愛丁堡。青年時期在耶穌會的學校就讀，所以學會了德文；畢業後又到該教會設於靠近瑞士及列支敦斯登邊界的奧地利城鎮費德基爾希（Feldkirch）高中進修一年，才又回到愛丁堡參加大學醫學院的入學考試，1876 年正式攻習醫科。求學期間，由於家境不好（家裡有六個兄弟姊妹，他排行老大），早年熟讀馬克吐溫及愛倫坡等名家作品並有寫作天分的他，便開始執筆創作，模仿前輩們的風格寫了幾個中、短篇小說賺取稿費。1881 年他獲得醫學士的學位，上船當醫生跑了趟非洲，回國後在樸茲茅斯附近的南海鎮一面懸壺，一面繼續鑽研醫學，1885 年獲醫學博士學位並結婚成家。

可能是剛出道的菜鳥吧，他的診所門可羅雀，生意清淡，無所事事之餘便開始「不務正業」地寫起小說藉以打發時間。更因為讀了不少柯靈士（Wilkie Collins，1824-1889，英國著名經典懸疑小說《白衣女郎》和《月石》的作者）及嘎波里歐的作品，所以便仿他們的風格於 1886 年春創作了第一篇福爾摩斯探案——長篇小說《血字的研究》（*A Study in Scarlet*），卻於投寄各出版商先後遭到五次退稿，後來屢經波折才以微薄的 25 英鎊稿酬於 1887 年 11 月被《比登耶誕年刊》（*Beeton's Chrismas Annual*）採用，在第 28 期刊出。於是，聞名遐邇、寰宇皆知的神探福爾摩斯於此正式誕生，距今（2017 年）正好整整一百三十週年！

《血字的研究》問世之後，立時洛陽紙貴，隔洋引起美國費城《利平科特雜誌》（*Lippincott's Magazine*）發行人的激賞，便聯繫柯南道爾，商請他再寫一篇探案交由該雜誌發表，但不要太長，以符合該

雜誌每期的篇幅。於是他在 1890 年寫下長篇《四簽名》，並自 1891 年起將診所關門大吉，正式下海當起專業作家。他以驚人的速度大量創作，三年之內發表了 33 個短中篇福爾摩斯探案，篇篇精彩，引人入勝。正好當時市面出現了一份叫做《海灘》的新創月刊雜誌，1891 年七月號刊載了他的短篇探案《波希米亞醜聞》。同年，他續以驚人的速度一口氣在短短幾個月之內發表了 6 個短篇探案，每篇得酬 35 英鎊，不僅柯氏筆下的福爾摩斯因而聲名大噪，成了天下皆知的蓋世神探，《海灘》雜誌的銷路也因之水漲船高，大發利市。本來他不想再寫下去的，但雜誌老闆願以每篇 50 英鎊的高額稿酬鼓勵柯氏繼續創作 6 篇（這前後 12 篇探案於結集以《福爾摩斯冒險記》問世）。

三

上文提及，其實柯南道爾最大的心願是想寫出好的歷史小說，但被他自己筆下的福爾摩斯「喧賓奪主」搶去光彩，於是在 1893 寫完了 11 個短篇之後，在第 11 篇《最後的難題》裡讓神探魂歸天國，不再續筆，同年以《福爾摩斯回憶錄》的書名將這 11 篇結集推出。那一年（1893），他到瑞士旅行，在麥靈根鎮附近山上的景點來欣八賀瀑布為其怒飛奔騰的水勢所懾，於是決定將此地當作神探的葬身之所。說起來他還跟瑞士的緣分特別深厚，同一年內，他陪妻子到瑞士滑雪勝地達沃斯（Davos，每年的世界經濟論壇會議World Economic Forum, WEF 在此舉行，2016 年 1 月習近平還親率龐大中國代表團與會）療養肺疾，並抽暇從事滑雪活動，據說，他還是瑞士少數幾個倡行此項運動的先驅人物之一呢。

他停筆之後，《海灘》雜誌豈肯善罷甘休？頻頻促他續提秀筆，再讓神探發光。盛情難卻無奈之下，他便故意獅子大開口，索酬一千英鎊續寫 12 篇，希望對方知難而退。豈料該雜誌竟然爽快答應了他的要求！

1901 年他與好友到英國西南部德文郡鄉野間的沼澤地區旅行，當地的風土與氣氛深深印入他腦海中，於是在福爾摩斯墜崖身亡十年之後，柯氏再度開筆，以鄉野沼澤的荒涼陰鬱為背景，寫出後世公認是他所有神探系列中最為精彩的一部長篇力作《巴斯克威爾的猛犬》（The Hound of the Baskervilles），仍交由《海灘》雜誌連載了九個月，並於 1902 年刊印單行本。

　　雖然柯氏在書中強調該探案是福爾摩斯墜崖生前的故事，仍擋不住讀者的熱情期待，加上美國出版商願意以每篇 5 千美元的高昂稿酬央請他續寫 6 篇探案，讓神探復生，而英國的《海灘》雜誌則願提供每千字 1 百英鎊的優厚稿酬與之競爭。柯氏卒為所動，同意自 1903 年起繼續撰寫福爾摩斯探案，正式安排神探在《空屋奇案》一篇中大難不死，於墜崖之後奇蹟出現，巧獲生機，但自此退隱江湖，以圖躲避莫禮阿提教授爪牙的追殺。一直寫到 1904 年合計 13 個短篇，並於那年以《福爾摩斯歸來記》的書名結集問世。

　　他的第四個福爾摩斯長篇探案《恐怖谷》寫於 1915 年；之後，1917 至 1927 十年間共發表 20 個短篇探案。總計直到他 1930 年 7 月 7 日辭世為止，一共寫成 4 部長篇以及 56 個短篇探案（福爾摩斯墜崖前 23 案，死裡逃生後 33 篇）。

　　柯南道爾一生可以說是經歷豐富，多采多姿，除了創塑古今聞名的神探福爾摩斯之外，還撰寫歷史及冒險小說，例如他 1912 年發表以挑戰教授（Prof. Challenger）為主角的蠻荒探險小說《逝去的世界》（The Lost World）也很受歡迎，是以中南美洲史前時代為背景，對於許多史前生物活動的描述相當生動精彩，曾多次被改編搬上銀幕。

| 1 | 2 | 3 |

1 | 福爾摩斯與惡教授決鬥懸崖的麥靈根瀑布
2 | 麥靈根鎮福爾摩斯紀念博物館前朱文輝與銅像合照
3 | 麥靈根瀑布的纜車站展出福迷活動照片

　　順此提一筆：我極可能是全世界第一個或唯一的推理小說作家（至少也是第一個華人作家），數度親臨福爾摩斯墜崖現場作實地實景觀察，體驗氣氛，然後以之為背景創作了一部邏輯嚴謹的密室謀殺長篇推理小說《推理之旅》，當年（1992）不但由 3 月 26 日至 6 月 30 日在臺北的《中央日報》副刊連載了三個多月，後來也為識者列為經典之作，並於同年 11 月由臺北林白出版社推出單行本，甚為暢銷，可惜現在已經絕版了。目前我正在修訂整理並德譯，準備推出德文版本。

朱文輝 瑞士

偵推小說作家：席夢儂

　　柯南道爾筆下的蓋世神探福爾摩斯，浮現於讀者眼前的形象是一個身材瘦削、頭戴獵帽、口叼彎弓型菸斗、身披斗篷、鷹勾鼻、理智而嚴峻的人物。同樣，當今全世界愛讀犯罪推理小說的人，只要談起原籍比利時的席夢儂（Georges Simenon，又譯西默農）這三個字，也會讓人意識到，他筆下主角巴黎梅格烈探長（Jule Maigret）的造型有某些部分和福爾摩斯大同小異——皆為頭戴氈帽、嘴裡總含一隻菸斗。不過梅格烈畢竟是個有妻室的人，他的體態圓胖，面容沒有福爾摩斯那樣嚴峻。巧的是，這些形象特徵都和他的原創作人席夢儂合而為一：大作家席夢儂畢生也是頭戴氈帽、菸斗從未離嘴（他 13 歲開始便是一管煙槍了）。

　　他畢生一共寫了 5 百多部類型各異的作品，聯合國國際文教組織（UNESCO）曾做過統計，他的書在全球發行 5 億冊以上，譯成 130 多國文字，其中梅格烈探案系列還譯成了世界各地少數民族語言（包括世界語和愛斯基摩語等）及盲人點字；根據原著拍成的影視作品合計也多達 3 百部以上。他的讀者群不乏世界知名人士，例如畢卡索、紀德（André Paul Guillaume Gide）、義大利國際知名導演費里尼（Federico Fellini）、前西德首任總理阿登納等等；沙特（Jean-Paul Sartre）及海明威對他更是推崇有加，可見他廣受歡迎之一斑！

　　梅格烈探案共約 90 篇，首篇於 1929 年寫成，這一年，世界上同時出現了兩顆偵推文學的彗星，也同時打破傳統古典派的偵推小說風格，各創新局，另立門派，一是席夢儂的梅格烈探案，另一

則為「冷面硬漢行動派」（hard-boiled）的開山祖師美國作家韓美德（Samuel Dashiell Hammett）推出《血紅的收穫》及《達因家的詛咒》兩本《歐普探案》作品。當時席夢儂才二十六歲，其實他在1929 至 1930 年的 19 個月當中，一口氣創作了 19 部梅格烈探案（每月 1 部！），接著更於 1931 年推出 10 部、1937 年 7 部、1933 及 1934 年各 1 部。

這一探案系列推出之後，立刻轟動文壇，人人爭閱，成為二十世紀除了英語世界英美偵推名家如謝逸詩（Dorothy Sayers）、克莉絲蒂（Agatha Christie）、范達因（S. S. Van Dine）、艾勒里・昆恩（Ellery Queen）、炯・狄克森・卡（John Dickson Carr）、韓美德、錢德樂（Raymond Chandler）、賈德納（Erle Stanley Gardner）、史透德（Rex Stout）……等等之外，唯一馳名全球的歐語偵推作家。其成功的道理大致如下：

一、人物造型突出，個性鮮明──以嗜抽煙斗、愛喝卡爾瓦多白酒的梅格烈為主角。他是巴黎 du Quai des Orfevres 區的警察局長，住在樂努瓦大道（Boulevard Richard-Lenoir），妻子燒得一手好菜，兩口子不時一道拍拖、上館子或逛電影院，每月拜訪一次好友巴東醫師夫婦，週末常遠離巴黎市區的喧囂，在郊區塞納河畔的小客棧悠遊靜度；既有美食滿足口腹之慾，又可安享垂釣之趣，大有樂不思蜀之感。警界退休後，在羅瓦河畔默恩縣（Meung-Sur-Loire）買了棟小房子安度晚年。

席夢儂筆下所描寫的梅格烈涉世甚深，洞悉人性，認為人生複雜萬端，偵辦案件並不能單單只憑邏輯推理，應該還要在眾關係人當中觀其言、察其行，體其反應，而從中捕捉破案的靈感。由於席夢儂筆下的小人物個個栩實鮮明，生動具象，評者對他有「性格作家」或偵推文學的「巴爾扎克」（Honoré de Balzac）之譽。

二、有異於他同一時代其他名家的辦案方式──獨創所謂的

「環境氣氛破案法」（Milieu + Atmosphere）：誠如上述，人類所處的這個大千世界，是由各種不同的人、不同的互動關係、不同的反應以及不同的命運等所組合，故作者安排梅格烈辦案時，往往描述他如何親赴現場觀察，並與命案有關的各個人物（親友、仇敵、同事……）侃侃而談，身歷其境，以求融入發生命案的環境與氣氛之中，用「心」去感應體會死者「為什麼」、「在什麼樣的情況之下」激發兇手「什麼樣的心理反應」而受害？在探詢接觸的過程中，細觀各人的舉止反應，知情或心中有鬼者，遲早都會露出狐尾，留下蛛絲馬跡，梅格烈再據此步步進逼，鑽入事象的原貌裡。

因此，席夢儂特別擅長環境的描寫與氣氛的營造，常在書中出現狹窄的居室、後窗、搖搖欲墜的鄉下老屋、簡陋的客棧、水上碼頭、船舶等等足以將某些人物命運結合在一起使之產生互動關係的場景，而死神則往往以解放者的姿態，在此等侷促陰晦的生存環境中，悄然掩至。他這一「身歷其境、用心感應」的辦案方法，後來亦為瑞士 1920/1930 年代最著名的推理小說家戈老舍（Friedrich Glauser, 1896-1938）所師法。

三、悲天憫人的筆觸——他的作品雖多在描述犯罪及破案，但著眼的重點並非全然擺放在偵探情節及推理解謎，而是透過梅格烈探案，來冷眼傳播更多當代人類在此現代社會（尤其花都巴黎）生老病死過程中，對於愛、恨、貪、慾、壓迫乃至恐懼感等心理反應的種種訊息，作者的生花妙筆栩栩繪出犯案者與受害人的內心世界，一如外科醫師的解剖刀，冷冷呈現生命的原貌，而命案中的死神，則往往扮演命運及生活最忠實的觀察者！他所要表達的，乃是赤裸裸的人性。

四、簡潔樸素的文筆——和同期的美國作家韓美德及錢德樂相似，一反傳統文風，席夢儂喜歡用最直截了當、簡潔清楚的文字來鋪陳他的小說情節，因而創出了他獨特的文字風格，多餘的副詞或形容詞，以及不必要的副句，對他都是畫蛇添足，他最推崇法國啟蒙時代

詩人兼評論家卜瓦洛（Nicolas Boileau, 1636-1711）的一句話，並將之列為自己書寫的座右銘──如果天下雨，我就寫「下雨了」。故稱他能用最簡單的字句來勾繪最細膩情境的大師，實不為過。他不僅會構思故事，同時還善於用此表達故事，義大利名導演費里尼就驚嘆於他這種生動而栩實表達人類心境的敘述才華。

席夢儂可以算得上是天才型的多產作家，一生筆耕過程順利而成功。

他 1903 年 3 月 13 日出生於比利時列日（Liége），父為保險公司會計，母為售貨員。13 歲便嗜讀俄國契可夫、高爾基、普希金、杜斯妥也夫斯基等人作品。16 歲（1919）父親去世，他不得不中途輟學，去麵包店學藝，不久便轉往一家地方小報社工作，充當報導員，在三年半的採訪生涯中，他閱歷無數，每天要跑兩趟警局去採訪犯罪新聞，練就一隻銳利快速的筆來。

1920 年他發表以列日當地民情為內容的幽默諷刺小說《拱橋》（*Au Pont des arches*），是他的處女作，前後只花九天的時間寫成。

1923 年他來到花都巴黎，在《傑作報》（*L'Oeuvre*）擔任編輯，這期間他一口氣蒐購了各種各類的廉價犯罪驚險小說，精心研讀，學習創作技巧，準備日後在三、四年之內一展鴻圖，大寫此類小說以求發財。

在他有心實踐之下，這位年方二十的小夥子果真在短短期間之內，一口氣推出了數百則中、短篇通俗、言情、冒險、豔情及犯罪小說，為了不讓讀者察覺當時發表這些作品的週報或週刊全係出自同一作者的手筆，他一共使用了 17 個不同的筆名，每日以 80 至 100 頁的驚人速度從事創作！

1928 年他到各地旅行，足跡遍佈北歐及非洲，更加豐富了他的閱歷和眼界。

1929 年他一口氣創作了 19 部舉世聞名的梅格烈探案。在相繼推

出期間（1931-1934），筆鋒一轉，改寫心理小說，直到二次世界大戰，才又重新回到梅格烈探案來，這時他早已名成利就，不同凡響。

大戰結束那一年（1945），他赴美定居，十年後（1955）返回歐洲，選擇瑞士洛桑（Lausanne）做為他永久定居之所，並自 1947 年起至 1972 年這二十五年間，每年推出 2 至 4 部梅格烈探案，同時還不斷創作其他心理緊張小說。

他下筆的速度極快，作品產量驚人，最初每年 12 部，後來減為 8 部，再逐減為 6 部，卒至每年 2 至 4 部。其寫作的方式為：構思完成後（仔細觀察人物、場景，直至他以全神「融入」情節的「環境」之中）；每天早晨準六點鐘開始敲動打字機鍵，每次寫 1 章，每章恰好 20 頁長，幾天之後便累積成一本書了。但他完稿後，並不急於發表，而是先將原稿擺在抽屜裡冷藏一週，再取出重新審讀，仔細增刪潤飾，然後才付梓交印。

1973 年起，席夢儂突然宣布封筆不再創作小說，只專注於自傳式的散文，並將全副心神貫注於探討人之原貌的作品《裸男》（*L'homme nu*）一書上。

1978 年他那 25 歲的愛女 Marie-Jo 因有戀父情結，感於自身無法掙脫此一陰影，遂舉槍自殺。此事給他心靈帶來無比的震撼，從此反璞歸真，閉門謝客，深居簡出，全心歸隱，不肯輕易接受各界訪談（採訪僅限於書面文字），以口授錄音方式長年《撰寫》他對人生歷練及自我省察的蓋棺之作《私密的回憶》（*Mémoires intimes*），直至 1981 年始大告成功，付梓問世，並以此書獻給 1978 年他那在巴黎舉槍自求解脫的愛女。

席夢儂一生風流艷史不斷，交往過各式各樣的女人，包括 16 歲的澳洲少女、名媛、模特兒、歌星乃至脫衣舞孃、妓女等；前後結過兩次婚，第一任妻子為畫家，第二任為其女秘書，後來也分了居。而最後陪他在洛桑宅邸深居簡出安度晚年的，則是他的女管家。

Georges Simenon 1903 - 1989

席夢儂紀念郵票

他鋒頭最健時，亦曾舉止闊綽，過著最奢華糜爛的生活：擁有豪華遊艇，並一度以此為家；開名貴的勞斯萊斯房車，在日內瓦湖畔購置配有 40 多個房間的超級別墅（其他美、法等地亦有過）；並在面對記者訪談中豪不忌諱坦承曾與一萬多名女性發生超友誼關係，都為轟動一時的頭條新聞。書商付他稿酬，一向都是出版利潤的一半，難怪他去世之後能遺有 3 億瑞士法郎的財產（現價約折合 90 餘億台幣或 21 億人民幣）！到了 1970 年代初期，因一夜之間頓悟參透了人生，乃告急流勇退，反璞歸真。

這位 20 世紀在犯罪偵推文學史上自成一派而又碩果僅存的大師，在享盡人間功名利祿及榮華富貴之後，卻以無聲無息、默默辭離人間的方式來向全世界愛戴他的讀者告別，直至他去世後兩日（1989 年 9 月 6 日）少數近親為他出殯時，消息始為傳播界得悉。他是 1984 年罹患腦瘤，成功開刀移除，但 1988 年又因腦充血而癱瘓，1989 年 9 月 4 日在洛桑自宅睡夢中溘然長逝。

生前，他常常步履蹣跚到他事先已勘好的埋身之處去散步，駐足沉思。他雖知大限將至，然一輩子該寫、該做、該實現的，他都達到了，可謂了無牽掛，坦然面對大去。那時，他早已由郊外的豪華大宅邸搬到市區的一棟普通宅邸去住，在巴黎自殺愛女的骨灰就撒在院子裡一顆雪松下。他去世後，家人依照他的遺願，也將其骨灰撒在那棵雪松四週，伴著愛女。

等到世界各地的讀者聽到席夢儂作古的消息時，一切都已成為明日黃花，猶如平寂的湖面，再也激不起半絲的波紋。他去世後，有些國家為了紀念這位多才作家，相繼發行紀念他的郵票，例如比利時、法國、尼加拉瓜、瑞士等等。

朱文輝 瑞士

偵推小說作家：海史密絲

　　年紀稍微大一點的朋友，多半會對 1960/70 年代紅遍全球的法國第一美男子影星亞蘭・德倫（Alain Delon）耳熟能詳。他 1959 年那部膾炙人口之作《陽光普照》（這是台譯；法國原文 *Plein soleil*；英文 *Purple noon*，中國大陸譯作《怒海沉屍》）敘述一名叫做瑞撲利（Ripley）的美國青年受一名企業鉅子之託，到歐洲尋回其花花浪蕩的兒子。瑞撲利在義大利的一個小村鎮找到了在那兒作畫奢華混日的富家子，與他結為好友，規勸他回家，然而他自己卻也慢慢受到浪蕩子無憂無慮過日的影響，把羨慕對方的自己幻化成了浪蕩的富家子，最後在既羨慕、又忌妒加上貪婪作祟之下，殺死了對方，並利用各種手法瞞天過海頂替了死者的身分。後來差點被人識破，為了掩飾罪行，乃被迫再度殺人。包括警方、企業鉅子和一名幹練的美國私家偵探都在偵緝兇手。瑞撲利一路驚險迭起，始終臨危不亂憑著他瞎吹巧騙的狡慧機智，在真真假假、虛實互換的角色遊戲中逍遙法外。到了 1999 年這部電影又被美國好萊塢翻拍，導演是 1996 年以《英倫情人》（*The English Patient*）獲奧斯卡金像獎的義大利裔英國人安東尼・明格拉（Anthony Minghella；可惜 2008 年 3 月以 53 歲之壯齡英年早逝，其妻為香港華人），片名為《天才先生瑞撲利》（*The Talented Mr. Ripley*），由著名影星麥特・戴蒙（Matt Damon，諜戰片系列《神鬼認證》的男主角）擔綱領銜，推出之後也是佳評如潮，高踞票房紀錄。

　　這兩部電影的原著，便是出自美籍女作家帕翠西雅・海史密絲（Patricia Highsmith）之筆。

她 1921 年生於美國德州，成長於紐約，出道甚早，十六歲中學時代便已在校刊發表短篇小說。1950 年她二十九歲以《火車怪客》（*Strangers on a Train*）一書引人矚目，翌年更受到希區‧考克（Alfred Hitchcock）的青睞而改編搬上銀幕，一舉成名。心理犯罪小說應是她所有作品的特色，寫得最勤快、作品最多的是 1940 至 1980 年代。而予世人印象最深刻的則是她的「瑞撲利系列」，共有五部，除了兩度拍成電影的《天才先生瑞撲利》之外，尚有描寫瑞撲利如何一路為了解除《存在危機》而殺人滅口、化險為夷的《瑞撲利鬼沒記》、《瑞撲利的戲局》、《尾隨瑞撲利的男孩》以及《瑞撲利的潛隱》。其他如《水深深》、《貓頭鷹的叫聲》、《玻璃囚牢》、《一月的兩張面孔》、《狗兒的贖金》、《伊迪絲的日記》、《風中聲聲慢》、《黑屋》等都是膾炙人口的心理驚悚小說，且多已被拍成電影。

　　說到瑞撲利這個讓讀者喜愛的「惡人」角色，海史密絲的靈感是源自於 1951 年夏末她首次前往歐洲旅行，來到義大利南部一個叫作波息塔諾（Positano）的小漁鎮。有一天清晨，她見一名孤單的美國青年沿著海灘慢跑，這人的形象便打進她腦海，成為日後凡事為達目的不擇手段那個「惡男」瑞撲利的原型。

　　綜觀她作品的特色是，完全脫離傳統推理小說「誰是兇手」或「如何破案」的格式，雖同屬推理犯罪的題材與範疇，但她在描寫上採取另外一種角度，在內涵上探討另外一種問題，在情節上更是製造獨特的緊張氣氛。換言之，她的作品皆由犯案者的角度下筆，將案情醞釀、發酵以及演變、發生的過程細細剖析，娓娓道來，映射犯罪人物於作案前後的整個心路歷程及其所處情境的對應與互動，而讀者隨著情節的發展，不知不覺逐步墜入作者刻意經營的緊張氣氛之中，情緒完全受到書中人物（犯案者）的境遇所控制，不斷自問：這「壞人主角能否依計達到目的？」或「身不由己的犯案者會不會功敗垂成、失風被捕？」。綜觀她的小說在主題處理上，不外兩類事項：

一、一個平平常常、循規蹈矩的凡夫俗子，於某種外在情況、體能狀態及內在心境的衝激之下，也可能遽然圖謀不軌、萌生殺意，犯下無法預料的罪行。

二、月有盈虧圓缺，人有旦夕禍福，世間許多事情從外表看起來稀鬆平常，無足掛齒，但往往在尋常平凡之中，也會禍起蕭牆，變生肘腋！

之所以會繞著上述的主題下筆，乃是因為她認為人類常在社會規範所能容忍的範圍之內，彼此不懷好意，以致只要稍稍煽把火，就可以鼓動其變成殺人的兇手。

一般偵推作家的作品，大都靠案情的詭謎與破案的技巧來贏獲讀者的激賞，海史密絲則完全靠人物個性的塑造及犯罪心理的描繪來取勝。她書中人物多充滿神祕感，而其犯罪背後那層祕密，皆源自微不足道的「尋常」，在看起來無足輕重、極為平凡的事態中，一步步、靜悄悄地踏上危機。她花費較多時間與心神去經營、且最扣人心弦的作品，就是前述 1955 年開始發表細說那自私自利的冷血兇手《天才先生瑞撲利》故事系列。

宣揚衛道與修德，講求天理恢恢疏而不漏並不是她筆下所關切的重點。她寫的是「身不由己」的那種情境與反應，所塑造的人物多以神經質或心理變態為主要特色。此外，就筆法而言，她的字裡行間總是充滿陰鬱森冷和黑色幽默的特質。溯源歸宗，她受德裔美籍精神分析家卡爾・孟寧格（Karl A. Menninger）那本著作《人的心靈》（*The Human Mind*）影響至深；文學上則深愛杜斯妥也夫斯基、尼采、愛倫坡（Edgar Allan Poe）、孔拉德（Joseph Conrad）、卡夫卡、古瑞印（Julien Green）、沙特（Jean-Paul Sartre）以及卡謬（Albert Camus）等歐洲文學大師的作品。從這個角度來看，她倒是與歐洲極為投緣的。

由於早期小說大賣錢，尤其 1950 年代《火車怪客》與《天才先

生瑞撲利》兩部作品拍成電影之後，讓她有本錢於 1963 年離開美國前往歐洲，從此展開她下半生萍飄的寫作生涯。起初她在歐洲並不長期定居於一個地方，每隔幾年就遷居一次。先是在義大利一個南部的小漁村鎮波息塔諾（Positano）住了幾個月便到英國去，之後又遷到法國，住到 1981 年；緊接著，便搬到瑞士南部義語邦區洛嘎諾（Locarno）附近的鐵桌亞（Tegna）小村，一直到她 1995 年去世為止，都以那個地方為家。由於她是個女同性戀者，在她年輕時所處的那個美國保守年代，不好公開，所以她被迫必需離群索居。終其一生，不論在自己的國家或在歐洲，都是扮演著一名「異鄉人」角色。雖獲多項國際大獎，但她低調潛隱，絕少接受媒體採訪及公開露面。她終其一生未婚，年輕時有過多位女伴侶，但最後總是不歡而散，主要是她的枕邊人多為宰製型的權威性格。

　　總的來說，她的作品在美國故鄉受重視的程度不如歐洲，後來因為《瑞撲利》的二度被《英倫情人》大導演拍成電影，風靡全球，所以她的名氣也漸漸回流本國。事實上，在她遠離美國前往歐洲之前，就已略有名氣，雖曰如此，那時期她的作品在美國卻是處於豬八戒照鏡子兩面不是人的尷尬之境——對於犯罪推理界而言，她下筆太過「文質彬彬」；對（純）文學界而言，則又嫌過於「犯罪推理」，所以美國的出版社還是無視於她的名氣經常要求她改變作品風格，甚至不時退她稿，這大概也是她當初懷著一股鬱抑心情離開美國跑到歐洲流浪的原因之一吧。反而在歐洲，她的作品廣獲許多有名氣的人文作家激賞。

　　海史密絲作品德譯，最早見諸於 1960 年代初期，由德國漢堡著名的 Rowohlt 出版社印行。後來，自 1968 年開始，改由瑞士蘇黎世專出世界文學經典名著及英美極品推理小說的 Diogenes 出版社接手，並自 1980 年起成為她所有作品全球的代理權經紀人，更自 1993 年起變成世界發行出版權的總持權人，足見 Diogenes 出版社早就慧

1 2 │ 1 │ 海史密斯骨灰安放之處
　　 │ 2 │ 海史密斯永遠安息的墓園

眼識英雌，伯樂知千里馬。她去世後，該社自 2002 年起將她所有作品重新德譯，並於 2006 年推出，共計三十一冊，另外還有一冊是以她生平以及寫作手稿與箚記為主的資料專輯。同時也特別將五十六年前她那部被美國出版社刪節掉三分之一篇幅的名著《火車怪客》原稿一字不漏全本重新印行，以茲紀念。

　　這位以瑞士為第二故鄉的美國推理女傑，截至 2006 年 4 月為止的作品被美、法、德等國改編拍成電影及電視影片者，計達 30 部之多（包括重拍在內）。

　　海史密絲漂泊的靈魂卒以瑞士為其終老之鄉。1995 年 2 月 4 日在瑞士罹患血癌病歿。2007 年 8 月 26 日我特意跑到她埋骨的墓園──瑞士南部義大利語啼七諾邦（Ticino）的鐵桌亞（Tegna）小村去追仰憑弔一番，發現其墓如其人，低調而隱蓄，骨灰擺放在山麓一處靜僻教堂墓園的牆面裡，只佔著一個小方格的牆龕位置，與之面對的，則是一方方占地較寬的碑墓。孤寂乎？但至少還有這麼一名漂泊自台灣也在瑞士落戶安身的華文作家慕名而來瞻仰這位心理驚悚犯罪小說的女大師！

輯二

——

美術家・建築藝術家

我與達文西的緣分

義大利的達文西故居

去過托斯卡尼（Toscana）的首府佛羅倫斯，臣服於它文藝復興的豐沛人文寶藏；卻不敢因此說自己看見了托斯卡尼，直到開車在鄉間山谷中穿梭，站上了一處高地。俯瞰，一望無際，托斯卡尼正是傳說中的美麗，陽光明燦，土地豐饒。正值秋日，層疊蜿蜒的山巒，除有青翠覆蓋，更多處晃如片片、點點金箔，在微風中翻飄、迤邐。

托斯卡尼地區範圍廣袤，短短一日豈能遊盡？當日必須折返波隆納（Bologna），遂選擇了佛羅倫斯西邊的小鎮文西（Vinci）──列奧納多‧達‧文西（Leonardo Da Vinci，又譯達芬奇）的故鄉為目的地。

從波隆納穿過無數山洞，繞過佛羅倫斯往西行駛，在蒙塔巴諾丘地逐步登高，放眼山坡多是葡萄園。葡萄業已收穫，殘留於粗壯老藤上的葡萄葉，在秋風絮絮催眠中，已迷醉呈金黃及橙紅色，經淡藍、紫灰色天空襯托，色澤更流淌出白葡萄酒、紅葡萄酒般透明可人的迷媚。

隨著海拔升高，葡萄園逐漸被大片、大片的橄欖樹取代。蟠結的橄欖樹老幹，輕鬆支舉枝葉，細狹的淡青鐵灰色橄欖葉，其間果實纍纍，有綠、有紫，個個飽滿多肉。

正值採收橄欖時節，有的農人正在橄欖樹下張鋪細網；有的橄欖園地面已經鋪上了細網，農人們踩踏在高梯上，手持夾刀順著一根根枝條，把橄欖紛紛刮落至網；有的地面速度更快，背扛一大麻袋橄

欖丟入車箱。農人們邊工作邊說笑歌唱，表情愉悅嫻靜、雲淡風清，完全是生活在人間樂土，知足常樂的自在。

文西，小小一個鎮，最高處聳立著一座千年古堡；古堡周圍皆為達文西家族的房地財產，非常富裕。

達文西為私生子，父親是位公證人，母親是父親家的女僕。他一歲時，母親另嫁，遷居別鄉；他跟隨父親及叔叔成長，有時會去拜訪母親。

其實達文西並非生於文西，而是誕生於鎮北步行 30 分鐘可達的安基亞諾村（Anchiano）。

山村少許人家，分散在廣闊的橄欖園中。達文西家的鄉間老屋，屋前屋後皆可望遠層層秀麗山巒，果然地靈人傑，孕育出文藝復興的一代奇才。屋子歷經幾個世紀早已傾頹，後經整修，已於 1952 年恢復了 500 年前——1452 年 4 月 15 日，他出生時石牆疊砌的房屋原貌。

達文西，左撇子，終生以鏡像寫字，擁有一手寫字、一手畫圖的本領。實在難以想像繪畫《蒙娜麗莎》、《最後的晚餐》細膩精緻油畫的多情之手，會去構圖設計橋樑、直昇機、坦克車、計算機……還遺留一萬三千頁混合藝術與科學的筆紀。

藝術我懂，但科學外行，請教老公——物理專家唐效。他說，達文西提出許多概念，確是奇才；但，晚生一世紀的伽利略，做出質量相異者同時落地試驗，才能算是現代物理學之父；而最了不起的當屬 17 世紀英國科學家牛頓，對萬有引力和三大運動定律進行了描述。「英國人還是更冷酷一些。」唐效有感而發。

我點點頭，沒錯！所以牛頓畫不出《蒙娜麗莎》。生活於佛羅倫斯城期間的達文西，常常走回家鄉，在橄欖樹間的散步，必然帶給他無盡的想像靈感。

小學時代，我在母親教書學校圖書館翻閱一本畫冊，看見一張

1	
2	3

1　達文西出生時石牆疊砌的房屋原貌已然恢復
2　達文西帶著《蒙娜麗莎》住進呂賽園
3　義大利小鎮文西紀念達文西人體比例作品《維特魯威人》製作的大型雕塑

長鬚老人的鉛筆畫，竟然完全癡迷，取了 8 開畫紙臨摹，畫後十分滿意，貼在自己的床頭看了兩年，這老人肖像就是達文西的自畫像。

臨別安基亞諾村，從山徑旁茂美的迷迭香樹叢經過，順手折下一枝帶回荷蘭培養，視做達文西與我緣分的延續。

幾乎人人知道達文西的傳世名畫《蒙娜麗莎》，畫中女子帶著一抹神祕的微笑。這幅油畫怎麼會收藏入巴黎羅浮宮？

法國的達文西故居

開車一千公里去法國西部海港拉羅歇爾（La Rochelle），日以繼夜開車趕路，沒有旅遊計畫。無意間夜宿盧瓦河（Loire）畔布盧瓦城（Blois），見河流漲水，水流壯麗瑰奇，乃棄高速公路改沿河畔行駛，沿途兩岸矗立不少城堡，逐漸彷彿行進了中世紀的歲月。

旅館經理推介以建築著名的美麗城堡尚博爾（Chambord），遂臨時起意前去小遊。平野中城堡原本孤立，但一泓寧靜致遠的流水造成城堡與倒影作伴，相映成趣。這座法國文藝復興建築的經典之作，屋頂形式別致複雜，遠觀像西洋棋布陣，近看則陰森鬼魅。在我眼中主人似乎有些「神經質」，卻很有審美主見。城堡內部設計並非富麗堂皇，但房間多，如走迷宮；收藏品多，看得眼花撩亂。正中央豎立巨大的雙螺旋迴轉樓梯，據說是達文西的設計；不由納悶，他怎會跑到法國來設計樓梯？

遊尚博爾耗費大半天時間，離開後不久即近天黑；忽見河對岸昂布瓦茲（Amboise）城堡，金黃燈火籠罩，水中倒影亦金光燦燦，通往城堡的大橋彷如鑲滿珠寶，絢麗地閃耀、召喚著；遂迷離了我的心思，明明該繼續趕路，卻受蠱惑，調轉車行方向，進了城。

在城內胡亂繞路兩圈，拎著行李走進「藝術家旅館」，雖然設備簡陋、乾淨而沒藝術感，倒是價格低廉，貧窮藝術家付擔得起。

寒冷的冬夜，老城清靜黑暗，走得意興闌珊，看過幾家餐廳餐

單後，踏入古堡旁一家法國餐廳用餐；牆面一排達文西的機械設計圖，線條流暢、造型神妙，天才創意歷歷在目；奇怪，怎麼又是義大利的達文西？

第二日早起，推窗伸出頭觀望：右手邊城堡高聳，距旅館房間僅 50 米。閱讀訊息，猛然一驚，達文西居然葬在城堡內的教堂裡，每年許多文人雅士前來弔祭。昨夜糊裡糊塗在他身畔用餐、與他毗鄰而眠；從沒注意過，達文西晚年遷居法國，在此去世、埋葬。

1516 年，法國國王弗朗索瓦一世（François I）居住在昂布瓦茲城堡，被認為是法國第一位文藝復興式的君主，仰慕達文西在繪畫、建築、哲學、作曲、科學理論以及發明等多方面天才，力邀他從義大利遷居法國。

終於達文西帶了心愛的《蒙娜麗莎》，住進呂賽園（Clos Lucé）宅邸，與國王城堡遙遙呼應，度過世間最後三年，1519 年逝世。

呂賽園位於暫宿旅店附近高地，冒雨前往。一進圍牆，諾大宅邸迎面而來，可惜沒時間參觀；屋前庭院深深，地圖標示擺放了許多達文西的發明可供操作，惋嘆無暇遊園，許願下次專程前來。

《蒙娜麗莎》這幅傑作，一說達文西將它送給了弗朗索瓦一世；另一說國王花費 4000 埃居買下，長期存放楓丹白露宮，直至路易十四（Louis XIV）國王收入羅浮宮。

旅行義大利時，曾專門尋訪達文西出生故鄉，這次不經意來到法國，他的埋葬之地。能與五百多年前的古人達文西一夜毗鄰，當是幾百年修來的緣分吧！

荷蘭美術家林布蘭和萊登城

丘彥明 荷蘭

1649 年揚·伯勞（J. Blaeu）繪製萊登城（Leiden）：星角形雙層防禦工事夾住一彎護城河，嚴嚴實實圈圍住整個城市；被環抱的土地，運河、道路縱橫，屋宇井然，好一座安全的美麗城池！地圖畫成時間正是林布蘭·馮·萊茵（Rembrandt van Rijn，又譯倫勃朗，1606-1669）生活的年代。

林布蘭被譽為荷蘭歷史上最偉大的畫家，畫作光影技巧的表現，影響世界上一代接一代的畫家。

林布蘭在萊登誕生，度過童年、少年以及青年時光，26 歲遷移阿姆斯特丹。數百年間幾次戰亂與建築的興修，萊登城呈現一些變革，在恢復舊貌為重建的基本原則下，雖城牆不再，中心大體維持 14 世紀後的完整風貌。不難追隨林布蘭年少時的足音，以他的眼光觀看城市，緬懷過去。

「普特」風車

星期日清晨空氣透著濕涼，每條街巷安安靜靜，能清晰聽見的是海鷗叫聲，每隔半小時敲響的教堂鐘聲。見 10 公尺外坐落著「普特」（De Put）風車。

1619 年，揚·楊茲·普特（Jan Jansz. Put）求取西風，將風車磨坊從城東遷移過來，與林布蘭住家只隔座橋。那年也是磨坊主人兒子的林布蘭 13 歲，一定很興奮地與眾人圍觀風車遷徙的壯麗景象。

1640 年風車被燒毀，很快重建。眼前的風車雖是 1987 年按照

1669 年老圖片複製，相信與林布蘭親見的風車大同小異。

林布蘭誕生之處

風車左邊運河上一座活動起降木橋，原型是 1611 年林布蘭目睹修建連接老城與新城的橋，被命名「林布蘭橋」，過橋即薪水巷（Weddesteeg）。

從橋上往右望，想像鐵路橋後面一座風車，即林布蘭祖父赫瑞特・魯洛夫茲（Gerrit Roelofsz）曾擁有的磨坊。1573 年西班牙軍隊侵略荷蘭，祖父在萊登困城中去世，風車亦遭燒毀。

1574 年萊登光復一個月後，林布蘭的祖母萊絲貝斯・哈梅爾斯之女（Lysbeth Harmersdr），向橙色王朝申請興建風車磨坊，位於薪水巷前方，萊登城牆與城牆內另一堵牆中間土堆上。一年後，她把第一座風車磨坊的份額賣掉，在城門北邊興建另一座。新風車磨坊沒有居住空間，她在薪水巷弄了一幢房子。這時她再婚，對象也是位磨坊主人柯內力斯・克拉茲・馮・貝爾寇（Cornelis Claesz van Berckel）。

絲貝斯・哈梅爾斯之女與前夫赫瑞特・魯洛夫茲生下的兒子哈曼・赫利特頌・馮・萊因（Harmen Gerritsz van Rijn），1589 年和富有的麵包師女兒奈爾根・威廉斯多之女・馮・舒德布魯克（Neeltgen Willemsdr. Van Zuydtbroeck）結婚。同年他買下繼父風車磨坊的一半份額，共同經營磨啤酒麥牙的生意；就近在薪水巷買下一幢房屋，生養 10 個孩子，林布蘭排行第 9。

薪水巷，林布蘭的出生地，除 1623-1624 去阿姆斯特丹做短暫停留，他一直在這裡住到 1636 年。可惜 20 世紀初擴建一所印刷廠把他家房子拆了，巷子原貌蕩然無存。經學者考證，1906 年在一幢四層樓的公寓牆上釘一塊石牌：1606 年 7 月 15 日林布蘭・馮・萊因誕生於此。

1574-1600 年，萊登人口劇增至 22000 人，成為荷蘭共和國僅次於阿姆斯特丹的第二大城，許多大房子變成公寓，租金上漲，花園、空地都拿來修建房子，環境變得很差，1611 年市政府決定在北邊城外擴建新區。站在林布蘭橋上眺望以前的護城河外：一片農田從那年開始興建住宅，臨橋而居的 9 歲林布蘭，看見這一切變化——不斷的建築讓增添人口有適合的居住環境，貿易、紡織業擴大發展，運河拓寬大船能進入城內上下貨物。

林布蘭出生舊址對面右轉通過「畫家小廣場」，是城牆的老地基和北邊的「林布蘭公園」。林布蘭家族中許多人，如祖母、阿姨、姨婆等曾住附近，後來他的一個哥哥、一個姊姊也住在這裡；如今變成公園地段，草坪綠樹與海事學校。右邊近橋的當年城牆外，許多人家在那兒擁有花園，林布蘭離開萊登前往阿姆斯特丹前，特別在那裡買了一些園子，送給母親和兩個未婚的姊姊。

萊登大學

步出公園，左轉北蔭德大街（Noordeinde），再右轉古老豬市場（Oude Varkenmarkt），這條街平鋪 10 平方公分的方形小石塊，石面早被走踏得光滑略凹。街尾與綠兔渠路（Groenhazengracht）交接處，一座小橋跨過運河，正對 1645 年建築的城門，門上豎立聖人喬治騎白馬屠龍的雕像。

門前左轉又過小橋，沿另側綠兔渠路轉至拾堡街（Rapenburg）：運河寬、街面寬、兩側豪華宅邸，其中 35、37、39 號建築於 1625-1630 年間，林布蘭絕對目擊了它們的搭建。

荷蘭最老的萊登大學，1575 年成立。最古老校舍位於拾堡街 73 號，修建於 1581 年，經過一場大火 1616 年重建，現仍是大學正式集會和舉辦演講會的主要場所。大學植物園深入其中，培植奇花異草。大學校區遍佈萊登城，漢學院名氣很大，圖書館也很精彩，收藏有漢

學家高羅佩遺贈極有價值的中國古籍。

　　林布蘭曾在萊登大學註冊，大學檔案卻沒上課紀錄。林布蘭 14 歲註冊入學，相對 17 歲正常入學他太小了。為何註冊？家裡逃稅？逃避兵役？無法解釋之謎。

拉丁學校

　　經萊登大學，過橋沿運河另一側的拾堡街左轉造船工巷（Scheepmakerssteeg）至巷底的彼得教堂（Pieterskerk）。教堂最早的部分建於 1121 年，現存留 16 世紀的形貌。1569 年林布蘭父母在此結婚，死後埋葬於此。

　　繞教堂四分之三圈轉進雀碼頭巷（Muskadelsteeg），左轉正義街（Gerecht），舖設石塊的廣場後方一幢雕樑畫棟的華麗建築物，是我尋找的拉丁學校？閱讀介紹，竟是監獄，大為驚奇。拉丁學校位於監獄前方右角學校巷（Scholsteeg）旁——快活舞蹈街（Lolchorstraat）16 號，1600 年哈倫石匠李文・德・凱（Lieven de Key）設計搭建，房舍不起眼。

　　父母希望么兒林布蘭（下面只有個妹妹）接受良好教育，10 歲時送進拉丁學校讀 7 年書（1613-1620）。學校以拉丁語教學，學生都能說拉丁語，考試也用拉丁語測驗。學生也學希臘文，但能閱讀即可；必須訓練辯論，還要讀古典文學名著。林布蘭繪畫道路的成長，嚴格的學校教育顯然大有助益；揀選繪畫題材與描繪故事，因熟讀神話與古典文學，很容易切入與發揮。

　　林布蘭在拉丁學校裡也上素描課。1613 年學校文件檔案：美術教師漢瑞克斯・瑞弗林克（Henricus Rieverlinck）可能是引領林布蘭進入繪畫領域的第一人。

　　貼近拉丁學校窗玻璃往內瞧，裡面布置當年教室景象：木頭桌椅、地板，穿白衣黑褲、戴黑帽的小林布蘭坐聽講課。黑板上放映學

校生活的各種圖像，還聆聽得見中世紀音樂的彈奏哩！

畫友揚・李文斯出生的小巷

拉丁學校右轉彼德教堂渠路（Pieterskerkgracht）再左轉彼德唱詩班巷（Pieterskerkchoorsteeg），刺繡師傅的兒子畫家揚・李文斯（Jan Lievens），1607 年誕生於此。

林布蘭長李文斯 1 歲，最早學畫經歷相似，先從萊登大師學習繪畫技巧，後師從阿姆斯特丹歷史畫大師皮耶特・拉斯特曼（Pieter Lastman），同在 1631 年離開萊登。但，李文斯小時候被視為繪畫天才，林布蘭則屬尋常；李文斯生前雖有名氣，死後很快被遺忘，林布蘭卻永世盛名。

萊登時期，林布蘭與李文斯繪畫風格和題材選擇非常類似，也彼此互相畫像。或許他們曾經合用過畫室，但沒能找到進一步證據。1628 年橙色王朝總督弗瑞德利克・漢德瑞克（Frederik Hendrik van Orange）的秘書——著名的康斯坦泰・胡更斯（Constantijn Huygens）到畫室拜訪林布蘭與李文斯，胡更斯自傳描述二人為「年輕又高貴的畫家」，是記載年輕林布蘭的最老資料。應該是胡更斯把兩位年輕藝術家介紹給總督夫婦買了許多畫，第一張購畫單日期是 1628-1629 年，及至 1633 年，從總督手上林布蘭至少得到十三幅畫的訂單。

繪畫老師史旺能布魯赫的居所

左轉橫向的長橋街（Langebrug），當年原是條運河，水上搭建許多小小的行人橋，遠望過去猶如一座長橋故名之。

長橋街 89 號，林布蘭第一位繪畫老師史旺能布魯赫（Jacob Isaacszn. van Swanenburgh）生前住所，他以故事性強、人物多、讓人看了有恐懼感的繪畫著稱。1620 年 11 月至 1623 年 10 月林布蘭在此習畫。

　　17 世紀一個師承 3 年，林布蘭在史旺能布魯赫門下學習做畫家必備的條件：不同繪畫材料的知識、如何在畫布上打底、怎麼調色、素描的各種細節等。如今這幢房屋是家花園設計公司。

　　3 年實習期滿，林布蘭赴阿姆斯特丹半年，追隨拉斯特曼學習歷史畫，1624 年 5 月重返萊登。

李文斯的工作坊與賣畫日

　　左轉羊毛巷（Wolsteeg）越過布瑞大道（Breestraat），巍峨的市政廳聳立於寬闊的馬路旁。1597 年李文・德・凱設計的老市政廳外觀，1929 年被大火焚毀，十分可惜。

　　17 世紀荷蘭市政廳的功能與現代不同，內部設肉廳、禽類廳，還是每日「夜巡」的起始點；每年市政樓上舉辦一次賣畫活動，萊登畫家平常不能在街上或挨家挨戶賣畫，只能在賣畫活動賣創作且不許競爭。1930 年李文斯藉市政廳舉辦「賣畫日」，同師門好友林布蘭應該參加了那日活動。

2	
1	3

1 | 十七世紀時萊登城市地圖，圖中標號為與林布蘭相關景物的所在處
2 | 《薪水巷》林布蘭出生紀念碑
3 | 拉丁學校

　　1617 年 10 月至 1618 年 12 月，荷蘭新教問題演變成「阿米尼安・瓦爾」（Arminian Wall）政治事件，林布蘭目睹市政廳前抗議活動；受家族同情抗議人士影響，他很難從萊登市政廳再取得訂畫機會，或許促成他決定遷居阿姆斯特丹。

　　1622 年揚・李文斯搬進布瑞大道上離市政廳不遠的大房子，因父親兼做租稅承包人致富，他從而擁有了工作坊。

古堡的圓型護牆

　　建於 14 及 15 世紀的「高地教堂」（Hooglandse Kerk）聳立。正值星期日，鐘聲一聲接一聲敲響，看錶 11 時 30 分，不少信徒聚集教堂前寒暄。沿教堂前左轉新街（Nieuwstraat）經市民巷（Burgsteeg）獅雕門前，不數步右斜彎轉 V. D 歐特樂小道（V. D Oterre Pad），左邊出乎意外見高高隆起的土坡，幾十級階梯陡直而上，坡頂壘築有一座大圓形磚塊護牆，原是古堡為防禦外來侵犯者修建的防衛工事。牆內三株古意盎然的大樹挺立，枝椏幾乎蓋滿牆內的天空，樹間放置宛

如木乃伊的一木雕及一石雕。登上牆頭巡走一圈，驚喜萊登全景盡收眼底：紅瓦屋、綠樹、交錯的道路流水、宏偉的教堂建築、市政廳，甚或冒著白色煙氣的發電廠煙囪。以前認為萊登美，卻沒這樣俯瞰過，尤其在略寒無風的灰色天空下，更突顯中世紀城池的迷人氛圍。防衛工事在林布蘭時代已變成公園，年輕畫家常會登臨欣賞自己的城市吧！

圓形護牆正對的圖書館，應該收藏不少關於林布蘭的圖書吧，可惜沒開門無法印證。

門生赫瑞特‧道出生之處

繼續前行，左轉高街（Hoogstraat），踏上萊登年代最古遠的橋——魚橋（Visbrug），下橋經 1455 年一木頭老建築「稱重房」，1657 年改建為石頭建築。左轉編籃工巷（Mandenmakerssteeg），原是編籃子工人居住的短巷，很快重回布瑞大街。右轉短拾堡街（Kort Rapenburg）12 號，一家古董店，即赫瑞特‧道（Gerrit Dou）出生處。他是林布蘭在萊登的兩個得意門生之一，1628 年 2 月 14 日追隨繪事直至 1631 年；畫作特別細膩，許多作品與老師真假難辨。

愉快的漫遊

重拾林布蘭年輕的足跡，戀戀不捨萊登城的沉靜古雅，停留到白日消逝，城市在燈光照映下另現一番嫵媚。

漫步萊登城，事隔 400 多年，居然能把當年林布蘭的點點滴滴捕捉回來。佩服萊登人對古老城市與文物不遺餘力的愛惜與保存，慨嘆現今城市的中世紀風貌，因擁有林布蘭而更顯厚重、豐美且有餘韻。

西楠 英國

隕落的天才
——像梵谷那樣去愛

　　近日，收到歐華作協的約稿，希望我撰寫一篇歐洲名人的小傳，腦中瞬間閃過數個名字，然而最終停留在了「梵谷」（又譯梵高）。

　　這位隕落的天才，令我心碎。

　　於是我來到咖啡館，打開電腦，為培養情緒，又掛上了耳機，按下播放鍵。耳機裡傳出歌曲《Vincent》那夢幻唯美的旋律。據說這首歌講述的正是荷蘭畫家文森特・威廉・梵高（Vincent Willem van Gogh，下簡稱「梵谷」，1853-1890）的故事：

> Starry starry night, paint your palette blue and grey, look out on a summer's day, with eyes that know the darkness in my soul. Shadows on the hills, sketch the trees and the daffodils, catch the breeze and the winter chills, in colors on the snowy linen land...
>
> （星光，星光閃耀的夜晚，讓調色板描繪出你深深的憂鬱和晦暗，讓那雙洞察我靈魂深處的眼睛，面朝著夏日的白晝。在這如雪般的畫布上，勾勒出丘陵的投影，描繪那樹叢和水仙花，捕捉微風和冬季的寒意……）

從福音到繪畫

梵谷之父是一名仁慈博愛的加爾文教派牧師，這樣的宗教信仰在後來也一直影響著梵谷。梵谷在幼年時已展露其在繪畫和語言方面的過人天賦。在青年時期，梵谷與其弟弟提奧·梵谷（下簡稱「提奧」）的感情很好很深，這在後來成為了梵谷人生的一大支柱。梵谷曾對提奧這樣說：「讓我們之間的友愛之火不熄……讓我們對彼此保持開誠佈公的態度，讓我們之間沒有祕密。」

在早期，梵谷的文藝思想受到多重方面的影響，例如：他曾在大英博物館看倫勃朗（又譯林布蘭）的畫作《基督對話瑪麗和瑪莎》。畫中，主耶穌坐在一扇簡陋的窗下與兩名婦人對話。梵谷說希望自己不會忘記這幅畫作，以及它所傳遞的資訊。狄更斯筆下的倫敦工人階層生活以及英國流行藝術中社會現實主義的內容都給梵谷留下了深刻印象。同時，梵谷在閱讀喬治·艾略特所著的《織工馬南傳》時也深受觸動，更加深刻地理解了「基督教精神」與「神在人間的國度」，以及英國福音主義。這使他想起幼時的經歷，決定接管父親手中的宗教事業。此階段他潛心於宗教研究，卻因此怠慢了在藝術品公司的工作而遭到解雇。

後來，梵谷來到比利時煤礦區做傳教士。幫助那些苦難的礦工變得與傳教同樣重要，他拿出了自己的大部分財產，希望能夠幫助這些苦難的人。然而 6 個月後，梵谷依然沒有達到要求，沒能留下工作。

提奧對梵谷感到擔憂，但又同時看到了他在繪畫中的天賦，因此鼓勵他繼續將精力投入到繪畫中。梵谷是一個特立獨行的人，對傳統教育並不感興趣，卻通過研究巴爾格（Charles Bargue）的畫作自學成才。多年的迷茫之後，梵谷終於找到了他的天命，他說：「……我不打算讓自己閒下來，不去回避諸多的困難和情緒。我根本不在

乎，我能長命百歲還是英年早逝。我只在乎，在這世上，我有一種義務，也可以說是職責，畢竟我都 30 歲了，要留下點兒什麼紀念我的感恩之心，並以繪畫的形式呈現出來。」

梵谷從來都是人民的一員，與農民、工人和流浪者產生共鳴。他沉浸在創作中，特別鍾情於法國畫家米勒（Jean-François Millet）。米勒以寫實地畫出農民生活而聞名。梵谷則勵志要反傳統，「以不屈不撓的精神征服他們」。他希望在自己的作品中融入溫暖和愛。

坎坷情路

不過，儘管在藝術創作上梵谷找到了自己的方向，他的感情路卻一直不順。他愛上了表嫂姬·沃斯。家人認為梵谷羞辱了家族，對他進行譴責且不允許他與表嫂見面，後來梵谷去了阿姆斯特丹。離開家後，沒有經濟來源也沒有依靠，他向弟弟提奧救助，並向提奧寄去他的畫作。他願堅信弟弟的救助「是他的勞動所得」。提奧表示願意救助他。

梵谷來到海牙，建立了自己的工作室，寫生現代都市的方方面面。這時期，他遇到了一名孕婦，她腹中的孩子被父親拋棄了，為了生計在大街上徘徊。梵谷留下了這名婦人做模特，並且一整個冬天都和她在一起作畫。這名婦人名叫柯拉姬娜·瑪麗婭·胡尼克（又稱「希恩」），比梵谷年長。她是個裁縫，靠賣淫增加收入。梵谷無法支付她一名模特每日的費用，但為她付了房租，並且將自己的食物與她分享。

梵谷說：「對我來說，她很美。我在她身上找到了我正需要的東西——生活將她擊垮，痛苦和不幸在她身上留下了痕跡。」梵谷自認最好的畫作之一就是以希恩為模特的——《哀傷》（Sorrow）。

在梵谷的風景畫中，他則努力「注入在人物畫中表現出的那種

情感」。他最喜歡的風景是樹，他在其中看到了「表現力和靈魂」。

　　然而，梵谷與希恩的這段感情更令他的家人反感，他很快又身無分文了。在某次梵谷寫信向弟弟求助時，他的身上僅剩三個半荷蘭盾，沒有錢買食物或交房租。可是這一次提奧也感到梵谷令家人蒙羞，因此沒有接濟他。希恩也只好決定在生下孩子後，繼續回到大街上賣淫，養活自己和孩子。於是梵谷又一次離開。

創作全盛時期

　　梵谷回家了，身無分文，心情沮喪。梵谷認為家人並不歡迎他，而是把他當作一隻「濕漉漉的大狗」。

　　不過，儘管有著種種不順，梵谷作為一名藝術家，卻在此時進入了全盛時期，從繪畫當地的織布工開始。同時，梵谷又對色彩越來越感興趣，起初他將色彩運用在風景畫中，後來又運用於農民的畫像中。

　　然而，提奧和梵谷的一眾藝術家朋友們並不認同他這一時期的作品，例如安東・梵賴潑德，認為梵谷的人像畫《吃土豆的人》很「失真」。梵谷卻對此抱有不同見解，他希望當人們看到他的畫作時會說：「我的體會很深刻，我的感覺很敏銳，儘管畫作有所謂的粗糙感……」這是梵谷第一次、也是最後一次畫群像。

　　梵谷的父親過世後，梵谷畫了一幅畫，畫中是父親的《聖經》，旁邊擺著一本小書，是法國小說家左拉的書。左拉以記錄工人階層飽受折磨與困擾而聞名於世。梵谷感到自己與左拉意氣相投。

　　梵谷旅途的下一站將他帶領到了世界的藝術中心。1886 年 2 月，梵谷來到巴黎，當時的藝術界正在發生轉變，人們在尋找除印象派之外的東西。在巴黎，梵谷搬到蒙馬特區與提奧同住。很快，他又進入了藝術家費南德・科爾蒙的畫室，在那裡他結識了不少有抱負的藝術家，包括圖盧茲・洛特雷克（Henri de Toulouse-Lautrec）。然

而，畫了三個月的石膏像後，他感到厭倦與失意，於是離開了。

梵谷希望畫出好的肖像畫，他在大師倫勃朗身上尋求靈感。如同倫勃朗給自己畫肖像畫一樣，梵谷也開始給自己畫肖像畫，起初使用暗色調，但很快他受到身邊新藝術形式的影響，也開始使用多彩和亮麗的顏色。他希望展現：同一名畫家可以畫出風格迥異的肖像畫。

孤僻的梵谷不喜歡和其他藝術家們一起參加沙龍聚會，也不喜歡其中所孕育的競爭氛圍。那兒僅有一名藝術家令梵谷另眼相待，他就是保羅・高更（Paul Gauguin）。他和梵谷都喜歡日本浮世繪。一開始梵谷只是臨摹，後來他開始創作自己的日本風格作品。而日本繪畫也出現在了梵谷的肖像畫中，作為背景。

崩潰邊緣

然而，當時梵谷在巴黎的其他嗜好卻不怎麼有益。他當時大量飲用苦艾酒，損害了他本已脆弱的健康，而他與提奧的關係也變得緊張起來。提奧說：「他的身體裡就像住了兩個人，一個天賦異稟，體貼而溫柔，另一個卻自戀而冷漠……」

1888 年 2 月，梵谷厭倦了和提奧的爭吵，也受夠了先鋒派在藝術上的自大，嚮往平靜安寧的鄉村生活，於是去到了普羅旺斯的阿爾勒（Arles）。他為那裡的風景所醉心。這時，他使用的作畫色彩越發的鮮亮了。梵谷認為他在這裡找到了自己，他形容這時的自己「怡然自得」。

然而，長時間孤獨地作畫使他陷入了抑鬱的情緒。從他寫信的內容中看，他患上了躁鬱症：「我很多天沒有和人說過一句話了，除了點菜和要咖啡……讓我不安的是一個人這麼長時間的獨處，孤獨一人。」他給高更去信，希望高更前來與他同住、一同作畫，唯一的條件是「每月給我弟弟寄去一幅畫作」。

1888 年 10 月，高更終於來到了。梵谷決定向高更學習，「憑藉

記憶作畫」。在其中一個他反覆繪畫的主題——「播種者」中，人們可以清晰地看到高更帶給他的影響。但梵谷感到光憑藉記憶作畫，對他來說有難度，於是他很快又回到了現實主義的繪畫風格。梵谷筆下那張有名的「椅子」就是在這一時期所畫。

很快，兩名藝術家之間的關係緊張了起來。當時高更的畫在巴黎熱賣，而梵谷的作品仍舊一幅也沒賣出去，於是梵谷又開始酗酒，行為也變得越來越古怪。因此僅僅過了八周，就惹得高更火冒三丈。高更認為，他與梵谷總是意見相左，尤其是在繪畫上。儘管梵谷十分喜歡高更的作品，但是當高更實際在作畫時，梵谷卻總在一旁指手畫腳、吹毛求疵。「我與他無法和平地共處一室」，高更說。

據高更說，梵谷曾拿一把剃刀嚇唬他。誰也沒想到，最終梵谷卻回到房間，用這把剃刀自殘左耳。於是他住進了醫院。

精神病與天才

在醫院裡，梵谷畫下了後來他最受世人矚目的一幅自畫像，即是用紗布纏住腦袋的那一張。梵谷在阿爾勒醫院住院期間，精神時好時壞、並不穩定，然而他依然在藝術中尋找慰藉，畫下了醫院中的庭院和這裡的人們。五個月後，在提奧的幫助下，梵谷搬出了阿爾勒醫院，又住進了聖雷米精神病院。提奧並幫助梵谷申請外出作畫和適當飲酒的權利。

梵谷在聖雷米時期所寫下的信件是令人心碎的告白，表明他漸漸屈服於他的病情。他開始承認「瘋狂也是一種病」，令他「渾渾噩噩、了無希望」，他「考慮承認自己是一個全職瘋子」。有時連續數周，梵谷因疾病的折磨而無法作畫，陷入極度的恐慌，企圖吞食顏料或石蠟自殺，然而在其他時候，他都才華驚人並且非常高產。他在這一時期給提奧寄去了十餘幅畫作，而提奧也給梵谷寄送作畫所需要的畫筆、顏料等一類東西。提奧認為梵谷這一時期的畫作在色彩使用上

有了突破，並且他仍在繼續進步。梵谷說：「如果不能作畫我就會瘋掉，而對此我也無計可施。」

這一時期，梵谷收穫了他人生中唯一的文藝評論，出自年輕的評論家亞伯特・奧瑞耶。奧瑞耶認為，梵谷的作品中有「過剩的力度、過度的神經質、激烈的表達、炫目的色彩……具有陽剛之氣、大膽，甚至有時是野蠻的，但有時又有天才的細膩……」

1890 年 5 月，梵谷搬去了在巴黎西北不遠的歐韋（Auvers-sur-Oise），理由是「那兒的氣候更適合他」。提奧給當地的醫生寫了介紹信。梵谷並在拉武旅館租下了一間閣樓。他每天五點起床，九點才回到房間，起早貪黑地作畫，幾乎每天都能完成一幅畫。

這時期梵谷畫下了一幅他的主治醫生加歇醫生的畫像，他認為他們兩人的「體貌和內心都很相似」。兩人後來成為了朋友。梵谷經常到加歇醫生家吃飯，為他的女兒畫像，而加歇醫生也是一名業餘的藝術愛好者。但儘管如此，梵谷仍然感到很孤獨，「這感覺令人生畏，以致我不敢出門……只有在作畫時，我才能感到一絲生命力……我感到很失敗，而我正在接受這樣的命運，它不會再有改變了……」

天才隕落

梵谷去看望提奧和弟媳喬，還有他們剛出生的侄子。提奧對梵谷說，自己現在有了家庭，有了更多責任，比如要養家糊口。梵谷感到很沮喪，擔心自己已變成提奧的一個累贅，於是當晚就離開，匆匆回到了歐韋。

他提筆給提奧寫信，稱「擔心自己危及了提奧的生活」，理由是他靠提奧接濟度日以及他常給提奧寫信、絮絮叨叨，但他稱「如今這樣的表達欲望已經消退」，他甚至認為這樣的表達「毫無意義」。

在梵谷寫下這封絕筆信的四天之後，他走進麥田，對著自己的胸膛開了一槍。之後，他爬回到了自己的閣樓上。兩天後，他在這裡

去世，享年三十七歲。提奧陪伴在他身旁。

據提奧後來敘述，梵谷在死前曾說：「我正是希望以這樣的方式離開人世。」半小時之後，他如願了。他死後，人們開始對他的才華交口稱讚。如今，梵谷的作品更是價值連城。

梵谷生前，曾希望人人都能理解他的作品，他希望他的作品「能像音樂一樣慰藉心靈」，然而在他去世以前，唯一真正懂他的人，可能就是他的弟弟提奧。六個月後，年僅 33 歲的提奧死於梅毒，和梵谷並排葬在了歐韋，圍繞二人墳墓的常春藤又將他們聯結在了一起。那些常春藤是從加歇醫生處移植而來……

……馬路上，一聲汽車的長鳴將我拉回到了現實中，耳機裡循環播放的音樂還在響，它唱：

......And now I understand/ what you tried to say to me/ and how you suffered for your sanity/ and how you tried to set them free/ They would not listen/they did not know how/ perhaps they'll listen now......For they could not love you/ but still your love was true.....

（……而此刻我才懂得／你想對我訴說的那些故事／你因深深的思索而承受著痛苦／你因賦予思想自由而所做的一切／可是，那些人不會聽到／因他們無法體會／又或許，他們現在才知道……儘管他們並不愛你／可你的愛卻是如此真實……）

丘彥明 荷蘭

我愛莫內的花園

莫內的吉維尼村

　　吉維尼村（Giverny，位於諾曼第厄爾省）的人家顯然富裕卻刻意低調，住家多數寬大，不少以硓砧石塊砌牆；除了花園明麗，沿著外牆邊皆種植草花，綻開五顏六色的花朵，飄散淡淡花香，洋溢著溫馨的浪漫氛圍，與純樸自在的人情氣味。

　　克勞德・莫內（Claude Monet，又譯莫奈，1840-1926）的故居，就在克勞德莫內路上。這條路的盡頭是座教堂。小教堂頗有歷史，11與12世紀時為紀念修女聖哈德洪德（Sainte-Radegonde，519-587）而造，15世紀擴建。1944年戰爭受損，2008至2010年修復。哈德洪德的父親為日爾曼 Thuingia 的國王，她雖貴為公主，卻接受宗教教育想當修女。戰爭中，她與弟弟被高盧的法蘭克國王克羅戴爾俘虜，被迫嫁為王后。後來克羅戴爾謀殺其弟，她躲入教堂逃亡至拔提耶（Poitiers）建立聖十字修道院。後世人尊她為拯救皮膚病的守護神。

　　臨靠教堂有條石階，石階半途邊有座墓塚，豎立一圓柱型白色十字架，纏繞著盛開小白花的玫瑰藤；塚上種植一些我不知名的草花，正綻放色彩清雅的花朵；一塊大理石碑，簡單刻寫莫內的名字、生辰及去世日期，塚內埋葬了莫內與其家人。我向敬仰的大師——印象派名稱的來源者、光與影繪畫技法的開創人、印象派理論與實踐的主要推手，深深鞠躬致意。然後登上石階頂，那兒是一大片埋葬逝去村人的墓場，安詳寧靜。

模仿莫內定居於此，現在村裡仍有不少畫室，畫家在這裡繪畫受印象派影響的作品：畫蓮花、罌粟花、柳樹，明顯想討好一般遊客。隨意踏進一間小畫室，唯一不同主題的一幅大畫：樹林、河流光影斑駁，濃密的樹木隱隱約約露出教堂一角，綠色層次多變，畫面安靜幽美，越看越耐看；是畫家 22 年前住巴黎時期的作品。遷居吉維尼 20 年，再沒畫過這樣的畫。畫家說來輕鬆平常，我則感慨萬千：這就是人生吧，從事那一種形式藝術的選擇，別人無權評斷對錯。

步入咖啡屋 Botanic Café，牆壁掛畫，木櫃擺放古董，支撐房頂的木樑刻意外露，彎曲的形狀藝術感很強。酥皮乳酪蔬菜肉餡餅，香脆可口。法國美食，即使簡單的糕餅也讓人愛之不已。

莫內的故居

在法國吉維尼村的住宅，莫內度過一生最後 43 年。

長型二層建築物的莫內故居，較花園位置高些，得從花園扶七級綠漆臺階而上。上完臺階，屋前是一條從頭直通的底的細長陽台，約一米寬陽台的地面漆成綠色，扶手的木欄杆亦漆成綠色，攀爬在欄杆上的薔薇藤，綴滿明艷的紅色薔薇花。

門廳不大，向左先是兩個小房間，懸掛莫內收藏的日本浮世繪版畫。最左側的大房間是客廳，天花板很高，木地板鋪上地氈，放置古典式成套的金邊花布沙發椅；面向花園的兩面牆，開了幾扇大玻璃窗，把室外清新的空氣與花草樹木的味道、顏色引進室內；另兩面牆懸掛莫內的畫作，我很欣賞掛畫的設計：牆面上釘三根長木條，掛三層圖畫。掛畫主意出自何人？頗為好奇。翻看莫內當年站在客廳拍攝的老照片，牆壁上作品一張挨著另一張掛滿三層。答案出來了，雖是小事，因此更加佩服莫內靈活的心思。

轉上二樓，莫內臥室呈現眼前，寬敞光亮，可俯瞰花園的空間；臥室旁有另一小房間。這兩間牆壁上懸掛了塞尚、西斯萊、雷諾

瓦等大師的作品，這些人曾來作客，和莫內有深厚的情誼；另外著名藝術家如：柯洛特、沙金、惠斯勒等人也前來造訪過。莫內是個熱情的主人，賓主每每盡歡，為藝術史留下不少佳話。

轉下樓，回到進屋的門廳，與收藏室和客廳對稱的是莫內住宅著名的餐廳與廚房。餐廳以黃色為主要基調，門框、窗框、櫥櫃框、壁爐框、長型餐桌、木椅，漆黃色，餐桌鋪白色繡花桌布，餐盤是內側白色外沿黃色加普魯士藍線邊的瓷器，刀叉勺子一律為精美雕飾的銀製餐具，酒杯、水杯則是水晶器皿。櫥櫃中放置不少莫內收藏的中國青花瓷碗盤、茶具，看上去圖案線條明顯粗糙，比起他收藏的浮世繪版畫差遠了。

毗鄰餐廳的藍色廚房，牆壁上拼貼不同圖案的小方塊青花瓷磚，整齊有序。和餐廳有門相通，此門與外牆窗戶之間的牆面前是流理台，裝置有水龍頭、鑲銅邊的爐灶與烤箱、掛毛巾的銅條等，看起來堅固實用。廚房中央有張大桌用來放置、整理食材，亦可用餐。廚房中還有各種的鍋碗瓢盆，深的、淺的，大的、小的，看得有趣。溫馨亮敞的藍色廚房裡曾烹調出美味的菜肴，供莫內與家人享用，也款待來訪的朋友們。花園裡設有圍棚，養雞、鵝、火雞等禽類；菜圃裡種植蔬菜、瓜、豆；沿著園徑栽植許多蘋果樹、梨樹，果樹的枝幹被仔細纏接成矮圍籬，這些枝幹每年結出許多蘋果和梨子；還有桑樹，會結滿纍纍的桑堪；另外園圃內散布著不同品種的調味香草……提供廚房裡最新鮮的食材。

我熱愛烹調，細觀廚房，撫摸能碰觸的每樣東西，想像當年在這廚房裡備食，送進隔壁餐廳享用的樂趣。因此，在紀念品商店看到《莫內的烹飪筆記》時，不管自己閱讀法文的緩慢艱難，立刻買下。回家後不時拿出來翻閱，讀一小段食譜，硬記住湯、肉類、魚鮮、或甜點的作法，興之所至挑選幾樣依樣葫蘆，體會莫內的味覺。

美食讓我及丈夫十分愉悅，謝謝莫內留下的寶貴紀錄。

莫內的花園

踏進莫內的花園，放眼一看就笑了——完完全全印象派的色彩。

長方型的花園大約一個足球場那麼大，十多列數十個玫瑰花架上開滿不同色彩的玫瑰花，花架下罌粟亭亭玉立地頂著拳頭大的花朵，大片紫色罌粟花叢入目，呈現奇幻的清麗。再細看：芍藥花、煙草花、馬格麗特花、飛燕草花、月見草花、石竹花、毛地黃花、金英花、羽扇豆花、風鈴草花、多子洋蔥花……夾雜，越看進去種類越多，越發有趣。

1883 年，莫內在吉維尼租下一幢帶花園的住屋；辛苦繪畫多年，1890 年，終於有能力買下了租房和周圍的建築，並逐漸擴大花園的土地。記載他甚至僱用 7 名園丁整理花園，而且保留有花園設計師。他每天給園丁寫指示，包括：精確的設計，植物種植的佈局，採買的花卉種類名稱、植物學書籍。真個花癡！

面對園中花卉，遊客們無不驚艷，紛紛拍照也不忘與花合影。莫內與家人曾陪同親友在這花園中賞花拍照，畫家也有不少張獨自在萬花叢中留下的神氣身影。那是黑白照片的時代，我試從不同的黑白層次去推想豐富多變的色彩，樂趣無窮。

莫內在花園中寫生許多幅畫，也剪花進屋瓶插繪靜物畫。他的畫布上花色光影甜美，猶如曲調婉轉愉悅的跳動音符。畫家朋友們也分別在花園裡留下傳世的創作，見證燦爛多彩的花園盛景。

說實話，莫內花園形式的設計並不獨特，除了住宅門前兩棵數丈高的巨大松樹，園地周邊散布一些灌木叢、果樹和藤籬，排列整齊的長條型花圃、玫瑰花架，區分花圃的路徑一律中規中矩，看來就像典型的西方苗圃。但是，他的花園卻能漫溢出與眾不同的氛圍，仔細分析：主要是靠花卉的混種，產生出奇妙的效果。

莫內花園裡所有的草花看似野長，事實上是有選擇的栽植，

有想法的分布，達到色彩自然間雜的呈現。莫內的確是高招的藝術家──讓內心深藏的文化蘊涵，不知不覺借由花朵吐露、搖曳，激盪人心。

唐效笑道：「我們家花園和莫內花園色彩氛圍很像，不能說莫內學妳，因他生得早；只能講，妳學他。」

我不服氣反駁：「第一次遊莫內花園，怎麼學他？應該是英雄所見略同。再者，他是有藍圖的選擇種植法，我是亂撒種後採去蕪存精法，區別頗大。」

效點頭莞爾：「倒也是。不錯嘛！還會趁機把自己抬高一下。」

莫內的蓮花池

在花叢裡悠哉地遊走，看花色、聞花香、聽花語；莫內畫中的山坡眺望到了，獨不見著名的蓮花池。池塘那裡去了？

攤開手中的簡介地圖細看後，走到花園底端，原來從花園盡頭闢出一條地下道，穿過與花園後側平行的一條公路，可以進入另一塊長型的大塊園地，那兒便是池塘所在。兩塊園地各以高而濃密的花籬分隔，無法相望。

地道是後來修建的。1926 年，莫內 86 歲因肺癌去世，財產遺留給兒子米歇爾（Michel）。1960 年米歇爾車禍身亡，這幢老宅歸屬法國藝術學院，年久失修，尋求國際基金會的支持重新整理，盡可能將房屋與花園恢復莫內生前景觀，終於 1980 年對外開放，展現曾給予畫家極多靈感的面貌；而花園與蓮花池之間因早已闢成一條公路，無法復原，遂修葺一條地下道相互銜接。

一向以為，既是花園的池塘必然只佔據園中一角，小小的應應景罷了！事實不然，好一個大蓮花池！嗯！這麼描述吧，像大公園裡的大蓮花池。

上世紀 80 年代末在巴黎，步下橘園美術館圓形的地下展覽廳，目睹幾幅莫內巨型蓮花池油畫，氣勢磅礡的掛滿弧狀牆壁，大為震驚。在展室中央坐了一下午，環看畫幅中的垂柳、蓮花、光影，很自然的幻化成了青蛙，蹦跳嬉戲於蓮葉之上，心曠神怡地遨遊其中。

　　那次人與畫的完全融合，成為永遠忘不了的奇妙賞畫經驗。莫內繪畫的實景──家中花園的蓮花池，那一刻起，成為這一生必見的心願。

　　如今站立在畫裡攀沿紫藤枝葉的綠漆日本式木橋上，橋的一側水池多蓮花，水面寬且長；另一側依著竹林與一株大樹，兩艘小舟擱淺在岸邊，水面較短小。從橋上轉身觀望，水池呈現不同風貌的情趣。

　　久久凝視池裡淡黃、紫紅，沉靜綻放的蓮花；觀望池畔歲月久遠的柳樹，垂下細長的枝條；綻滿鮮花的薔薇藤，依附挺拔的綠葉喬木，形成另一種纏綿；日本楓紅葉燄燄，吐露風情……耳邊聽聞水中傳來蛙鳴，尋聲找到真實的青蛙，趴在蓮葉之上……剎時，我懂得莫內為什麼能畫出大氣派的蓮花池了：他陸續買地、與反對導引河水入池的村民不斷溝通，保證以流動的河水養蓮花、灌溉植物，絕對不會污染破壞水質；歷經數年時間努力說服，終於能修築水閘順利引進河水，建造理想中的蓮花池。

　　這件事本身就是癡心豪邁之舉，加上搭建有天窗的大畫室（如今做為紀念品商店），空間足夠莫內揮灑數十巨幅蓮花池油畫，也是一派大手筆。兩樁事與他雄壯威武挺拔的身軀完全一致──氣吞山河之勢。

　　沿著蓮花池走一圈，忽然滴下雨來，雨點直落，有的停留在蓮葉上形成圓形的小水珠，有的掉落在水面激起不少小水圈，四周逐漸散漫開迷迷濛濛的濕氣；不久雨絲停歇，露出少許陽光，蓮花池重新光鮮明朗起來。雨落雨停，陽光來陽光去，我想：莫內在池畔觀察過這樣的景致吧，當時他心裡想的是什麼，只是畫面的構圖與色彩嗎?!

1	2
3	4

1 樓下是莫內的客廳，樓上是臥室，窗外盡是鮮花
2 莫內住宅門前的台階與花
3 蓮花池 蓮花朵朵 柳枝飄拂
4 從花叢中眺望莫內住宅

　　離開吉維尼村前，特別買了一瓶村裡自產的純蘋果汁。坐在家中沙發上，邊啜飲蘋果汁，邊翻看莫內畫冊：畫風自具象的典型印象派，變化到幾近抽象的揮灑；色彩由自然日光色澤，轉變到偏紅再轉偏藍的畫面表現……又逐漸將我帶回到靜美的吉維尼。

法國美術家，
「現代繪畫之父」塞尚

　　普羅旺斯，法國這片著名風景地上，所有的人群都喜歡湧向薰衣草的紫色，向日葵的金黃，瘋人院的梵谷，石橋的古羅馬，唱著《Avignon》的歌，飲著葡萄酒。有多少人會想到那個古怪的老頭塞尚？可是，塞尚，我沒有忘記你！

　　我來了，我來到了你的畫室，我來到了你畫雪山的腳下。我愛你，愛你濃鬱的色彩，立體的結構，不屈不撓的脾氣，還有那無法言表的風格。

塞尚的家鄉艾克斯

　　保羅・塞尚（Paul Cézanne）1839 年出生於艾克斯（Aix-En-Provence）。小城坐落在法國的最南部，距馬賽不遠，靠近藍色海岸，陽光強烈，它培育了塞尚濃鬱的色彩感和對繪畫的狂熱。

　　秋天裡，那裡的行道樹散發著金黃色的柔光，樹蔭下是咖啡館排放在街道上的桌椅，被磨得泛光的石板由著透過樹葉的光照射，發出神祕誘人的氣息。穿著優雅的人們，休閒地在街上行走，房子是黃色的石頭，街道櫥窗裡放著紅莓蛋糕，棒子麵包裡塞著番茄和金槍魚，牆上的雕飾和石像人發出古老的幽情，兩邊是桔黃色粉刷的老屋，白色的百葉窗半掩著，教堂裡有著迷人的十字回廊，回廊中間的空地上種著低矮的綠色植物。和德國的街道比起來，法國人的街道不算整潔，卻有一種隨意的粗糙，予人以輕鬆的心情。尤其是那裡的樹

葉翠綠明亮，法國南部的陽光透過房角照在牆上，路上、樹上，給人帶來清新活潑的情緒。街中心的菜市場裡，人群熙熙攘攘，喧囂聲此起彼伏，大南瓜、紅蘿蔔，青椒、紫茄子，被人們挑來揀去，最後交給胖大媽過秤。

如此豐富多彩的小鎮生活，將塞尚的眼睛和感覺磨礪得十分地敏感，他多麼想當一名畫家啊，用手中的筆和色彩，將美麗的生活表達出來。可是固執的父親一定要他去學法律，好讓自己唯一的兒子將來繼承他的銀行家事業，父親對他說「孩子，想想未來吧！人會因為天賦而死亡，卻要靠金錢吃飯。」幸好慈愛的母親理解她，給了他許多的支持。儘管塞尚有一段時間與父親妥協，幹著不願意幹的事情，但是從十歲起，他就一直接受繪畫訓練，從來沒有停止過這項愛好。有些人天生是帶著使命來到這個世界的。比如塞尚，他註定要成為一名偉大的畫家。在多次的嘗試之後，做父親的瞭解到兒子確實不是個生意人，也只好同意他去巴黎學習藝術。但是他提出了一個苛刻的條件，就是塞尚的成就要達到被官方認可的地步，即他的作品要入選巴黎國家沙龍。否則，父親將斷絕他學藝的費用。

塞尚左拉與蘋果

塞尚有一位好朋友，名叫左拉（Émile Zola, 1840-1902），是他在波旁中學讀書時認識的同鄉。這個人後來成為了法國著名的小說家和社會活動家，正是左拉竭力鼓勵他離開艾克斯前往巴黎學習藝術。塞尚也曾經畫過他的好友左拉。他們倆在家鄉走遍了山山水水，經常在一起討論美學文學問題。左拉曾經認為，塞尚的文字最賦詩意，從心底裡覺得塞尚可以成為一個偉大的詩人。可是塞尚與左拉後來反目，原因是左拉寫了一部小說《傑作》，諷刺一個無才的畫家最終在自己的畫前自殺，還把這部小說送給塞尚。塞尚在給他回了一信之後，兩人就斷絕了往來。

但是有人分析，左拉和塞尚之間的矛盾，在這之前就存在隱患。左拉在巴黎的事業蒸蒸日上，他是巴黎報業的著名撰稿人，但是他從來沒有為巴黎的藝術圈子推薦過塞尚。塞尚在巴黎過得很不好，藝術上沒有前途，經常被人諷刺嘲笑，經濟上因為父親的不支持也斷了來源。奇怪的是，左拉在經濟上一直給予塞尚無私的幫助，也許他心裡是真看不上朋友的畫。還有一點，左拉的妻子曾經當過塞尚的模特兒，而左拉妻子的出身很窮。左拉成名後，過起了上流社會的生活，他的妻子不願意再見到塞尚，以免引起不愉快的回憶。

　　塞尚後來雖然也成功了，但每每想到兒時的夥伴，心如刀絞潸然淚下。有人說，塞尚為何喜歡畫蘋果？是因為左拉。當年在波旁中學讀書時，在學生樂隊中，他吹銅管，左拉吹長笛。有一次，少年左拉被人欺負，大他一歲的塞尚挺身而出保護了他。作為感謝，左拉送了塞尚一大籃子的蘋果。為了紀念這份友誼，塞尚畫了一大推的蘋果。而這堆蘋果顛覆了以後整個的繪畫世界。

　　1902 年 63 歲時，塞尚得到左拉去世的消息，可想心情還是很悲痛的。

塞尚的畫室和他的作品

　　塞尚來到巴黎後結識了許多有名的畫家，開闊了眼界，畫技也有很大的提高，可惜他讓他的父親很失望。在 1864 年起的 18 年間，他一直持續地申請加入國家沙龍展，可是一直遭到拒絕。直至 1882 年，他有一幅畫最終被入選，這也是他唯一一幅入選的作品。這幅畫畫的是他父親的肖像，也算是對他父親的一份回報吧。在巴黎他事事不順心，受到別人的嘲笑，但是他沒有放棄自己的想法和畫風。後來他帶著一顆受傷的心返回了家鄉，家鄉的人情風物給了這個垂頭喪氣的藝術家很大的安慰，特別是他的母親和他的姐妹給了他很多的溫暖，於是他就安心地在故鄉居住了下來。只是在需要的時候才去各地

會朋友作交流。塞尚的父親去世後給他留下了 200 萬法郎的遺產，使得他的經濟有了保障，可以一心一意地去畫他的畫了。

今天在塞尚的家鄉艾克斯還保有塞尚的畫室，2014 年的秋天我們來到這裡參觀。當時參觀的人很多，需要在門外等候，門外是個小花園，有一些桌子和椅子，我們就坐在那裡等候入場。畫室裡不可以拍照，設備很簡陋，呈現著一層灰褐色的色彩，牆上有一排木架子，上面放著的都是塞尚畫靜物畫時所用的道具，比如十字架、罎罎罐罐、花瓶、油燈等等。畫室裡當然也少不了畫架、鏡框，梯子、草圖等什物，還有一些簡單粗糙的家具。室內有許多大玻璃窗，這是作為畫室的首選條件。1902 年他讓人在婁沃路建造了這間畫室，塞尚生命的最後四年都在這裡作畫。由於年邁、病痛使他變得多疑和暴躁，他與他的妻子分居，而由女管家打理他的一切日常生活。他每天從早上就開始作畫，畫他心愛的靜物。至少有十二幅名品出自這裡，目前放在世界各個著名的博物館裡展出。1905 年，他完成了 1898 年開始創作的後藏於費城博物館的《高大的女浴者》。1906 年 10 月 15 日，他在野外寫生時碰上暴雨，受涼昏倒在地，一輛馬車把他送回了家。當時他忠心的管家佈雷蒙夫人馬上通知他的妻兒，可惜他們沒能趕到。10 月 22 日，在接受了臨終聖事之後，塞尚與世長辭。

塞尚最出名的畫裡還有系列組畫《聖維克多山》，就像印象派之父莫內總喜歡對著同一物體琢磨不同光線下產生的效果，塞尚也喜歡對著同一物體不停地畫畫。只不過莫內畫的是教堂和荷花池；而塞尚畫的是聖山。我們這次也來到聖維克多山，站在他曾經作畫的地方，遠眺聖維克多山。關於這座山，他一共畫過 44 幅油畫和 43 幅水彩。在我的眼裡，聖維克多山是一座有著藍色的，帶點黛青的山體，上面還有白色，那是雪的痕跡，在地平線的遠處聖山彷彿同藍天白雲融入了一體。但是塞尚的畫裡面山體上還有粉紅，紫色和淡褐色，山

腳下是一片草綠和嫩黃，顏色豐富多彩。所以說我沒有一雙畫家的眼睛，不能成為一名畫家，連一名平庸的畫家都當不上。

我愛塞尚

　　我為啥喜歡塞尚的畫？主要是喜歡他的色彩，豔而不俗，更有著明快靚麗的畫面。你看他畫的蘋果，青的、黃的、紅的，響亮跳躍，一個個呼之欲出，結構飽滿。我也喜歡他的構圖，讓人看著心裡滿足舒適。

　　有一年家裡買了個老古董的三角鋼琴，放在老屋的二樓，靠著窗，為了配合這個琴，我想在走廊裡掛上相關的畫，左挑右挑，最後竟然挑了塞尚的《彈鋼琴的女孩》，是因為喜歡它那沉靜的色彩。畫面上一個穿著白色長裙的女孩在彈著鋼琴，她彈得很認真，正在彈瓦格納歌劇《唐豪瑟序曲》（由李斯特改編的鋼琴曲，李斯特、瓦格納是一對年齡僅僅相差兩歲的「翁婿」），僵硬的雙手讓人感覺到她對曲子還不太熟練，畫面右邊的沙發上坐著女孩的媽媽，正在一心一意地鉤著雷絲手套，她坐在那裡的樣子似乎在監督孩子練琴，又彷彿在享受著音樂。紅絲絨的沙發，癟綠的條紋地毯，色彩簡潔淡雅，空氣中彷彿飄蕩著輕盈的樂聲，整個畫面塑造出一種平和安詳的氣氛。這幅畫收藏在聖彼德堡的埃爾米塔日博物館（冬宮以及附屬建築），作於 1868-69 年，帆布油畫。

　　塞尚說過：「線是不存在的，明暗也不存在，只存在色彩之間的對比。物象的體積是從色調準確的相互關係中表現出來」，他在創作中排除繁瑣的細節描繪，而著力於對物象的簡化、概括的處理。他還說過：「要用圓柱體、圓錐體和球體來表現自然。」難怪他畫的靜物立體感覺那麼強烈。塞尚的成熟見解，是以他的方式經過了長期痛苦思考、研究和實踐之後才達到的。在他的後期生活中，用語言怎麼也講不清楚這種理論見解，其實是他已經創立了一種嶄新的繪畫語

聖維克多山

言。他的成功，更多地是通過在畫布上的發現，即通過在畫上所畫的大自然的片斷取得的，而不是靠在博物館裡所做的研究。塞尚本人從一位他父親看不起的藝人，變成了後來劃時代的大畫家，後期印象派的代表人物，享有「現代繪畫之父」的美譽，這許是他的父親從未想到過的吧！他應該為這個兒子感到驕傲，這個世界上少一個銀行家，不會缺點什麼，但是如果沒有了塞尚，我們人類歷史上的繪畫冊頁可要重新來過。

夏青青 德國

十丈紅塵中的祭壇
——三訪斯托克別墅

在慕尼克（München）市區伊薩河東邊有一片環境幽雅的住宅區伯根豪森區，那是攝政王時期向東擴建的市區，寬闊的攝政王大街（Prinzregentenstr.）橫貫其中，街上有好幾座劇院、博物館，外觀宏偉壯觀。每次經過時目光會不自覺地投向道路兩旁，欣賞歐洲建築之美。在這些美男子般偉岸的公共建築物中間，有一座相對小巧玲瓏的乳白色建築，彷彿一位淑女端莊而立。那是一座三層建築，不甚高大雄偉，一樓大門前四根柱子，挺拔卻不咄咄逼人，柱子頂樓四個雕像一排橫立，遠遠地看不甚清。旁邊還有一座風格相同的建築，姐妹倆攜手而立。

多年前跟友人走過散步，第一次注意到那棟建築。朋友的父親是美術史專家，她自己也酷愛美術，追尋我的目光，為我介紹：那是弗朗茨·馮·斯托克（Franz von Struck, 1863-1928）的故居，斯托克是新藝術運動（Jugendstil）的代表人物，象徵派畫家，雕塑家，故居那兩座比肩而立的別墅現在是博物館，對外開放。

不期然邂逅，遙遙一瞥，過後常常遙望，卻不曾進去參觀。今年加入歐華作協，為了支持作協的寫作計畫，終於走了進去，而且在半年內一連三次造訪斯托克別墅。

第一次參觀是在七月底休假前，沒做準備，抱著姑且一看尋找感覺的心態，獨自乘公車前往。公車站站名就叫斯托克別墅，下車就是斯托克故居博物館。

那是一個涼爽的夏日，下車後我特地走到馬路對面打量別墅。乳白色的建築，這裡那裡一塊塊赭黃色的點綴。下面兩層明顯比普通民宅高，落地玻璃窗是那時少見的。我明白那是為了滿足藝術家對採光的要求。底層大門前的四根柱子是典型的新藝術建築風格，門柱撐起一片廊簷。廊簷不僅為來訪的客人遮風避雨，同時也是二樓的陽臺。廊簷左右是斜緩的車道，在一個世紀前不知道曾經有什麼人駕著馬車來到此間做客。

　　走過去，廊柱前一座雕像，一匹戰馬揚蹄奮起，馬背上一位女戰士，右手中的標槍正欲脫手飛出。這是藝術家別墅的招牌吧，我想。

　　推門，我走進一間敞亮的大廳，大廳把兩棟別墅連接起來。大廳裡左前方的角落是售票處，右前方一角陳列別墅模型，其餘是咖啡廳，玻璃大門通往室外花園，陽光下樹影斑駁。大廳左面是後來修建的「新畫室」，現在常年有不同的現代藝術展覽。大廳右面是最早修建的別墅樓，所謂的「歷史性房間」（Historische Räume），那是斯托克和家人真正生活起居的房間。斯托克別墅是斯托克本人親自設計監督施工的，始建於 1897/1898 年，是著名的新古典主義建築，被譽為藝術和生活完美結合的典範。沒有猶豫，我買票直奔「歷史性房間」。

　　離開售票處，右轉，向前，登上幾級臺階，推開一道沉重的銅門，進入別墅門廳。

　　斯托克生前客人通過廊簷下的大門進入門廳，在此遞交名片、禮物、脫下外衣，交給僕人。門廳面積不小，和別墅的氣派很相稱。門廳內的設計是白色基調，雜以金色，顯得明快輝煌，是別墅秀美外觀的內在體現。門廳內好幾座仿古雕像，均出自斯托克之手。站在門廳，環顧四周的雕像、浮雕、天花板，不像身在民宅，反而更像置身博物館。

門廳右面臨街，左面和兩個房間相連，第一個房間的入口處攔了起來，於是我向第二個房間的入口走去。

那是一間深藍色的房間，四面牆上鑲嵌多幅浮雕繪畫，紫紅色的窗簾上繡金色團花，顯得富麗典雅。最吸引人的是深藍色屋頂上的星空，深邃的藍天上撒滿金色星星，中間閃亮的太陽，當年初建時就採用電燈，太陽周圍其餘八大行星各就其位，最週邊一條藍色圓環上分布十二星座。站在房間抬起頭來，恍然置身曠野，仰望夜幕低垂下的星空，神祕而浪漫。這個房間是音樂廳，是斯托克夫人高歌待客的地方，左右牆上壁畫主題人物均和藝術有關。

音樂廳左面和會客廳相連，會客廳就是第一間入口攔起來的房間。音樂廳和會客廳中間僅有帷幕隔開，帷幕和音樂廳的窗簾一樣是紫紅色上繡金色團花。中間的紫紅色帷幕和對面的紫紅色窗簾遙相呼應。兩個房間鋪設同一種紫紅和金色相間的地板，形成一個整體。透過帷幕探頭客廳，黑沉沉的天花板讓人感覺壓抑。對面牆上一面模糊的大鏡子，由一片片小鏡子拼湊而成，上方一串燈泡，前面放一組沙發。緊挨音樂廳的角落裡一個大大的壁爐，壁爐上方掛一幅油畫，畫面上一個裸體男子背對觀眾，揚起右手，一個上身裸露的女子面對觀眾，女子手端一個盤子，盤子上盛放一個—啊？血淋淋的人頭？打個寒顫，我不禁毛骨悚然。這樣的客廳跟我想像中舒適豪華的客廳反差太大了。

穿過音樂廳，前面是宴會廳。宴會廳是一個寬敞明亮的大廳，原木地板鋪地，四周牆上懸掛以神話傳說為主題的作品，半人半獸，或在演奏，或在起舞，或在角鬥。

宴會廳右面是一間不大的長方形房間，那是男士們飯後抽煙休息的地方。在宴會廳通往抽煙室的門口牆上，可以看到畫家的自畫像。自畫像僅是頭像，一位年輕男子，兩撇鬍子，濃眉下雙目炯然。

宴會廳左面是一間斗室，那是女主人的沙龍，在此款待女客，

做女紅，讀書。現在那裡懸掛好幾幅女士畫像，其中包括畫家的夫人，在美國出生的 Mary Lindpaintner 夫人，以及畫家的私生女，後來正式領養的女兒瑪麗在不同年齡段的畫像。瑪麗·斯托克夫人是一位歌唱家，慕尼克社交圈的名媛，在第一任丈夫去世孀居數年後嫁給斯托克。斯托克別墅就是他們夫婦以及女兒瑪麗生活的住宅。

從女士閨房穿過一個長寬不過一米左右的過道，就可以到達會客廳，過道的圓形拱頂上刻滿浮雕。那條短短的過道兩面都是書櫥，放滿各種泛黃的古籍。

站在書房看會客廳，恰好面對好大一面明亮的鏡子。客廳內部被攔起來了，無法進入參觀。探頭進去，黯淡的地板，發黃的家具，模糊的鏡子，幽暗的氛圍，所有的一切都讓我驚訝納悶。

無法穿過客廳走過去，於是原路返回門廳，沿樓梯向二樓走。樓梯間和門廳一樣明亮，在樓梯盡頭，前方是一間大廳，現在空蕩蕩的沒有任何家具，愈發顯得寬敞。這間大廳一廳三用，平常是畫家的工作室，也是作品展覽室，遇到節日是斯托克一家大宴賓客的地方。大廳三面的牆上懸掛壁毯，偌大的壁毯幾乎覆蓋整面牆壁，上繪聖經舊約中的故事。年代久遠了，現在只能隱約看出曾經華麗的顏色。另外一面完全是落地玻璃窗，採光極好，方便畫家作畫。畫室左前方的角落裡設有一個祭壇，上面一幅顏色暗黑的油畫，一片黑色中一個裸體女子的白色酥胸裸露。

走近陽臺，回身打量這個房間，各種印象紛至杳來。富麗的門廳，浪漫的琴房，中規中矩的餐廳、煙室、閨房、書房，幽暗幾近陰森的客廳，還有這間不為不豪華的畫室。明淨的白色畫布上鮮豔的黃色，不知是誰隨意在上塗抹一片混亂的藍色，最後再砸下一坨沉重的黑色，讓觀者怔在當地作聲不得。

九月底，第二次造訪，特地約了愛好美術家學淵源的好友一同前往。

我們在別墅內部的售票視窗前碰面，先去參觀新畫室裡的現代藝術展。參觀展覽，沿底層大廳中的螺旋樓梯來到二樓，走到陽臺上，斜倚欄杆我迫不及待地向朋友請教斯托克生平以及他生活的時代背景。

斯托克 1863 年出生於下巴伐利亞帕紹附近的小鎮 Tettenweis。這個偏僻的小鎮小到我在網上沒有找到地名的官方翻譯，按照音譯稱為：泰騰偉斯吧。斯托克家境普通，父親在村裡經營磨坊為生。斯托克十五歲從實體中學畢業（Realschule），後到手工藝學校（Kunstgewerbeschule）學習手工藝，被老師發現美術天分，鼓勵他到慕尼克藝術學院深造。斯托克進步極快，學生時期即為雜誌繪製插圖，在很短的時間內成為著名繪圖員，二十出頭憑藉漫畫嶄露頭角，26 歲以一幅《天堂的守護者》一舉成名，名利雙收。

斯托克出生在 19 世紀下半葉，在當時的歐洲社會，一方面工業革命釋放出巨大的生產力，為整個社會帶來了前所未有的繁榮，科學、藝術均取得長足進步。另一方面生產力大幅度提高帶來的財富分配不均，社會矛盾加劇。同時法國大革命後自由主義思潮在歐洲迅速擴散，各國民族意識更醒，義大利和德國先後統一，英、法、德、意爭奪歐洲乃至世界霸權。

19 世紀末，在斯托克的青年時代，社會一方面表面繁榮，另一方面危機四伏。一個世紀就要結束了，世紀末情懷彌漫，新時代就要來臨，人們一面惶恐擔憂，一面沉湎享樂。藝術上，新古典主義興起，包括斯托克在內的藝術家們開始重新發現挖掘古典題材，創作了很多以希臘神話、羅馬傳說、聖經故事為題材的作品，例如他著名的作品《莎樂美》和《罪惡》。《莎樂美》取材聖經中施洗者約翰被殺的故事，《罪惡》以人類原罪為題材。畫面暴露，在當時引起極大轟動，不無爭議。

那時社會上新興富裕起來的市民階層願意高價購買藝術家作

品，個人畫像盛行，因此像斯托克這樣的藝術家才能集聚財富，修建這樣體面氣派的別墅，被稱為「Malerfürst」。這個詞的字面意思是「藝術公侯」，通常翻譯為「繪畫大師」。「公侯」稱謂源自他們的住宅豪華，生活奢華，名望可比公侯。慕尼克有三位繪畫大師，即斯托克和弗蘭茨‧馮‧倫巴赫（Franz von Lenbach）以及弗里德里希‧奧古斯特‧馮‧考爾巴赫（Friedrich August von Kaulbach）斯托克從1895年起成為慕尼克藝術學院教授，1906年被授勳，成為貴族，姓氏中增添「馮」（von）一字。

談話中我們走到嚴格意義上的故居參觀，底層，二樓，一一走過。三樓曾經是斯托克一家的臥室，現在不開放。

走下樓來，我們坐到花園裡喝咖啡。斯托克別墅的後花園被稱為「藝術家花園」，是典型義大利風格的花園，有封頂的露臺，在任何天氣都可以坐在外邊享受花園美景；有露天棚架長廊，紫藤類香花低垂，可以在陽光下漫步沉醉花香。花園在大樓和高牆的環抱下與世隔絕，格外幽靜。九月底，那是一個金色的秋天，陽光溫暖而不灼熱，栗子樹枝葉婆娑。我們坐在陽光下，欣賞別墅，談論斯托克，閒聊近來生活點滴，渾然忘返。

二訪別墅歸來，一直感覺彆扭，不能和諧統一觀感。外觀秀美局部富麗的別墅怎麼會有那樣幽暗的客廳？懷著這樣的疑問，查資料，做功課，在十二月初第三次走訪斯托克別墅。這次主動找工作人員攀談，對別墅的感觀有所改變。

這次參觀的重點在會客廳和老畫室。

會客廳和音樂廳是別墅對外的門面房間。會客廳當年本不是這麼幽暗的，現在看起來模模糊糊拼湊起來的鏡子牆，原本是窗戶，可以打開，一塊塊模糊的鏡子是昂貴的鍍銀威尼斯玻璃，共96片，是畫家親自從義大利帶回來的。現在別墅會客廳為了保護室內展出的藝術品不受強光暴曬，這面本來有窗戶的牆封死不再打開。別墅其他房

間的百葉窗也放下，厚厚的窗簾低垂，阻擋日光直接照射。在這些鍍銀的玻璃上方，有一排現在看起來過於簡單的電燈泡，沒有燈罩，沒有裝飾，一目了然。可是修建別墅時，電力剛剛興起，電燈非常摩登時髦，斯托克別墅是少數最早安裝電燈的住宅之一，刻意沒做任何裝飾。客廳牆壁的上半部，現在看起來昏暗的黃色，那是鍍金裝飾，一度在新興的電燈光下閃亮耀眼，名副其實的金碧輝煌。會客廳擺設的家具全部是畫家親自設計的，吸收古典元素，造型簡單典雅，局部飾以獸頭雕像，把高雅藝術納入實用生活用品。1900 年在巴黎世界博覽會上，這組家具獲得金獎。

聽了介紹，我慢慢轉身用不一樣的眼光重新審視眼前的房間，從音樂廳看到會客廳，從會客廳看到音樂廳，黯淡的房間一點點亮起來，亮起來。

看，燈光下打扮時髦長裙曳地的斯托克夫人款款走來，俏立穹頂下一展歌喉。金碧輝煌的會客廳裡，眾多賓客側耳傾聽。一曲既罷，賓客鼓掌，男主人起身緩步走向女主人，輕吻玉手，深情對視。

醺醺然，我跟隨賓客上樓，來到老畫室。老畫室化身宴會廳，一場盛宴正在進行，滿庭賓客，觥籌交錯，衣香鬢影。話聲，笑聲，衣裙聲，碰杯聲，衝擊耳膜。酒香，菜香，鮮花香，胴體香，刺激感官。腳下的馬賽克不安騷動起來，黑色、白色、原木色，解體，旋轉，旋轉……

旋轉，越轉越快，頭暈目眩中奮力抬頭，驀然一雙冰涼的目光射來，陡然停下，凝目觀看。這不是畫家在畫室祭壇供奉的《罪惡》嗎？一個裸體女子，白色的胴體，黑髮披散，裸露的肩膀上一條黑蛇爬過，繞過脖頸，從另一側陰陰側目注視。陰冷的毒蛇，誘惑的女子，紅塵中的罪惡，供奉在祭壇上。十丈紅塵中，畫家的祭壇。

無言，注目。

良久，一縷十二月少見的陽光照進來，陰暗畫面右上角的一抹

1 | 斯托克別墅
2 | 別墅會客廳及書房一角

橘黃清晰顯現，溫暖的橘黃，溫暖紅塵中的罪惡誘惑。

十二月初的週末，我在半年內第三次訪問斯托克別墅。走出大門，走到大街對面，再次回身凝望。

這座別墅一，別墅有它特別的魔力。我想，我會再來，夏天吧，坐到花園裡，靜靜啜飲一杯咖啡。

畢卡索的毀滅與創造

　　20 世紀初，在人類歷史上發生了兩件轟動一時的大事件，甚至影響了世界走向。1905 年，26 歲的物理學家愛因斯坦建構狹義相對論，在時間方面引爆一場科學革命，1907 年，26 歲的畢卡索（Pablo Picasso，又譯畢加索）創作《亞威農少女》（*The Young Ladies of Avignon*），創立立體主義畫派，在空間方面引爆一場藝術革命，被譽為「思想界的愛因斯坦」。正好印證了人類對物質與精神必須的需求。

　　不同於一生潦倒的梵谷，畢卡索一生輝煌至極。他是全能冠軍，創造了許多世界之最：天才、傳奇、勤奮、高產、高價，高壽、善變、自由、叛逆、自戀、風流、醜陋、恐懼，這些文藻幾乎涵蓋了人性所要表達的各種意象，所以說畢卡索是當之無愧的藝術大師。

一、毀滅與創造

　　窗外，空中飄落著縷縷雨絲，樹葉隨秋風輕輕地擺動。

　　儘管早已回到恬靜的窩巢，但時差還沒有倒過來，整日除了昏昏欲睡，便是身邊那本從北京帶回的，美國女作家阿蓮娜・S・哈芬頓的《畢卡索傳》，她伴我度過了無所適從的日子。

　　我躺在沙發上閱讀完最後一頁，掩合上那厚厚的書面，對著天花板仰天而噓。是散發內心凝聚已久的疲憊，還是更多為書中主人翁的創造與毀滅性而深思。

　　無獨有偶，早在 2000 年秋天，也是一個天空陰雨的日子，我來

到了巴賽隆納，參觀了畢卡索陳列館。對這位藝術大師儲存已久的敬仰並非一朝一夕，如今卻要在短短的幾天裡對他重新評價，這在每個人的感情世界裡，都是相當困難的事情。

我們的大師，他是有血有肉的人身，他活了近一個世紀，在那漫長的歷史長河裡，堤岸也有崩潰，我們又如何去求得一個完美。

巴勃羅·畢卡索誕生於西班牙南部港城馬拉加（Málaga），1881 年降臨在「死亡邊緣」。當家人不再抱有任何希望，是他叔父唐·薩爾瓦多——一位醫術高明的權威醫生卻不灰心。他俯下身子，吸足了一口雪茄，對著嬰兒的鼻孔吹了進去，雪茄的煙霧創造出奇蹟，孩子活了過來。從死神那裡奪回一條生命，這條生命從而造就了一個震撼世界，整整影響了世紀繪畫的藝術泰斗——畢卡索。如今，在馬拉加，畢卡索的誕生故居，已闢為紀念館。

畢卡索早露天賦，四歲開始習畫，九歲時的素描就已像成人藝術家那樣技巧嫻熟，十幾歲就已成為一個優秀的畫家。

1895 年畢卡索隨父母遷到巴賽隆納，後來在在馬德里的美術學院深造。1904 年在巴黎定居。1973 年 4 月 8 日，畢卡索在法國東南部小城穆然（Mougins）去世，享年 92 歲。

他一生保持著永不衰竭的多產能力和超凡的獨創力與想像力，一生都在追求和探索。

他生活豪放不羈，青年時窮困潦倒，成名後擁有家產萬貫，卻視金錢如土，依然保持自己習慣的生活方式。

他熱愛女性，他的藝術和生活都離不開女性。他大膽追求自己愛戀的女性，對她們有著海一樣深的真摯和火一樣的熱情。他一生先後同七個女性長期共同生活（其中兩個是正式妻子，五個情人）。她們的形象反映在他各個時期的作品中。但他又是一個性追獵者，性變態者，性虐待狂，他從 15 歲就進妓院，成年後與數不清的女人有染。他就像西班牙傳說中的唐·璜和印度神話中的訖里什

那（KRISHNA，又譯為克里希納，牧羊神），對異性有著神奇的魅力，使她們聚攏在他的身邊，拜倒在他的腳下。他則在生活中和藝術中蹂躪她們並毀滅她們。

作為一個創造者，畢卡索為後人留下了無數價值連城的藝術品，形跡偉大而光榮，可作為一個毀滅者，畢卡索又是一個悲劇人物。讓我們來看一看，他的第二個妻子賈桂琳、孫子以及他多年的情人瑪麗‧泰萊絲相繼自殺，他的第一個妻子精神分裂；他的《格爾尼卡》時期的情人，一位卓越的藝術家朵拉‧瑪律精神崩潰──所有這些只是那令人毛骨悚然的受害者名單中的一部分，那些受害者都為他的個性所毀滅。正如他給了她們希望，同時又給了她們死亡，這是一個多麼不可思議的個性。

他是一個天生奇特的叛逆者，他反叛那個衰敗陳腐的時代、腐敗的社會、反叛傳統的道德、傳統的藝術，反叛父母、反叛朋友、反叛一切⋯⋯

他就是這樣一個矛盾、複雜的人。他一方面創造，一方面毀滅。他完成的作品翔實記載了這個世紀的動盪、災難、憤怒、迷惘與幻滅，他的一生與這個世紀的命運緊密相聯、休戚相關。他從早年的失落、彷徨到晚年精神上的孤獨、苦悶，始終帶著這個世紀的色彩。

從人性的角度去分析觀察一個男人或是一個女人，總是物質層面上多些，單站在藝術的高度去看畢卡索，他的天賦和才華橫溢是彰顯的！

二、多彩的藝術人生

畢卡索從十九世紀末從事藝術活動，一直持續到二十世紀七十年代，是最具有影響力的現代派畫家。一生畫法和風格迭變。

他的作品因其不同特色可以分成不同的創作時期。1900-1903年，是畢卡索創作的藍色時期，這一時期，他採用低沉、不明朗的藍

色調表現充滿著孤寂、荒涼和悲愴的情緒，畫中的人物多半是貧困者、殘疾人、病人、老人和孤獨者。1903-1905 年，粉紅色時期。這一時期，他的作品中出現了柔和的淡黃褐色或粉紅色，對象大都是演員、江湖藝人、丑角等。

1907 年以後，他的創作風格進入立體主義時期，這一年，他創作了《亞威農少女》，大膽地拋棄了西方傳統繪畫的造型法則，向文藝復興以來確立的審美法則挑戰，畫中沒有任何情節，沒有具體的環境描寫，在一個畫面上（主要在右邊兩個婦女的造型上）表現正面、側面和斜切面，追求一種結構的美。這幅畫被認為是立體主義的開端。

1915 年以後，畢卡索的作品風格轉向新古典主義，在嚴謹的造型中，用誇張的手法表達宏偉磅礴的氣勢。20 世紀 20 年代中期以後，他又對超現實主義感興趣，這時期，他筆下的人物往往是極端扭曲和不安的。30 年代初期，他創作了不少《宮女》作品，基本都是裸體女人像，色彩強烈，他還畫了不少有關鬥牛的畫。

西班牙內戰時期，他站在共和國一邊，1937 年為抗議德國納粹空軍濫炸西班牙北部巴斯克人故都格爾尼卡，創作了巨幅油畫《格爾尼卡》（776×359 釐米）。這幅畫以半寫實的象徵性手法和單純的黑、白、灰三色組成低沉的調子，渲染悲劇性的氣氛，充分表現了戰爭帶給人類的災難。

二戰後，畢卡索長期住在法國南部。他創作了描寫法西斯集中營內餓殍的大幅油畫《屍骨存放所》，表達了對法西斯獸行和黑暗勢力的憤怒譴責。他畫的《和平鴿》被 1949 年在巴黎召開的世界和平大會用作會徽。20 世紀 50 年代創作了反映美國侵略朝鮮事件的油畫《朝鮮的屠殺》等作品。

他一生共創作各類美術作品五萬多件。他的私人收藏品，包括他本人和朋友的作品，都捐贈給法國政府，法國政府在巴黎建有畢卡索博物館，供人參觀。

三、立體主義

畢卡索創作《亞威農少女》，改變了 20 世紀藝術的方向，開立體主義先河，被譽為「立體主義之父」。立體主義畫派（立體派）的作品立體寓意，通過運動與交換、拆分與重組，建立新的空間概念，立體派開創了人類觀察世界的一種新方法。這派產生於 1907 年，繁榮在 20 年代，直到 50 年代仍有市場。

第一幅立體派繪畫《亞威農少女》，呈幾何形分割的扁平人體醜陋而野蠻，但不失和諧和統一。1908 年，立體主義的另一位創始人法國畫家布拉克（1882-1963）展示了他用小方塊畫的 27 幅作品。評論家說他的作品使「一切物體、風景、人物和房子變成了幾何形和方塊塊」。立體派由此成為此類繪畫的名稱。

立體派繪畫的視點不止一個。畫面上表現了一個物體在各個時間裡被人們所看到的不同視圖。立體派的第一階段是分析的立體派時期，其特點是將畫的物件分解成方形、三角和圓形等平面幾何形體，色彩較簡單，多用灰綠色、灰褐色。代表作有畢卡索的《彈曼多林的少女》（1910）、《卡恩韋勒像》（1910）。

第二階段是綜合的立體派時期，1912 年畢卡索開始在油畫上貼報紙塊，開拓了以實物代替「真實地表現」的藝術表現新觀念。其代表作有《靜物與籐椅》（1911-1912）、《樂器》（1914）。

畢卡索也搞雕塑。現代雕塑史上的真正轉捩點是畢卡索。他的雕塑作品始終保持了人的感情和對人的思考。《女人頭像》（1909-1910）已經具有立體派雕塑的特點；蠟模翻制的青銅作品《苦艾酒杯》（1914）是他最早的集合藝術的嘗試；《鐵絲的構成》（1930）利用鐵絲的組合與結合，造成透明的三度關係，擴充了立體主義的觀念；最動人的石膏翻青銅作品《牧羊人》（1944）是對基督的隱喻；50 年代的《狒狒和小狒狒》以玩具汽車作狒狒的頭，近似於粗野的原始風格。

瘋狂的達利：
超現實主義藝術魔法大師

　　標榜自由開放的柏林，經典中彌漫著濃鬱的現代元素和多元氛圍，誇張的現代前衛藝術在腦洞中生根發芽、蔓延開花，由達利的藝術風格到實用消費，珠寶服裝，如同西班牙民族傳統的鬥牛士和弗朗明哥舞蹈一樣不可或缺，西班牙出手的一張最好名片，在年輕人手中傳遞、追逐，那是怎樣的一個現代、荒誕、怪異的藝術呢？

　　西班牙達利（Salvador Dali）的招貼畫在柏林大街小巷肆意橫行，最具代表性的兩撇又細又黑彎曲的鬍鬚，一雙瞪圓的眼睛，老少熟識。在波茨坦廣場上就有一家達利博物館，我上下班經常從那裡路過，但一直沒有得空造訪，反正手裡有張記者證，什麼時候想去都可以免費出入，沒有想到我卻捨近求遠，這張記者證在達利的故鄉派上了用場。

　　人總是喜歡去遠方旅遊度假、尋找新奇、詩意、夢中的世界。2015 年歐華作協年會在西班牙巴賽隆納舉辦，我不僅一一敬拜了西班牙藝術大師高迪、米羅、畢卡索的作品，而且特意遠道去達利的故鄉菲格拉斯城（Figueres）—達利山莊一見真容。那裡距巴賽隆納一個多小時的路程。

　　小雨朦朧中我夢中不醒，雨中的達利山莊，遠處一片暗紅色鑲著金色小圖示的建築，上面金色的蛋狀物，四周圍著綠色修剪成尖錐形的樹木，工藝品一樣立在雨中，與遠處民居建築很不協調，好像上天連同降雨一起賜予我們，眼前一道亮麗的彩虹，如兒童樂園的不真

實景觀，接下來被那裡的奇妙、怪誕、多彩、性感、夢幻氛圍所擁抱著，不愧為超現實主義當代大師的作品，給我視覺上的震懾絕不亞於聖家族教堂，經歷一次超現代主義頭腦風暴洗禮一般。

走進院內的博物館，正門一輛老式汽車，車頂上立著一個張開手臂、豐乳臀肥的女裸體青銅像，頭頂一隻雄鷹，其實這個造型是一幅藝術品名叫《下雨天的計程車》，女神是達利的妻子加拉；銅像身後是一幅諾大的女人裸胸殘畫，上有城堡、胸口處的枯樹，從肚子正中洞口穿越，銅像與牆裡的玻璃鏡子前後相映，在光線作用下，虛虛實實，似夢入幻；拱門上方一大玻璃球體，另一側院牆上一幅遠看是一幅男性頭像，近看是女人裸體像，由遠近不同的效果色塊組成變幻，每個窗口站立著白色石膏或金色女裸像，樓梯口處總有出人意外、造型不同，詭異恐怖的動物和人體工藝擺件，走進博物館我們的男神和女神詭秘世界，從他們的相識、定情、相戀，事業和生活，一生的記錄、故事的展示，達利用藝術的眼光和頭腦闡釋的夢中、內心世界、死亡、精神靈魂世界和時間的意義。

室內天花板上一對藍褲男和紅裙女雙腳騰空圖，細長鬍鬚造型的男神，身體呈抽屜式拉開狀，雙手擎起一個四方的蒼穹，天堂在他手中上方的世界裡存在。達利和加拉為模特的作品無處不在，博物館裡的靈魂主角，如果他們之間沒有真愛，怎麼會讓這麼一位奇思怪異、桀驁不馴、無忌暴露的青年才俊一生只愛一個女人，而且大他十歲的姐姐，像對聖母一樣的愛慕欣賞始終、不離不棄呢？唯一一張舉止端莊、嚴肅的黑白照片，身著制服的達利，似與一口棺木前後迭映一體。臥室裡金色的骷髏像立在床頭櫃上，床頭四角擺尾的龍環繞，融化欲滴的鐘錶吊掛在枯樹枝上，充滿著預示、隱喻、寓意，不難看到達利已把藝術和生活融入一體，難分難解，出神入化。

排著長隊為了一睹那件「紅唇沙發」，近看只是一張紅沙發，登上梯子向下觀望，沙發後方的書籍和裝飾品，構圖成了一張厚唇性

感非洲女人的臉，在不同的位置看到的臉部五官產生不一樣的效果。每一件展品均是達利的奇幻夢做，除了繪畫還有大量的雕像、生活日用品、珠寶飾品，成為他藝術巔峰生涯的不可分割的部分，奇特的藝術呈現，驗證了大師具有超人的藝術才華和驚人的膽略，西班牙是一個多麼自由的國度，是藝術家成長的搖籃；同時還見證了巴賽隆納的畫家絕不窘迫，是世界上當代最富有的畫家，不僅享有精神上的自由馳騁，而且物質上的富貴多金，過著最令人嚮往的精神物質雙重富足的人生。

出了博物館，潮濕的小巷裡尋到達利設計的珠寶展，金碧輝煌，奪人耳目。聞名珠寶、模特界成為奇蹟，難怪達利被家鄉人奉為僅次於教皇的地位，驕傲自豪不僅寫滿家鄉人的臉上，而且實實在在享受到藝術家帶來的物質財富，達利老鄉顯然不用再靠天、靠海吃飯，達利所在地區成為旅遊勝地，朝拜藝術的遊客養活著這一方水土。

達利享年 85 歲（1904-1989），一個有愛、會做夢、幹自己喜歡做的，懂得如何經營自己的人生，活得滋潤長壽，好讓人嫉妒、羨慕。他一個超現實主義繪畫大師級人物，與畢卡索、馬蒂斯一起被認為是二十世紀最有代表性的三個畫家，享有「當代藝術魔法大師」的盛譽，影響著歐美畫壇，乃至世界藝術流行的指南航標。

我特意找來美國電影《Little Ashes》看，中文直譯為「小灰燼」，不知道為什麼中國人翻譯成《達利和他的情人》，其實這部電影不是色情故事，而是畫家成長、感情的記錄，有助於我們瞭解認識藝術大師達利是個怎樣的一個人。《Little Ashes》是達利的一幅畫名，其實是他和洛爾迦（Federico Garcia Lorca, 1898-1936）之間同性相戀的定情物，在大學裡才華橫溢、儀表堂堂的畫家、詩人相遇，可謂一見鍾情，彼此欣賞、傾慕、吸引，他們一個畫畫，一個寫詩，很純潔、很唯美，之間沒有什麼不可逾越的界限，最後超出友誼的戀情。

與洛爾迦的相識、相戀，達利一直害羞、被動，害怕又渴望的接觸，很有意思的一個畫面：洛爾迦有女朋友，他們三人經常在一起

喝酒交流，洛爾迦和女朋友甚至當著達利的面做愛，受刺激的達利痛苦發瘋地作畫，後來達利離開他們，去了巴黎尋求發展，意外大獲成功，與比他大十歲的加拉（Gala Éluard Dalí, 1894-1982）結婚，加拉是他的畫展經紀人，也是他一生唯一的女人，這時洛爾迦來他家做客，妻子加拉與洛爾迦嘴對嘴的接吻，看來他們之間的友誼的確沒有界限，愛屋及烏。

他們同在加泰羅尼亞文化背景中成長，同樣才華橫溢，命運卻迥然不同：一個追求名利浮華，世俗成功，越來越多金發達；一個有志於拯救民眾於水火，敢於講真話、獻身政治，被謀殺時才 38 歲，洛爾迦是 20 世紀西方最偉大的詩人和劇作家之一。得知洛爾迦在戰亂中遇刺身亡的噩耗，達利傷心欲絕、幾近崩潰，達利用黑色宣洩悲傷，塗滿畫布、臉龐，渾身壓抑沉重的黑色，痛苦瘋狂地行為藝術展示在觀眾眼前，原來洛爾迦才是他的真愛。他們之間的同性之愛比男女之愛更深、更真摯，心靈的契合，定格於赤裸的他們，靈魂的纏繞，美好難忘的水中之吻。從此他的身邊只有加拉一個女人，伴侶加經紀人，相伴一生。

加泰隆尼亞海岸特有的風光，讓達利的生活和藝術一樣如夢幻，夢裡夢外難分難解，加上無忌的想像力，在大海上空精神世界翱翔、跳躍，達利的畫作與他的這些經歷不無相關。他與父母及妻子加拉的關係對於他的藝術個性的形成具有決定性的作用。「他的作品風格充斥著隱喻和意象；用符號描述潛意識的人；撲朔迷離的精神分裂者；20 世界先鋒藝術的界標。」

返回的路上，頭腦中留下深深的藍色海洋背景，不時地跳躍達利那融化的鐘錶、怪異的畫面，在夢中的世界與大海波浪的激蕩，真實存在著，如夢幻存在一樣，乃至遠方。久久忘不掉美術館誇張的奇特，紅色的牆體，最上方樓頂的雞蛋造型，還有紅色的性感口紅，達利瞪圓的雙眼和那又細又彎的鬍子，一個奇特的天才藝術大家。在以

達利博物館

物質利益衡量成功和價值最大化的今天，達利無疑是名利雙豐收的典範，的確是個不可多得的雙料天才現代藝術家和商人，不僅表現在繪畫、建築上，而且在文字，口才，乃至個人的形象策劃包裝，珠寶服裝造型，成功地藝術經營雙軌同行，使藝術商品化、價值最大化，盡情地揮灑，如意地表達，全方位地展示宣傳自我。

　　從此我愛上藍色系列色調。在巴賽隆納特意買了藍色紗巾和藍色西班牙裙子作為紀念，一路不離身，隨海風飄逸，藍綠色是大海與藍天之間的顏色，飄逸是自由想像的無垠世界，回到柏林，每每拾起都會浮想聯翩地中海的美景、美食，那麼神奇的土地、海域和獨特的藝術氛圍，難怪會誕生高迪、達利、米羅、畢卡索這樣世界頂級大師，按照當地人這樣的順序排列他們心中的大師對國家和人民的貢獻，二十世紀西班牙享有世界聲譽的美術巨匠，幾乎都與巴賽隆納有密切的關係，他們的超現代藝術一直影響歐洲乃至全世界，現代社會的審美取向和流行元素。

郭鳳西 比利時

中西結合的繪畫大師
——趙無極

趙無極，法籍華裔畫家，生於北京，歿於瑞士尼永（Nyon），祖籍鎮江

出生：1921 年 2 月 13 日

逝世：2013 年 4 月 9 日

藝術作品：**Soleil Rouge, Proustiana,**《10.1.68》、《10.03.83》等等

畫風：斑點派，甲骨文抽象，歐洲抒情抽象派

　　趙無極是到目前為止，全世界身價最高的華人畫家，也是第一位以東方繪畫藝術，躋身於西方美術界的東方人，更是抽象表現主義的代表人物。法國藝術界的明星、當代抽象畫的翹楚，他的作品在全世界各大博物館都有收藏，他將油畫畫成寫意畫，是用中國畫潑墨畫法並用稀薄的油彩為畫材，用乾澀的筆法皴染。

　　法國總統席哈克（Jacques René Chirac）說「趙無極洞徹我們兩大民族的感性，使二者融於一身，既屬中華，又屬法蘭西。他的藝術，吸取了我們兩國文化的精粹。」

　　人稱趙無極是「前無古人，後無來者」的大師級的畫家，在國際上有特殊重大影響的華人藝術家。他生在中國，學畫求知識在中國，成名發揚光大他的特殊畫風在法國，為喜愛印象派的畫風，選擇法國巴黎做為學習發展的目的地，92 歲辭世。在法國住了 65 年，畫了整整 60 年，一生創作大約一千四百多幅畫作，而且每幅畫都是高價在市場上流轉。一生和張充仁，吳冠中，朱德群，貝聿銘各名家多

有來往交流，自承深受塞尚，馬蒂斯，畢加索等人作品的影響，而成功地擺脫傳統國畫對技巧的模仿和崇拜，並成功地把中國寫意畫法和西方抽象畫法，不落痕跡的空靈意象融合在一起，成了趙無極自成一家的畫風，每個人看到他的畫，自有各成一派不同內容的解讀法，非常的賴人尋味.畫作多無題，憑主觀感受。

趙無極 10 歲時，家中的一位叔叔，從巴黎帶回很多西方的油畫及明信片，他特別喜愛米勒的那幅《天使》，自此便迷上繪畫。銀行家的父親，看到了趙無極繪畫方面的天賦秉異，加上銀行業累積的財力與人脈，可以為趙無極學畫保駕護航。1936 年父親陪著年僅 14 歲的趙無極去報考杭州藝專。趙無極順利考取，成為當年年齡最小的學生。那時藝專校長是 36 歲的留法畫家林風眠，教師有吳大羽（教油畫）、潘天壽（教國畫）、方幹民（教素描）等最有名的頂尖畫家。而那個年代是杭州藝專辦得最成功的時期，學校只有繪畫系，不分西畫與國畫，要學生二者兼學，用一種融合中西美學的精粹、創作是承續和革新中國古代藝術的方向。而後在 1942 年趙無極在重慶中蘇文化協會舉辦了一個聯合展，展出包括林風眠、吳大羽、關良、丁衍鏞以及他個人作品。

趙無極 10 歲以前完全沒有看過西方油畫，當時是大開眼界，立即愛上油畫；他一直不喜歡臨摹「清代四王」作品，在國畫教授潘天壽的考試時，搗蛋作怪，老師氣得要開除他。在杭州藝專另一收穫，就是遇見了他的第一任妻子謝景蘭。趙無極是情竇初開風度翩翩的懵懂少年，謝景蘭是含情脈脈的美麗才女，一個畫，一個唱，在西子湖畔相遇，就分不開了。五六年的戀愛這對青梅竹馬的小情侶，想結婚，但祖父去世，一年之內不能辦喜事。倆人竟然一路克服艱險及戰火，1941 年到香港結了婚。真是年少輕狂！謝景蘭在次年生下獨子趙嘉陵。美滿的三口之家，回到杭州住在葛嶺 24 號別墅。得到父親的支持，趙無極已開始準備自費赴法，等待了兩年簽證才下來，帶著

趙父資助的三萬美元生活費。懷揣「巴黎夢」，兒子留給父母照顧，1948 年的早春，搭船去往法國，到巴黎並就讀於大茅舍藝術學院，受到歐洲抒情抽象派的薰陶。這是一對讓很多人羨慕的神仙伴侶，趙無極學畫，謝景蘭習舞，兩個人在藝術追求上，有著很多相通之處。尤其是趙無極在巴黎那時一張畫都賣不出去的困難時期，「蘭蘭」給了他最大的支持與鼓勵，使趙無極步入成熟。

　　1949 年，趙無極在法國巴黎約克勒茲畫廊，舉辦了留法後首次個展。1957 年，16 年相知相守的妻子謝景蘭堅持和他離婚，並嫁給一位法國音樂家。趙無極為調適失落心情，到世界各地遊歷，在香港認識陳美琴並結婚，她是電影演員，婚後一起回到巴黎繼續創作。1972 年陳美琴因精神病復發，服過量安眠藥自殺身亡，享年 41 歲。趙無極十分悲傷，有一段時間沒法畫畫，後來創作了一幅紀念亡妻的九米巨畫《紀念美琴》，現保存在龐畢度藝術中心。1973 年，52 歲的趙無極遇到了 26 歲的法國小姐弗朗索瓦‧瑪律凱（François Marche）。擁有精緻面貌和美麗的迷人微笑。她正考取巴黎市立美術館館員的資格，對趙無極很崇拜。從 1973 到 2013 年，他們攜手依伴了 40 年，她也成了巴黎現代美術館館長。雖然對趙無極遺產及遺作處理上，和趙的子女訟多年，讓大家對她有所不滿，現已達成和解協議，但她不遺餘力地以專業知識，為丈夫努力整理畫冊、出版、行銷，1981 年曾在巴黎大皇宮美術館成功地舉辦個展，一口氣奠定了趙無極的大師地位。因此可以說，弗朗索瓦幫助趙無極成為最具國際影響力的華人畫家。而且能夠進入西方藝術圈主流的上層，這第三任太太是功不可沒的。

　　趙無極於 1950 年代與賈科梅蒂（Alberto Giacometti）及米羅（Joan Miró）等藝術家為伍，慢慢發展出他自己獨特的抽象畫風。曾舉辦多場國際畫展，1956 年曾代表法國參展的匹茲堡卡內基研究所第 40 屆國際展，威尼斯 1960 年雙年展，在 1994 年獲得日本高松

宮殿下，紀念世界文化獎。2002 年獲選成為法國美術學院的成員，2006 年獲法國總統頒發，榮譽軍團勳章的大軍官勳位。對於這些頭銜獎狀勳章及名利，趙無極一點也不看重，比如 2002 年他獲得的那個法蘭西院士的稱號，是他最不願意提及的頭銜。他比較在意的，是別人對他作品的欣賞。是個完美主義者，一幅畫好的畫，如果沒有從畫室移走時，趙無極就會不斷在畫上進行修改。趙無極很少和人談論畫畫藝術上的理論，他的好壞標準很簡單：一張畫要自己可以呼吸。藝術家本人，最好不必加以解說評論。他的每幅畫，都能很準確地說出，創作時間，創作背景。每一幅畫，趙無極都把它當作自己的孩子。由於趙無極對色彩極為敏感，巴黎每到冬天，天空就成了灰濛濛一片，也是趙無極情緒最不好的時候。從 2006 年開始，全家人都約定每年冬天來到法國南部的小鎮 Saint Tropez 度過。晚年的趙無極仍然沒有停止創作。他在巴黎有兩個畫室除了巴黎家中的畫室之外，在巴黎郊區還有一個小城堡，畫大畫的時候，趙無極就會選擇去那裡。

趙無極有很多作品，名稱都叫「無題」或一連串的數字編碼，黃光男說，其實大部分的抽象畫都是畫家主觀情感的表達，也希望看畫的人以自己主觀情感去理解，因此，常用「無題」給觀察者一個無限制的想像空間。至於數字編碼，有些可能只是畫家記錄自己作品的序號，又或者只是一個日期。

2011 年蘇富比拍賣會，趙無極作於 1968 年的作品《10.1.68》，以 6898 萬港幣（當時約折合新台幣二億六千多萬元）的天價拍出，刷新趙無極作品拍賣的最高紀錄。2013 年在香港進行的蘇富比「二十世紀中國藝術」拍賣會，趙無極的雙聯巨作《10.03.83》以 475 萬美元賣出。

不管趙無極有多少幅畫賣出天價的新紀錄，多到數也數不清的金錢，如今趙無極一概都無福享受了，但他在藝術上，中國繪畫史上的卓越成就，卻是流芳千古百世的。

岩子 德國

巴賽隆納美麗的傳奇：
建築大師高迪

不曉得世界上還有哪一座城市像巴賽隆納（Barcelona，西班牙大城，又譯巴塞羅那）這樣，跟她的一名建築師等號一般地綁定在一起。

我們下榻的酒店就在古埃爾公園腳下，見離晚飯時間還有將近 3 個小時，於是便決定，先去那裡走走。

日影初斜，剛剛進入六月的天氣不冷不熱，澄黃的陽光紋絲不動地包圍著街道和街道兩旁的景物，不多會兒我們便來到了一個僻靜的入口。

這是一個怎樣的童話世界啊！一進公園我就連人帶心地丟失在這裡：傾斜的廊，螺旋的柱，「棕櫚」搭就的「包廂」，石林托起的「戲臺」，涼亭、溶洞、洋房、煙囪、噴泉，依山就勢在綠木花草的掩映之間，一條色彩斑斕、長之又長的馬賽克座椅，蟒蛇一般地盤踞在公園中央。我興奮得一會兒跑到這邊坐坐，眺海，一會兒跑到那邊瞧瞧，聽松。末了，又爬上若是真傢伙斷不敢接近的變色龍，孩子般地開懷。我，忘記了年齡，忘記了先前在地鐵站差點兒讓一夥騙賊把旅行箱忽悠沒了的驚惶……

記憶猶新，對巴賽隆納的第一印象。自那一時刻起，我的眼裡除了高迪還是高迪：我要把高迪看個遍，看個夠！巴賽隆納，我還會再來看你！

十年後，我果真又故地重遊。

古埃爾公園依然記憶中那般美好，那般童趣，只不過遊客比以往明顯多了許多，儘管抑或故而增設了門票？從德國學者萊納・蔡布斯特所撰著的一部《高迪傳》中，我瞭解到這片面積接近 20 公頃的休閒勝地，原本一襲荒無人煙的窮鄉僻壤。二十世紀初年，一位高雅紳士、曾經留學英、法、意，同時也是當地首屈一指的紡織巨賈和房地產大亨艾烏塞比・古埃爾伯爵，試圖把這裡開發成一個些許田園、些許野生、環境幽美的居民新區——一座他頗為欣賞和推崇的英式花園城。古埃爾不僅崇尚藝術，而且熱心於社會的進步與改革，蓋他常去英國，接受了那裡的烏托邦社會主義思潮，及其代表人羅伯特・歐文（Robert Owen）《新社會觀》的影響。後者同是一名大企業家和慈善家，並且是歷史上揭示了無產階級貧困之原因的第一人。無怪乎，馬克思當年從德國避難選擇了英國，並得以在那裡了度餘生，完成其推動世界的思想巨著《資本論》呢。古埃爾把花園城專案委託給了他在 1878 年巴黎世博會上一見如故，心懷同樣理想和抱負的青年高迪（Antoni Gaudí）擔綱設計。只可惜天不時地不利，古埃爾所願未償。整個項目後來只完成了門房、中央公園、高架走廊等幾個公共設施部分，原計畫中的 60 棟房子僅蓋起了三幢，其中一棟被高迪買下，磚紅色的那座便是，如今的高迪博物館。

　　此項花園城工程儘管從商業角度看可謂全面擱淺，但高迪自然主義的美學理念及其驚世駭俗的藝術天賦卻在這裡漸趨成熟並得以充分展現。縱觀高迪的一生，從他生平的第一個重大設計委託——未成現實的馬婁塔項目，直到他生命中最後的一個——成之為世界建築奇觀的聖家堂，我止不住胡思亂想，倘若沒有古埃爾等開明大資本家大地主們的一路賞識、任用、投資和提攜，可有高迪天馬行空的藝術發揮及其曠世絕倫的建築成就？

　　無獨有偶，位於格拉西亞大道 43 號以造型奇異美觀而聞名天下的巴特略之家的主人，也是一名腰纏萬貫的制布商。在這條風生水起

於 19 世紀末 20 世紀初的富豪大街上，巴特略先生覺得自己的房子太暗淡無光遠離時尚了。經只有兩街之隔，後來的米拉之家主人佩雷‧米拉先生的牽針引線，他找到了早有耳聞的高迪，委託其改造翻新。其改建之後的結果堪稱非同凡響，巴特略之家成之為一座承前啟後，具有劃時代意義的高迪風代表作。

佇立於這棟六層之高，門、窗、屋頂、天臺幾乎全部由柔軟流動的波浪狀曲線構織而成的公寓樓，彷彿面對著一汪碧波蕩漾的翡翠色大海，一個個陽臺好似坐落在懸岩礁壁上的一隻只鳥巢，正牆立面上那一片片錯落有致的灰藍圓瓷瓦，讓人不由而然地聯想到閃亮的魚鱗，抑或波光粼粼的漣漪。

走進宅內的一樓主廳，更是叫人歎為觀止：靈動欲飛、猶同恐龍脊椎的樓梯，婉約飄逸、有似波浪翩然而起的落地窗，舉頭是宛若漩渦的天花板，漩渦的中心一盞海葵模樣的藝術頂燈，一朵煞是情調可愛的蘑菇壁爐恰到好處地生長在「牛皮」牆裡，明麗的地中海陽光穿過藍調彩紋玻璃，好像雨滴在湖面上蕩漾開來……轉眸再瞧起居室裡桌、椅、燈具、雕飾等其他陳設，亦然高迪風設計：渾然天成，唯美而華麗。

讚歎不已，我為高迪超群拔類的藝術想像力和創造力。然而，這個被後人奉之為「上帝的工匠」的建築大師，當年的畢業設計只勉勉強強得了一個及格，蓋因他過於別出心裁，過於自我，老是把不同流派、不同風格的建築元素「不倫不類」地摻和在同一個設計裡。《高迪傳》裡有文字記載說，他的老師曾不無困惑地講了這麼一句：「真不知道，我們把畢業證發給了一個天才，還是一個瘋子……」

環繞著天井，一層層盤旋而上，只見水紋樣的玻璃與藍色的瓷磚牆交相輝映，使人恍惚置身於海底一般。隨著樓層的升高，瓷磚的顏色也朦朦朧朧，漸次由淺入深。待你來到頂層再將目光投往深處時，哇，宛若遇見了一個藍色的夢，輕盈而深澈，美得人飄然若仙，

彷彿一朵欲與大海親吻的雲。

　　神來之筆！一個聲音在我心中脫口而出。然而，你可知道，這位巧奪天工的超級夢幻大師，來自於加泰羅尼亞塔拉戈納省，1852年生於一個名叫雷烏斯的小小地方，自生下來就體弱多病，因患有風濕性腿疾，幾乎不能行走，不能什麼都吃，不能跟同齡的小朋友們一起在大街上瘋玩野跑……或許，高迪有幸成之為高迪，正是因為他童年的不幸？那顆超級夢幻的種子，我想，必定生成於那個時候，深深地根植於他敏感而早慧的小小心靈之上。對此，我幾近確信不疑。悉數這人世間諸多偉大的詩人和藝術家，幾乎無一不擁有一個命運多舛非同尋常的身世或童年。

　　整個宅樓的內部構思以海底世界為理念，前衛、另類、青年派、現代主義。樓頂設計，據說並非十分符合主人的心意，其靈感來自於高迪家鄉加泰羅尼亞地區的一個民間傳說——聖喬治屠龍救公主的故事。那個遍體彩鱗呈魚躍狀的屋脊代表的是惡龍，那把十字形寶劍煙囪象徵的是英雄，最頂層的兩扇窗戶表現的據說是囚禁公主的牢籠。不能不提及的是，高迪是一個出了名的民族主義者，他一輩子拒而不講卡斯蒂利亞語（即西班牙語），即使在工地上監工，即使在法庭上面對法官，他也不肯。高迪的此種民族情結，不言而喻，也無處不見地映射在他的諸多作品裡。譬如古埃爾公園裡面的鎮園之寶蜥蜴和蛇，均為他的家鄉加泰羅尼亞人眼中的吉祥物。再譬如巴特略公寓樓頂上面的四對連體馬賽克煙囪，亦為高迪作品中一個屢見不鮮、反覆出現的藝術元素，其設計靈感來自於伊斯蘭清真寺的宣禮塔。摩爾人亦即阿拉伯人數百年的佔領和統治，在西班牙及其加泰羅尼亞所形成的歷史的和文化的印記，可謂隨處可見、深刻到骨髓。

　　如果說巴特略之家是高迪生前所完成的一件匠心獨運美不勝言的藝術豐碑，那麼聖家堂則是他生前未完成的一座最標新立異曠古絕倫不過的建築奇蹟。

我連續兩次走進這座流光溢彩、嵯峨崢嶸，既神聖又夢幻，既古典又現代，既實體又抽象，舉世無雙的偉大建築，每每沉醉於那美輪美奐妙不可言的光影世界，流連忘返，為那一個個栩栩如生鬼斧神工的聖經人物和故事，一幅幅抽象隱逸怪誕綺麗的圖畫和雕塑而感慨不已。強烈的視覺衝擊，顛覆了我迄今為止對大大小小各色教堂的概念和認識：太高級靈堂了，它們都！低沉、陰暗、抑鬱、凝重，無一不是！

　　而聖家堂則不然。無論旭日東昇，還是夕陽西下，教堂裡永遠繁星璀璨，祥雲光芒舒展。在這裡，建築、雕塑、美學、宗教和藝術如此完美地融合在一起，給人以無比的輕盈和美感、向上的力量和光明。把教堂建設成一座窮人的聖殿，讓但凡走進來的善男信女皆能讀懂的一本巨大的「聖經」，此乃高迪的初衷與憧憬。為此，他不止一次地捧著帽子去四處化緣；為此，他傾盡畢生之才華和心力，將上帝的福音以至善至美的語言和形式鐫刻在這裡，永恆在這裡。他，始終站在窮人一邊，直至生命的最後時刻。在九十年前的那場意外的車禍中，竟然無人認得，這位形容枯槁、衣著寒酸的老人便是大名鼎鼎的建築師高迪。一個朋友得知後，欲把他轉院到貴族病房時，卻被高迪給婉言謝絕了，他說：「我的位置就在這裡，我亦一介布衣。」

　　高迪走了，他給巴賽隆納留下了數十件之多的建築與設計，分布在大街小巷或廣場或角隅，其中有十七項被西班牙定級為國家重點保護文物，七項被聯合國教科文組織列為世界文化遺產。

　　1926 年 6 月 10 日，高迪逝世，享年 74 歲。兩天後，巴賽隆納萬人空巷，前來為他送葬的人三里長街。巴賽隆納人民將他們的驕子安葬在最屬於他的位置——聖家堂地下墓室——讓高迪一生夢牽魂繞的地方。

　　巴賽隆納因高迪而美麗，高迪因巴賽隆納而不朽。

　　巴賽隆納，我還會第三次來看你！

輯三

——

音樂家

尋找巴哈的蹤跡

　　初秋，乘著陽光還燦爛的時候，我來到小鎮艾森納哈（Eisenach），一個很富有童話氣息的古老小鎮，它是德國著名音樂家約翰·塞巴斯蒂安·巴哈（Johann Sebastian Bach，又譯巴赫）的出生地。

　　走在鋪著青石板起伏不平的路上，感覺已回到百年前的年代。繞過了市區廣場後，眼前出現兩棟的建築物，一舊一新相映成趣，這裡被專家們認為「最可能是巴哈出生的地點」。買了門票，我隨著其他訪客走入陳列廳，那裡置放了許多罕見的管風琴、小提琴和大鍵琴古樂器。一位講解員一邊解說巴哈的生平，一邊用不同的樂器彈奏一小段巴哈的作品，引起我對巴哈的好奇和他的音樂的遐想。

　　紀念館的樓上展示不少巴哈家族成員之檔案和一些手稿，也設置了許多耳機讓訪客欣賞巴哈的作品，其中大多數是他任職於教堂創作的宗教曲子。原來巴哈世家都是馬丁·路德宣導的新教教徒，巴哈的宗教音樂都以新教的聖經故事為主題。

一、巴哈的童年生活

　　說來，艾森納哈與古典音樂有一段淵源。當時由於小鎮的文藝氣息豐盛，有許多藝人和樂師慕名而來到小鎮演出。年幼的巴哈從他叔父那裡學會了演奏手提琴、管風琴，為了賺零用錢他參加詩班合唱團，並經常在市區演出。

　　巴哈 1685 年生於一個音樂世家，自幼受到音樂的薰陶，由於雙親早逝，他的童年生活並不愉快。那時他才不到十歲，便投靠當時

23 歲的長兄。他在奧爾德洛夫村（Ohrdruf）住了五年，他長兄繼續傳授大鍵琴、風琴和作曲的技巧給他，他的音樂天賦在十三、四歲時已展現出來。後來因為他嫂子生了三個小孩，房子實在太窄小，他必需要搬出長兄的家。

二、從學徒到宮廷樂師

1700 年，十五歲的巴哈決定到北方 350 公里外呂訥堡（Lüneburg）的神學院做風琴學徒。那個年代，做學徒的待遇也不差，除了免費學習和住宿，還有些薪資可取，條件僅是要參加詩班合唱團，並經常要在市區和教堂的演出而已。不久，因為他童音變調了，只能演奏手提琴和風琴。

在學習期間他常找機會步行到北邊 20 公里的漢堡，向著名的風琴師萊茵肯（Reincken）學習和聆聽其他名家們的演奏。

位於呂訥堡南方 90 公里的車勒（Celle）有一位格奧爾格・威廉公爵（Herzog Georg Wilhelm），他的夫人是法國人，喜愛有南國風味的音樂和宮廷花園，所以當時有不少法國和義大利的音樂家從車勒來到呂訥堡演出，巴哈也在這時期認識了不少南北德和法義之音樂風格。

二年後，巴哈因思鄉之切而離開了北德回到圖林根州。1703 年巴哈來到阿恩市（Arnstadt）任風琴師，這兒離愛爾福特（Erfurt）20公里，雖然只有 3800 居民，但有新蓋成的教堂和新的管風琴，他喜歡這個新環境，也珍惜這吸收經驗的寶貴時機。18 歲那年，巴哈另有高就，領到的薪資和使用費比起兄長和叔叔都多。好在工作不是很繁忙，他開始作曲，也常參與宮廷內的演奏，值得一提的是，他還得到市長給他最高的禮遇，讓他住在市長豪華的「金色皇冠"家裡（Zur goldenen Krone）。

1705 年，年輕的巴哈拿了四星期的休假遠遊了，他去的地方是

400 公里之外的呂貝克（Lübeck），目的是拜訪名風琴師布斯特胡德（Buxtehude），和向他學習風琴。布斯特胡德很讚賞他的才華，有意把自已的職位傳給他，條件是要巴哈娶他 30 歲長得不怎漂亮的女兒為妻。那個時候的巴哈早已情有獨鍾於一位堂妹瑪麗‧芭芭拉‧巴哈（Maria Barbara Bach），於是拒絕了這位名風琴師的好意。據說音樂家韓德爾（Händel）曾經也拒絕了這婚事，可想而知，這位父親多麼的關心他女兒的婚嫁，幸好在他去世前還是成功地把女兒嫁給一位音樂家。

但是這次遠行給巴哈帶來了煩惱，他因為留在呂貝克三個月後才回到阿恩市而引起市長的不滿，加上他自己也不想在阿恩市久留了，於是便去北邊 60 公里外的米爾豪森小鎮（Mühlhausen）另求他職。

三、宗教樂曲康塔塔得到讚賞

1707 年巴哈和堂妹在阿恩市結成連理，共生了七個孩子，其中兩個兒子威廉‧弗里德曼（Wilhelm Friedemann）和卡爾‧菲力浦‧伊曼紐爾（Carl Philipp Emanuel）日後都在音樂界成了名。

巴哈和鄰近教堂的樂師們交往甚密，私下經常互相切磋交換演奏和作曲等的心得，他就在這時期創作了第一首康塔塔（Cantata），這是一種宗教樂曲，有伴奏的宣敘調，獨唱或者重唱的詠嘆調以及不同規模的合唱，1708 年他的康塔塔在聖母教堂慶祝新年的慶典中演奏，得到聽眾熱烈的迴響，原來巴哈把南北德、法國和義大利不同民族的音樂風格融為一體，得到聽眾們很大的讚賞。可惜巴哈的好日子都不長久，因為有些牧師不喜歡這種多變化的樂曲，認為巴哈破壞了教堂的寧靜莊嚴。

巴哈又一次離職，在 1708 年去了魏瑪發展。往後在魏瑪的十年，巴哈不但能自由地展現他多元化的音樂才華，也常受到邀請到宮

廷演出，成為當時最出名的風琴師，他收了八十名學生，其中一位是恩斯特‧奧古斯特公爵之兒子。

1717 年，巴哈在諸侯們鬥爭中不幸被害入獄，之後他遷居到只有兩千居民的諸侯國克滕（Köthen），成為利奧波德公爵的宮廷樂師，克滕公爵比巴哈年輕十三歲，常參與演奏大鍵琴和手提琴。巴哈在這裡度過最愉快的時光，也是他一生中的黃金時代。最負盛名的管弦樂《勃蘭登堡協奏曲》（*Brandenburg Concerts*）是在這時期完成的，它是管弦樂發展史上的一里程碑。他在這期間也寫下許多樂譜給兒子和學生們。

1720 年他的妻子病逝，留下四個小孩，最大的女兒才十二歲。同年秋天他想爭取到漢堡工作，但知道要自己先捐出鉅款給教堂才能任職後，他放棄了這個念頭。

為了要照顧年級還小的孩子們，1722 年他決定娶 20 歲的女聲樂家安娜‧馬格達萊納（Anna Magdalena），她為他生了十三個孩子（其中七個早夭），婚後她並沒有完全放棄她的歌唱事業。

四、晚年定居於萊比錫

利奧波德公爵和表妹公主結婚後，巴哈的音樂被忽視了。剛好萊比錫的托馬斯教堂主樂師過世，經過半年的挑選，巴哈終於取得這職位。1723 年 5 月，入住托馬斯教堂右側的托馬斯學院。

托馬斯教堂是一座後哥德式建築，和文藝復興式的市政廳相對而立，中間是萊比錫的大市場，在它的東面有尼古拉教堂（Nikolaikirche）和大學區內的保羅林納爾教堂（Pauliner Kirche）。托馬斯學院的後院是萊比錫許多法式公園之一，是當時貴族們常來散步遊園之地方。萊比錫為薩克森州第二大都市，當時已是三萬人口的商城、文化和音樂城，大學的自然科學學院也是在 17 世紀中的名校，在城郊已設立許多工業區，尤其是織布、煙草和樂器廠，後來因

為有了書展帶動了出版業，當時的伯萊特科夫（Breitkopf）出版社首創印刷樂譜。

巴哈當時指導四個合唱團，分別在四個教堂演出，學童大多數是窮困人家小孩，為了有點收入，他們在寒冬裡仍然要每週上街演唱多次，他們也偶爾要參與婚禮和葬禮的演出，合唱團是由 55 成員組成，其中 12 位是主音。

巴哈的孩子們也在托馬斯學院上學，他薪資很少，一家人生活艱苦。但是在作曲方面，他堅持每週都有新作品。巴哈在萊比錫期間，常收到朋友提供的詩詞和美文，正好配上他的康塔塔樂曲。

1724 年，他在尼古拉教堂首次奏出了《約翰－受難曲》（*Johannespassion*），敘述耶穌被捉至被釘上十字架的受難曲子，這首樂曲長達兩小時，它融合了德國和歐洲南部的音樂風格。三年後，他在托馬斯教堂首演《馬太－受難曲》（*Matthaeuspassion*），長約兩個半小時，根據馬蒂亞斯的敘述歌頌耶穌，從最後的晚餐，被出賣，被捉，受審問，被釘上十字架，到最後入土的受難曲子。據說一共有六首大型的教堂演奏曲，可惜只留下這兩首，在他死後都被人所遺忘，直到 1829 年的三月由孟德爾頌（Mendelssohn，又譯門德爾松）再次演出後，才得到日後人們的重視。

1729-1730 年，巴哈因為薪水銳減而感到不滿，正想另找出路時，剛好蘇格蘭音樂學院的總指揮離職而去，他便順理成章地接下這份工作，創作了不少的手提琴演奏曲，並將把蘇格蘭音樂學院改為巴哈音樂學院。

1723-1730 年間巴哈常有機會去德累斯頓（Dresden）的蘇菲教堂（Sophienkirche）演出，得到各方人士的讚賞，但在這時期他失去了四個孩子的生命，幸好 1731 年他的好朋友接任了托馬斯學院的校長職位，他們的住處得以改善，多建了二層樓，學生們都有了自己的工作室和練琴的地方，二和三樓是睡房，共 200 平方公尺，他一家大小

十一人住得比以前好多了。

1733 年他的兒子弗里德曼完成大學課程而上任了蘇菲教堂的主管。可惜好景不能長久，1734 年托馬斯學院換了一位年輕的校長，此人認為自然科目對學生比較重要而不重視音樂，尤其對巴哈的多元化教堂音樂不以為然。巴哈在他 50 歲活得最不愉快，但也不打算離開萊比錫。1740 年後他慢慢地學會不再同上級吵鬧，而更常出遊去德累斯頓演出管風琴，和到其他城市監督風琴的構造，因此常得到不少的獎勵，他的學生越收越多，但是他晚年期間的作品越來越少，其中著名的有《戈德堡變化曲》（*Goldberg Variation*）。

1747 年，他的兒子伊曼紐爾在柏林普魯士王弗里德里希二世身邊遊說，讓他父親到皇宮來演奏。弗里德里希二世很喜愛音樂，自己除了能演奏笛子還能作曲。他很欣賞巴哈的演奏，但要求他創作 3 合聲和 6 合聲之里切爾卡尋求曲（Ricercar），本來這是一種義大利文藝復興巴羅克的樂器演奏曲，他是想考驗巴哈創作能力而出這難題。幾個星期後巴哈完成了第一首，兩個月後他作了 13 首有 2、3、4 和 6 合聲的曲，半年之間他共創作了 200 首。

巴哈在 64 歲得了白內障，視力越來越差，1750 年他雙眼幾乎看不清東西了，剛巧有位從英國來的名眼科醫生為他治病，起初略有起色，可惜不久中了風又發燒，十天就離開了人間。他死後下葬於約翰教堂墓場（Johannisfriedhof）。1843 年孟德爾頌出錢在萊比錫市中心建造一座巴哈的銅像。1894 年因為約翰教堂之重建，人們才從墓場中找到兩柏棺木，其中之一被認定是巴哈的。1950 年巴哈死後 200 年，才搬到托馬斯教堂內的神壇供奉。他的遺產中有不少手抄樂譜、樂器、銀器和現金。目前柏林的國家圖書館藏有他的大都份手稿。

五、永恆的巴哈音樂

巴哈生前以一位卓越的風琴師而揚名，死後 100 年他的名氣加

| 圖林根巴哈紀念館

　　倍地增加，一般人都認為他是西方音樂史中最偉大的作曲家之一，被譽為近代「音樂之父」，他的作品至今都受到重視，許多德國城市舉辦巴哈音樂節及音樂比賽，並在多處設立了巴哈紀念館。

　　在作曲上，巴哈是第一位應用十二平均率音階，定其一分為半音，二分為全音，在轉調時有更多空間，非常自由，使樂曲更悅耳。巴哈的音樂已被列為世界音樂學院的必修教材。

　　名指揮家卡拉揚（Karajan）說：「每天清晨第一件事就是聆聽巴哈的音樂，彷彿清泉流淌在心靈，有助於我校正聽力。」

　　大文豪歌德對巴哈也有很精闢的評語，他說巴哈的音樂「如永恆和諧的自身對話，有一股律動，源源而出」。

　　也許音樂大師貝多芬說的更為恰當：「巴哈（Bach）不是小溪，而是大海。」

陪貝多芬散個步

貝多芬（Ludwig van Beethoven, 1770-1827）究竟是誰？他的音樂在傳達著什麼？

> 我久久地坐在這兒，沉湎於厚德載物的大自然。這兒，陽光帝王般照著我，沒有人類的垃圾，只有屋頂般的天空。
>
> 彷彿每棵樹都在對我傾訴著鄉土的語言——神聖，神聖！
> 這令人愉悅的森林，這無以言達的甜美寧靜！

寫於維也納南郊小鎮巴登（Baden）的日記，展露著貝多芬的心靈一隅。

陪老貝散個步不容易。即便去波昂追尋他幼時的蹤跡，或者拜訪他在維也納所有的住處，把維也納及近郊眾多的貝多芬小道悉數走一遍，也不一定能靠近他。

所以，昨晚魯道夫·布赫賓德（Rudolf Buchbinder）的獨奏音樂會，意義非凡，因為它讓人豁然開朗。隨布赫賓德指間的迪亞貝利變奏曲（*Diabelli-Variationen*），貝多芬獨有的氣息，撲面而來。

維也納鋼琴家布赫賓德的名字，已與貝多芬分不開了。畢竟，他彈了半個世紀的貝多芬。布赫賓德住在 19 區，離我家不遠。20 餘年來，時而見他路過，總是邁著緩緩的步子，沉思的表情間，有副寵辱不驚的神態。滿頭棕髮，卻是忍不住地泛白了。

有人說，布赫賓德的演奏太嚴謹，嚴謹得拘謹，嚴謹得無趣。

可我，卻讀出其中的一份敬畏，對貝多芬的敬畏。貝多芬是不好駕馭的，在他天才的創作技巧間，有著層出不窮的樂思，變幻莫測、深邃廣博，充滿懸念和創意。某種意義上看，貝多芬並非古典主義的代言人，而是開拓未知疆土的勇士。

而布赫賓德，則以一輩子的虔誠，小心翼翼地陪老貝踱步於後者的精神樂園。那兒，有令人神往的浩宇星辰、奇異山水和錦繡天地。昨晚彈迪亞貝利變奏曲，也算回顧一番自己半個世紀的老貝緣。

迪亞貝利變奏曲乃貝多芬最後的鋼琴作品，堪稱其音樂語言的一次總結。這部作品「是貝多芬天才的微觀宇宙，甚至可以說，是整個兒音樂世界的一幅畫卷，」19 世紀的德國指揮家、鋼琴家和作曲家漢斯・馮・彪羅曾言。貝多芬基於一段平淡無奇的華爾滋旋律寫就的 33 個變奏，洋溢著音樂的無窮動力和變數。10 個一組的變奏，奇思妙想，縱橫捭闔，洋洋大觀，可謂一道道鍵盤盛宴。其間不乏幽默和聯想，興之所至，還引用了莫扎特《唐璜》等作品的樂句。最後，似乎正要以第 31（廣板）和第 32（賦格）變奏華美收場，圓滿謝幕，卻又峰迴路轉，突兀來了個第 33 變奏。在小步舞曲的節奏裡，樂思延續著，意猶未盡、餘音繞樑。

準確而言，這 33 個變奏應作 33 次變形、33 次變異之解。貝多芬原用的德文詞為 Änderungen，而非 Variationen。我心儀的鋼琴家布倫德爾（Alfred Brendel）曾言，貝多芬的 33 個變奏「不是將主題在變奏中重申、強調、裝扮和粉飾，而是將之提高、戲仿、嘲笑、反駁、變形和緬懷，甚至踩在腳底，最終得以昇華。」說得好！言語間，一個真正的貝多芬呼之欲出。

1819 年，維也納出版商兼作曲家迪亞貝利寫了個華爾滋，懇請奧地利帝國的各路音樂精英進行變奏創作，以便他用「祖國的藝術家協會」之名，集結出版。50 位作曲家應允了此事，包括舒伯特、車爾尼和 8 歲的李斯特。貝多芬起初卻不以為然，並不上心，拖到

1823 年才交稿。但他「一鳴驚人」，其 33 個變奏精彩絕倫，集曲式與和聲之大成，高貴和華彩於一體。迪亞貝利喜出望外，特意為之出了專冊（標為作品 120 號），而將其餘 50 人的變奏合集為第二冊。

昨晚的音樂會，全場人凝神屏氣，聽布赫賓德彈迪亞貝利變奏曲，連咳嗽聲都蕩然無存，真是少有的專注。眾人是否也在隨布赫賓德的琴聲，回顧老貝走過的人生路？

來看看貝多芬家族。貝多芬的祖父，即男低音路德維希・馮・貝多芬，是家族裡的首個音樂人。

原籍佛蘭德，後移居波昂（Bonn，又譯波恩）的祖父，於 1761 年被選帝侯馬克沁連・弗里德利希任命，成為波昂的宮廷樂長。這件盛事想必說明了貝多芬家族的音樂事業。貝多芬之父約翰當上宮廷合唱團男高音，後成了專業音樂教師。神童貝多芬在波恩巷 515 號（現 20 號）出世後不久，約翰開始嚴加管教，希望兒子有朝一日，也成為出人頭地的音樂家。

但約翰的管教毫無章法，收效甚微，只有放棄，幫兒子另尋高手。那時的貝多芬，有否因毒打而留下心理陰影？可以肯定的是，在波昂生活的貝多芬，3 歲時便被迫面對家庭變故。那一年，心愛的祖父去世，家境漸衰，父親酗酒，母親體弱多病。小小年紀的他，是否已在眉宇間有了憤世嫉俗的紋理？

貝多芬之母瑪麗亞嫁給約翰後，為其生下 7 個孩子，卻只有 3 個男孩存活。祖父沒有看到這個慘景，祖父在貝多芬剛滿 3 歲時，便駕鶴西去。值得一提的是，貝多芬一直堅持將祖父作為家庭的形象代表。祖父的形象，在貝多芬心目中該是儒雅而不落俗套的。年少的他直面灰色人生時，祖父的形象是否成為他仰望星空時，那時而閃現的北斗？

1786 年，16 歲的貝多芬受到熱愛莫扎特的選帝侯馬克西米連・弗朗茲資助，首次赴維也納學習。然而，正值少年志壯的他，在

1787 年回到波昂後，卻苦於家中境況。其母的暈眩症急速惡化，並在同年奪去了她的生命。其父從此破罐子破摔，酗酒成性，不再照顧 3 個兒子。1789 年，貝多芬父親被停職，其贍養費的一半，被交到了長子貝多芬手裡。19 歲的貝多芬，突然成為家中的掌門人。

心情沉重、不知所措的貝多芬，是否準備好了？或者，因無法面對而「逃」到了維也納？

其實，貝多芬落戶於維也納事出有因，緣於貴人相助。

先是來自維也納的斐迪南・額恩斯特・馮・瓦爾德斯坦伯爵。1791 年，瓦爾德斯坦伯爵作為條頓騎士團成員來到波昂，結識了任職於波昂宮廷樂隊的管風琴手和中提琴手貝多芬。他慧眼識珠，請貝多芬作曲，並利用他的影響力大力提攜後者。然後便是海頓了。1792 年，海頓在英國巡演的歸途中去了一趟波昂，差人叫來貝多芬，為之制定了再次赴維也納學習的具體計畫。

同年 11 月 10 日，貝多芬遷居維也納。就這樣，「莫扎特的精神通過海頓之手」，在維也納傳遞給了貝多芬。而貝多芬之手，則承前啟後，創造出一片燦爛新天地。

貝多芬在維也納歲月裡的故事，如今依舊是人們挖掘的熱點。然而，無論他搬了多少次家，與鄰裡和房主鬧過多少次彆扭，為有緣無份的愛情如何糾結，為兄弟和侄兒怎樣操心，因耳聾而承受何種苦痛，其實都已經不甚重要。重要的，是這位音樂巨匠的精神之旅。在維也納的幾十年，是他營造心靈花園的歲月。在那個花園裡，他剝離了自我，進入了存在的另一個審美層面。

所以，陪老貝散步，無需回顧其生平，挖掘其故事，而要學布赫賓德，心懷敬畏，虔誠而小心翼翼地踱步於老貝的精神樂園，隨其作品，如迪亞貝利變奏曲，或同期的鋼琴奏鳴曲作品第 109、110、111 號，以及莊嚴彌撒和第九交響曲觸摸一種靈性，一種燃著不同尋常的思想火花，載著促人昇華的精神食糧，非老貝莫屬的高貴靈性。

瓦格納：德國一位舉足輕重的歌劇作曲家

1813 年 5 月 22 日，威廉・理查・瓦格納（Wilhelm Richard Wagner）在萊比錫出生。他是德國 19 世紀一位傑出的歌劇作曲家，既繼承了莫札特、貝多芬的歌劇傳統，又開啟了後浪漫主義歌劇作曲潮，他的音樂世界包含了詩歌、視覺藝術、歌劇和劇場。他的代表作《尼伯龍根的指環》（*Der Ring des Nibelungen*）歌劇，是由〈萊茵的黃金〉（Das Rheingold），〈女武神〉（Die Walkuere），〈西格弗里德〉（Siegfried），和〈諸神的黃昏〉（Goetterdaemmerung）四部歌劇組成，這部膾炙人口的作品竟然是他花了 26 年的時間才完成的巨著。

16 歲開始作曲

瓦格納的父親卡爾・弗里德里希・瓦格納（Carl Friedrich Wagner）是員警總部一位文書，瓦格納出生後不久父親病逝，一年後母親改嫁給家庭一好友路德維希・格雷爾（Ludwig Greyer），他是一位演員也是一位畫家，傳說他才是瓦格納的生父。他四歲時在一宮廷樂師處上學，後父格雷爾在這一年離開人間。

九歲那年，瓦格納去了德累斯頓的十字學院（Kreuzschule）學鋼琴，五年後又回到萊比錫的尼科萊學校（Nicolaischule）上學。在這期間他瞞著母親向萊比錫的交響樂團（Gewandhaus）的團員克利斯蒂安・戈特利布・穆勒（Christian Gottlieb Mueller）學習莫扎特和

貝多芬之音樂風格。

他 16 歲那年便開始作曲，可惜他的處女作已失傳了。

瓦格納 18 歲進入了萊比錫大學的音樂學系，一年後他去了維也納和布拉格，並寫下了第一部歌劇本《婚禮》（Die Hochzeit）但是，由於不滿意自己的作品而將它擱置起來。到了 20 歲那年 才到維爾茨堡的劇院擔任合唱指揮工作。

成名作《漂泊的荷蘭人》敘述個人經歷

隔年瓦格納在馬格德堡（Magdeburg）任音樂總監，將莎士比亞的作品寫成歌劇《愛禁令》（Liebesverbot），可惜它的首演不受歡迎。那時他認識了一位比他年長四歲的女演員明娜・布蘭納爾（Minna Planer）。一年後他去了柯尼斯堡（Königsberg）當任音樂總指揮，1836 和明娜在柯尼斯堡結婚，定居於里加（Riga）。婚後不到一年，他的妻子和一商人私奔，結果她半年後又回到他身邊。後來瓦格納把這段情節納入了他 1840 年寫的歌劇《漂泊的荷蘭人》（Der fliegende Hollaender）。不久他因為財務之不適當處理而被迫逃離，由海路經過挪威、倫敦到達巴黎，他又再次把自己的經歷寫入《漂泊的荷蘭人》中。1839-1842 年他和妻子在巴黎過著比較窮困的生活，在這期間認識了匈牙利名音樂家法蘭茲・李斯特（Franz Liszt）和德國愛國詩人海因里希・海涅（Henrich Heine）。

1843 年《漂泊的荷蘭人》成功地在德累斯頓演出，瓦格納因而名利雙收，並接任了當地的宮廷主樂師，兩年後得演出《唐懷瑟》（Tennhaeuser）。1848 年，母親在萊比錫逝世，禍不單行，接下來他 1849 年在德累斯參加五月反政府的活動，而受到普魯士軍隊的追殺，被迫逃亡至瑞士和巴黎。

1850 年得到李斯特的大力支持，他的《羅恩格林》（Lohengrin）在魏瑪首演，往後幾年他的歌劇本也連續問世了。在這期間他鴻運當

頭，認識了李斯特的女兒科西瑪（Cosima），兩人相戀。1855 年英國維多利亞女王在倫敦接見了瓦格納，可見他當時已名聞遐邇了。

不可思議的人生際遇

1858 年因為瓦格納和科西瑪之熱戀，導致和妻子鬧婚變。

1861 年去了卡爾斯魯厄（Karlsruhe）和維也納，開始寫歌劇《紐倫堡的名歌手》（Meistersingern）。1863 年定居維也納，去了莫斯科和聖彼得堡。1864 年他為了重債而離開維也納，正巧遇上大貴人路德維希二世，不僅替他解決債務的問題，還邀請他來慕尼克開音樂會。

1865 年瓦格納和科西瑪同居，然而科西瑪和她丈夫布洛（Bülow）尚未正式離婚。這一年瓦格納和科西瑪共同的第一個小孩伊索爾德（Isolde）出世了。不可思議的是，人們發現在同一日科西瑪之丈夫布洛正在為瓦格納的劇本《特里斯坦》（Tristan）演出。1866 年他的妻子明娜在德累斯頓過世。瓦格納和科西瑪移居到瑞士盧塞恩（Luzern），不可思議的是，他的房租是由路德維希二世替他付。1867 年他們的第二個小孩伊娃（Eva）也出生了。1868 年《紐倫堡的名歌手》在慕尼克首演。在那裡他認識了哲學家尼采（Nietzsche）。1869 年他的第三個兒子齊格弗里德（Siegfried）出生了。1870 年科西瑪正式和他結婚。

在拜羅伊特建造歌劇院

瓦格納和莫扎特或孟德爾頌不同之處，在於他不是一個神童，但他喜愛讀希臘和羅馬的神話故事，所以他日後的歌劇多以德國古代的傳說和神話為題而自成一格。1871 年瓦格納為了上演其作品《尼伯龍根的指環》全劇，在拜羅伊特（Bayreuth）買下華恩弗里德房子（Haus Wahnfried），他夢寐以求的歌劇院就在附近得以開始建造。

這裡不能不提到他的大貴人路德維希二世，這位國王全心全力地為他籌備資金，甚至不顧影響到虧空國庫的後果。

拜羅伊特歌劇院於 1876 年建成，瓦格納的夢想終於實現了。開幕劇上演時，德皇威廉一世（Wilhelm I）、巴西皇帝（Dom Pedro II）和瓦格納最尊敬的巴伐利亞國王路德維希二世、音樂家布魯克納、格里格、柴可夫斯基、李斯特都來參加。當晚，瓦格納獲得空前成功，劇院的名聲也隨之大振。

至今，每年的拜羅伊特音樂節都在這個劇院舉辦，上演的全是瓦格納的作品，劇院擁有 1460 個座位和包廂，整體以《尼伯龍根的指環》故事背景而設計，毫無疑問，這座歌劇院成為德國音樂史上一個重要的地標。

瓦格納晚年健康狀況不佳，連續四個冬天都在義大利度過，1882 年完成了《帕西法爾》（*Parsifal*）的歌劇本。1883 他在威尼斯不幸舊病復發，死後葬在他自已的家「華恩弗里德」的花園裡。

有爭議性的行為

年輕的瓦格納個性剛烈，寫過許多狂熱激進的文章，甚至參加過德累斯頓的革命，以及後來接受了戈比諾的日爾曼血統論。他的一生具有不少爭議性的，例如他對於理財是沒有天分，支出往往超過收入，經年受到債主的追索。又如他一生中常和有夫之婦有染，然而卻得到她們丈夫或父親的多方面幫助和支持，平順地度過事業和金錢上的難關。

又如瓦格納在一些作品、寫作和言論中，常常不經意地流露對猶太人的歧視，他認為他們只會抄學他人而沒有真正的藝術創意。這些論調後來被納粹利用，作為反猶太人言論的依據。

也有人認為，由於瓦格納的歌劇多歌頌德國神話裡的英雄人物，瓦格納的音樂受到納粹黨的特別推崇，他的知名度自然是如日中天。

憑心而論，即使有很多的爭議存在，瓦格納對音樂的貢獻仍然是不能抹滅的。他的歌劇作品，碩果累累，尤其在劇場上實施了「整體藝術觀」的手法，使得劇場突破了傳統理念，深深影響了後世的音樂藝術。

　　瓦格納不愧是一位舉足輕重的古典音樂大師。

茶花女之死
——從小仲馬到威爾第

「花謝花飛花滿天，紅消香斷有誰憐？」雖非潔身自好如黛玉，畢竟花落泥塵情自悲。

2013 年，茶花女香殞維也納。9 月份，歌劇《茶花女》（*La Traviata*）作為開季大戲，為維也納國家歌劇院 2013 至 2014 年度的演出季拉開了華麗而淒美的大幕。義大利歌劇作曲家朱塞佩・威爾第（Giuseppe Verdi, 1813-1901）的這齣悲劇，以一位名叫薇奧麗塔的風塵女子的坎坷命運，領著觀眾回到了 150 年前的歐洲，再次審視那個男權橫行的時代裡，女性面對的種種遭遇。

歌劇《茶花女》和小仲馬

如此直白開場，是因為威爾第的歌劇中，女性常常被迫以各種方式，成為社會的犧牲品。無論因疾病折磨，還是自我殘害，抑或受人脅迫，最終的命運往往以死亡告終。她們的死亡，有時被渲染成罪有應得，有時又被闡釋為凜然之舉。無論如何，活路是沒有的，唯有死，方能反證她們曾經的生命痕跡。

或許，這是 19 世紀中葉一個悲天憫人、憐香惜玉的義大利歌劇家所能做的一切。再多，他也心有餘而力不足了。應該承認，與法國作家亞歷山大・小仲馬（Alexandre Dumas, 1824-1895）相比，他已經勝出一籌，勇敢地讓薇奧麗塔死在眾人接納的目光。小仲馬在同名小說，即此部歌劇的藍本《茶花女》（*La Dame aux Camélias*）裡，卻由

著身患肺結核的絕色佳人孤獨離世，死在遭人唾棄的羞辱裡。說威爾第心有餘而力不足，是因為他雖生活在維多利亞時期，卻非英國人，少了英國工業化帶來的銳氣。從女權主義角度來看，19 世紀中葉的英國文學作品，顯然獨領風騷。夏洛蒂‧勃朗特三姐妹的《簡愛》、《呼嘯山莊》和《艾格尼絲‧格雷》等作品，可謂「現代女性小說」的先驅，歐洲女性浪漫主義文學的典範。這些表達女性精神世界的小說，崇尚女性自由，呼籲理想愛情，憧憬獨立生活，力抨世俗，震撼文壇，成為笞打傳統男權主宰的不朽之鞭。

而《茶花女》是法國男性之作。女人的哀婉，從男性的手中緩緩滑落，多了些泥土的腥味。小仲馬筆下的巴黎賣笑茶花女瑪格麗特‧戈蒂埃，一個農村窮姑娘，為謀生而來到巴黎，為逃離男人的侮辱而放棄自己，躋身於上流社會，以交際花的方式周旋於權勢之族。雖短暫邂逅年輕人阿爾芒的愛情，卻難逃厄運，最終孤寂一人，在社會輿論的踐踏下絕塵而去。威爾第音符裡的風塵女子薇奧麗塔，在三幕歌劇裡，即便曾經愛過，並終獲理解，幸福地死在有情人阿爾弗雷多的懷中。憾的是，究竟未得正名！從傳統意義上看，這又是一起壞女人的案子。女性在傳統的文藝作品裡，其面目從來兩極分化，要麼天使，要麼魔鬼。

「茶花女」原型

小仲馬和威爾第文學及音樂作品裡的那個茶花女，並非純屬虛構，而是基於一個真實人物，一個原名阿爾芳西娜‧普萊西（Alphonsine Plessis），藝名瑪麗亞‧杜普萊西（Marie Duplessis）的法國女子。她 1824 年出生於諾曼第，家境極為貧寒，童年和少年時代歷經困苦，小小年紀就幹著洗衣女和傭人等賤活。14 歲時被一個 70 歲的孤身老頭兒包養戲虐，15 歲時幹起了手工粗活，不久又被一位年輕公爵玩於股掌。不堪忍受玩弄的阿爾芳西娜設計逃離魔掌後，

改名換姓為瑪麗亞，以自己美豔的姿色和優雅的體態，開始混跡於巴黎的上流社交圈，而且名聲大震，被眾星捧月般捧成了一朵奢華的交際花。貴族們盛傳她言行舉止的落落大方、高貴不凡。19 世紀法國著名作家古斯塔夫·柯羅丹（Gustave Claudin）曾這樣描述過她：「她身材修長，面色粉白，滿頭秀髮垂掛及地。那柔和而透明的面色間，淡藍色的靜脈隱約穿過，彷彿在暗示，她柔弱得隨時可能暈倒在懷。完全可以說，她有著無與倫比、獨一無二的高雅之態。若她舉起一朵白色茶花，則表明她可以出售。」

瑪麗亞舉著白色茶花賣身，故名茶花女。當時，不斷有貴族蠢蠢欲動，希望拜倒在茶花女的石榴裙下。而包養她，是一件非常昂貴的事情。她的豪宅裝飾極盡華麗之勢，講究封臣式的排場，擁有豪華馬車和如許傭人。「為何我要出賣自己？因為按部就班的工薪不可能允許我如此揮霍的生活方式，而我卻渴望這樣的生活。我並不認為自己因此而腐敗墮落，也不再心生妒恨。我唯一希望得到的，無非是快樂、享受和高貴文明的環境。」茶花女瑪麗亞如是說。

作為高級交際花，茶花女甚至努力讀書，吟詩賦詞，習文作畫，兼歌舞全才。她附庸風雅，與當時的才子們多有交往共遊。傳言李斯特曾對阿古爾女公爵坦白過：「她（茶花女）是我第一個愛上的女子……。」1846 年，茶花女與一位公爵結為秦晉，可惜這未成百年之好。因為她很快病魔纏身，需不斷地去療養，而本性難移的她即便如此，也不願放棄早已習慣的社交場所。她在自知生命將終時，突然「出言不遜」地寫信給李斯特：「我將不久於人世。我也早厭倦於此世令人難以忍受的生活，並不留戀。帶著我去旅行吧，我不會成為您的障礙。白天我睡覺，晚上去看話劇。夜裡，您可以肆無忌憚地對我行事。」

經濟上的窘迫讓她開始胡亂接客，受到了各類男人的脅迫。1847 年，年僅 23 歲的瑪麗亞因病去世。本已身敗名裂的她再次成為

公眾輿論的熱點，拍賣甚至搶奪她身後遺產、房屋及其奢華物件的無恥之舉，成為街頭巷尾的熱門話題。不僅她的細軟和服飾，而且她的頭髮和情書，都在市場待價而沽。而她在巴黎蒙馬特的墓碑上，終於恢復了真實姓名：阿爾芳西娜‧普萊西。瑪麗亞‧杜普萊西似乎銷聲匿跡。然而，阿爾芳西娜並不孤獨，瑪麗亞也未遭人遺忘。時至今日，如雲的遊客們依舊興致勃勃，駐足她的墓前，搔首弄姿，拍照留影。

小仲馬的名著《茶花女》寫於 1848 年，即茶花女去世後的翌年。最先將這作品搬上劇場的，也是小仲馬。小仲馬如此大動干戈，事出有因：他也曾是茶花女的情人。在他那封眾所周知的辭別信裡，小仲馬坦白道：「我親愛的瑪麗亞，我既無鉅資助我如願以償地愛您，卻又非窮到可讓您由著性子愛我。讓我們彼此相忘吧！對於您，我這個名字無足輕重，而之於我，您的青睞是不可企及的幸運。無需贅言相告，我是多麼悲傷，您知道我多麼愛您。就此別了！」

威爾第與歌劇《茶花女》

小仲馬自然是沒有忘記茶花女的，不僅如此，其作品還感動了威爾第。文學作品《茶花女》問世的 4 年後，即 1852 年，威爾第寫出了歌劇《茶花女》，並由皮亞夫（Francesco Maria Piave）作詞，1853 年首演於威尼斯的鳳凰劇場（Teatro La Fenice）。威爾第的《茶花女》、《弄臣》及《遊吟詩人》一起，在義大利被稱為「受人歡迎的三悲劇」。其中，以《茶花女》最為膾炙人口。從音樂創作風格上看，這部歌劇以華爾滋般悠揚的音符，讓人更多地感受到小型室內樂團的私密氛圍。威爾第本是旋律高手，他的音樂常含沙龍式、詠歎調式和鋼琴伴奏的浪漫式等元素，充滿藝術精神的魅力，頗得聽眾的歡心。

作為思想開明的歌劇家，威爾第對歌劇腳本的要求可謂領引新

潮。他在給一位友人的信中曾言：「我無需向您隱瞞一個事實，即我很不愛讀人們給我寄來的那些歌劇劇本，可又不知如何要求他們按我的意願行事。我想要的，是嶄新的、美好的、跌宕起伏充滿懸念的，甚至『膽大妄為』的劇本！」

威爾第渴望棄舊迎新，以時代風貌為主題，不受傳統「以及千萬種愚蠢的羈絆」和束縛，表達人性真相的歌劇腳本。這樣的腳本才能激勵他譜就華美樂章，實現他的綜合藝術舞臺夢。當他在 19 世紀的文藝之都巴黎接觸到小仲馬的《茶花女》時，眼前一亮，心頭一驚：這不就是他的所思所想嘛?!真是踏破鐵鞋無覓處，得來卻全不費功夫！

威爾第在巴黎看到的，是《茶花女》的話劇演出。此劇演出之後，巴黎輿論界沸沸揚揚，震驚不已，認為《茶花女》「有傷風化」。而威爾第卻心潮澎湃，不能自已。他對一位歌劇腳本家大發感慨，說這出話劇《茶花女》真是「既純樸無華，又魅力無窮」，並當機立斷，與皮亞夫合作，將滿腔熱忱傾注進歌劇《茶花女》的音樂創作中。1853 年，他的歌劇《茶花女》得到威尼斯「鳳凰劇院」的首肯，決定排入演出檔期。但首演時，劇院方面未採用原名，而是將之改為《愛與死》。

威爾第的《茶花女》上演後，觀眾的回饋令人啼笑皆非。一方面，義大利的歌劇觀眾們恰如法國的話劇觀眾們那樣，對風塵女子茶花女的命運冷嘲熱諷，少有同情；另一方面，卻又對威爾第旋律優美的音樂如癡如醉，愛不釋手。威爾第的樂評家之一阿勃拉姆·巴塞維（Abramo Basevi）也擺出一副義憤填膺的模樣，大罵法國作家肆意宣傳脫離傳統的「自由戀愛」。針對《茶花女》的首演結果，保守的巴塞維在第一時間寫出了如下觀察：「這部歌劇的主題讓我反思起當今文學作品中的道德匱缺。在這個世紀，這個工業和科技迅猛發展的時代，社會上難免出現一些道德敗壞的教唆分子，他們的所作所為，

旨在腐朽心靈，異化良心。」這似乎是對《茶花女》極大的否定，但巴塞維筆鋒一轉，又急著為威爾第開脫：「面對這麼一部令人尷尬、毫無道德的作品，威爾第只能努力用樂譜來掩飾它，讓充滿魅力、令人讚賞的音樂來說話。」

這位評論家看來並非威爾第的私人朋友，對威爾第的瞭解限於其音樂而已。而一位名叫卡爾瓦諾（Carvagno）的醫生觀眾，卻在演出後饒有興趣地刨根問底，與威爾第對話，問這名噪一時的歌劇家既然用音樂正面描述風塵女子形象，是否可以說出他「同情女人」背後的故事。威爾第很坦然，開門見山地說了段親歷，那是隨一個江湖醫師去接生孩子的故事。威爾第父母家開了家店鋪，那位醫師時常來買些日用藥品，一來二往地與少年威爾第成了朋友。有一日，醫師帶威爾第去接生，讓他在等候室內呆著，自己去了內室。之後不久，威爾第便開始聽到讓他終生難忘的、痛不欲生的嚎叫聲。那是孕婦生產時的叫喊，他覺得自己的心臟快要因之而停止跳動了。不知過了多久，那個接產師出來了，到門外的水池邊洗洗沾滿了鮮血的手，漫不經心地對威爾第說：「瞧，小孩子就是這樣出生的，可憐的女人！」

這次經歷改變了威爾第對於女人的認知。他創作的歌劇裡，女性角色雖尚未跳出時代的羈絆，卻明顯有著耐人尋味、令人同情的命運。

名揚四海的《茶花女》也是維也納國家歌劇院最受歡迎的劇碼之一。事實上，《茶花女》自 1853 年的威尼斯首演後，不出兩年，便在 1855 年首演於維也納的皇家宮廷劇院了。值得留心的是，當年《茶花女》的維也納首演，不僅在歌劇主題上羈絆重重，甚至連威爾第的音樂，也被連篇累牘地批評。習慣於德奧派古典音樂的維也納人認為，義大利歌劇作曲家威爾第的音樂乏味冗長，骨架薄弱，而且是盤大雜燴，一會兒吉普賽人合唱，一會兒西班牙鬥牛士曲兒，一會兒又高唱祝酒歌，毫無新意。當時的《新維也納音樂報》如是說：「歌

劇《茶花女》的音樂從頭到尾空洞無味，輕薄平庸，到處引用他（威爾第）自己以往歌劇裡那些刺耳的陳詞濫調。」

　　時過境遷。維也納國家歌劇院的《茶花女》首演年份是 1876 年，而迄今已上演了 750 場。21 世紀的觀眾看此劇，早不去深究茶花女的社會身分，只為她那如花似玉的美貌，淒婉憐人的愛情所動。義大利人威爾第則吉星高照，在維也納國家歌劇院也大放異彩。回想《茶花女》上演以來的一個半世紀，女性與男性有過多少較量，而《茶花女》的故事和旋律，還餘音繞樑。反觀思之，難免依舊令人惆悵。

高關中 德國

在波蘭，尋訪蕭邦的足跡

　　波蘭以四大享譽世界的文化名人而自豪：即天文學家哥白尼，物理學家居里夫人，詩人密茨凱維奇和音樂家蕭邦。蕭邦（Fryderyk Franciszek Chopin）不僅是偉大的鋼琴音樂家，還以愛國情懷為世人所敬仰，這次來到華沙參加歐華作協年會，凡是與蕭邦有關的景點名勝，我們都去尋訪、去瞻仰，對他那短促而火熱的一生，有了進一步的瞭解。

蕭邦銅像所在──瓦津基公園

　　市區南部的瓦津基公園（Łazienki Park）是歐洲最美最迷人的公園之一，是華沙市民引以為榮的好地方。這裡豎立著蕭邦坐在隨風起舞的柳枝樹蔭下沉思的雕像，因此也常常被稱為蕭邦公園。

　　這個公園是波蘭最後一位國王斯坦尼斯瓦夫二世下令修建的宮殿園林。從 1766 年開始動工，共化費了 30 多年時間才完成。他在位期間，波蘭被俄國、奧地利、普魯士三國三次瓜分。波蘭亡國，從地圖上消失了，直到第一次世界大戰後才復國。這片宮殿園林的命運也十分波折，國王死後被賣給俄國，19 世紀末期才向公眾開放。1918 年波蘭獨立後成為國家所有，二戰時被德國法西斯佔領，宮殿的美術品大部分運往德國，大戰末期 1944 年時，公園內部被全部毀壞，戰後重新修復開放。

　　公園占地廣達 73 公頃（試比較，北京北海公園為 68 公頃）。園內森林溪流、繁花鳥禽、皆美不勝收。宮殿、樓閣、池沼、草地錯

落其間，桔園和玫瑰園更增添幾分色彩。整個公園富有羅曼蒂克情調，為歐洲同類公園中獨特的典範。

公園內有一組優美的建築群，為 18 世紀波蘭建築的代表作。最負盛名的水上宮殿（Water Palace）瓦津基宮位於公園的中央，纖巧秀麗，美輪美奐。它是國王夏季時的行宮。它美麗的身影倒映在水面上，令人傾倒不已。

水上宮殿以東不遠，綠樹環繞之中坐落著一棟馬蹄形白色宮殿，叫梅希萊維茨基宮（Myślewicki palace），建於 1775-1778 年，具有洛可哥式和古典式特徵。這裡原是國王侄子某候爵的宮邸，現為波蘭國賓館。中美關係史上的一段插曲就是在這裡上演的。從 1958 年到 1972 年尼克森訪華前，兩國曾舉行過 100 多次大使級會談，會址就在這裡，中方代表即前後兩任駐波蘭大使王炳南和王國權。

公園一角的貝爾維德雷宮（Belvedere Palace）建於 19 世紀初期，曾為沙俄駐波蘭總督的官邸。波蘭獨立後，這裡長期作為總統府。宮內有一個關於波蘭開國元首畢蘇斯基元帥（1867-1935）生平的展覽。

這個公園最有名的卻是偉大的音樂家蕭邦的銅像（Chopin Monument），雕於 1909 年，作為對蕭邦誕辰 100 年的紀念。雕像詩意般地立在巨大的噴泉旁邊，蕭邦側身坐在一棵大樹下，扭頭向著東方，風吹彎了樹枝，也吹開了他的衣衫和頭髮。從神情上看，蕭邦舉著似乎剛剛離開鋼琴的右手，正在側耳傾聽那遠去的音符，又似乎正滿懷著眷戀之情，注視著自己的祖國……人們紛紛在此巨像下拍照留念。

波蘭人民對蕭邦充滿無比崇敬的心情。鋼琴家們很喜歡在蕭邦紀念像旁邊的露天音樂台演奏，每年夏天都在這裡舉行蕭邦樂曲鋼琴演奏會。

蕭邦故鄉──熱拉佐瓦沃拉

音樂大師蕭邦在華沙度過了美好的童年。他的誕生地就在華沙西郊 50 公里的熱拉佐瓦沃拉（Ż elazowa Wola）。這個村莊名字很有意思，譯成中文是：鋼鐵意志村。

蕭邦故居周圍，已開闢為公園，栽種了上萬株由波蘭各地乃至國外贈送來的花木。園中白楊村立，鮮花怒放，芳香撲鼻，沁心悅目。蕭邦銅像就豎立在其間。他低頭沉思，長髮披到額前，雙目深邃睿智，似乎正在構思樂曲，體現了著名鋼琴家的風采。

蕭邦故居在一座 19 世紀的古老莊園裡。一條長長的林蔭道，通往他的住宅──一幢白牆青瓦、窗戶明淨的尖頂房屋。蕭邦的父親尼古拉・蕭邦是位波蘭籍法國人，16 歲來到波蘭，參加過波蘭民族起義。起義失敗後，他流落到熱拉佐瓦沃拉，在斯卡爾貝克伯爵家中做法語家庭教師，1806 年與主人的窮親戚、一個沒落波蘭貴族的女兒結婚，寄居在主人的一座簡樸房屋裡。一個東西穿堂，把房舍一分為二，一邊三間，陳設都非常簡單。在蕭邦父親的臥室裡，幾乎沒有什麼遺物，只有牆上一些反映他生活和戰鬥年代的歷史圖片。母親的房間比較大。室內的一面牆上掛著一塊牌子，上面工整地寫著：「1810年弗雷德里克・蕭邦在此誕生。」他的生日有兩說，3 月 1 日或 2 月22 日。房間裡還掛著全家的畫像，除父母外，蕭邦還有姐姐和兩個妹妹。那架 19 世紀的「長頸鹿」豎式鋼琴，說明這是一個清貧而又富有藝術氣氛的家庭。蕭邦的母親很有音樂素養，彈得一手好琴，也擅長歌唱。他的父親喜愛文藝，並且寫過詩。姐姐路德維卡不但聰穎，而且音樂天賦極高，是蕭邦的啟蒙老師。再加上他自己勤奮刻苦地學習，7 歲時蕭邦就譜寫了一首舞曲，8 歲登臺演出，引起如潮好評，11 歲被譽為神童，「我們波蘭的莫扎特」。不滿 20 歲已成為華沙公認的鋼琴家和作曲家。

蕭邦出生後不久，全家即搬到華沙市內，但經常回到熱拉佐瓦沃拉度假消夏。蕭邦從小喜愛波蘭民間音樂。農村民間音樂的旋律給了他很深的印象和薰陶，使他的音樂具有了強烈的民族色彩和愛國主義的特點。1830 年 8 月，蕭邦最後一次來到這裡，向誕生他的故土告別，幾個月後他離開華沙出國。朋友們送給他一隻盛滿祖國泥土的銀盃，他含淚接過帶在身邊。蕭邦出國不久，波蘭爆發了民族獨立運動，但很快被沙皇鎮壓下去，仍未擺脫受沙俄統治的命運。從此蕭邦開始了漫長的流亡生涯。時年 20 歲。

　　紀念館右側的音樂室裡，陳列著莊園裡的一些古式家具，窗前擺放著一架旅美波蘭僑民贈獻的大鋼琴，牆上掛著一幅蕭邦的畫像。從那憂鬱的眼神裡，你不難想像蕭邦流落異鄉的複雜心情。擴音器裡不斷播送著蕭邦的樂曲。他以低沉的音樂抒發了獨立戰士出征前纏綿的離別心緒，再現了華沙街頭抵抗沙皇軍隊的悲壯場面。

　　蕭邦長期在巴黎定居，從事鋼琴演奏、教學和創作。為了使波蘭的音樂自立於世界民族之林，蕭邦創作出許多具有愛國思想的鋼琴曲，以此抒發自己的思鄉情，亡國恨。他在國外經常為同胞募捐演出，為貴族演出卻很勉強。1837 年嚴詞拒絕沙俄授予他「俄國皇帝陛下首席鋼琴家」的職位。著名音樂家舒曼稱他的音樂像是「藏在花叢中的一尊大炮」，向全世界宣告：「波蘭不會亡。」

　　從藝術上看，蕭邦的創作以鋼琴作品為主，有著卓越的想像力及精湛的技巧。對其後的西洋音樂，特別是鋼琴創作，有著深遠的影響。因此被譽為「鋼琴詩人」。

　　在法國，蕭邦除了與流亡巴黎的波蘭僑民密切交往之外，還融入了社會名流社交圈，接識了西歐文藝界許多重要人物，包括波蘭流亡詩人密茨凱維奇，德國詩人海涅，匈牙利音樂家李斯特等人。這些交往對蕭邦精神生活的影響是不可低估的。特別是同法國女作家喬治‧桑的關係，對蕭邦的思想、生活產生了深刻的影響。這段戀情後

來被波蘭人傳為佳話，他們從 1838 年同居到 1846 年關係破裂，前後共生活了 8 年。1849 年 10 月 17 日，蕭邦因肺結核逝於巴黎，葬在拉雪茲神甫墓地。

蕭邦的心臟，蕭邦博物館和蕭邦音樂大學

蕭邦葬在法國。按照他的遺願，人們把那一杯伴隨他漂流了一生的祖國泥土，灑在他的墓穴裡。臨終前，蕭邦堅持把自己的心臟送回祖國。現在這顆赤子之心仍保存在華沙的聖十字教堂（Holy Cross Church）裡，嵌入在一大方形支柱中。

波蘭人民崇敬這位偉大的愛國音樂家，在華沙市內設有蕭邦協會和蕭邦博物館（Chopin Museum），距聖十字教堂不遠，博物館舍原是一座四層宮殿，內有蕭邦最後使用過的鋼琴，曲譜，蕭邦致家人、親朋和出版社的 64 封書信，樂曲手稿，蕭邦的金表，名片，記事日曆等相關資料以及照片等。

在蕭邦博物館側面高處，開闢了一個公園。在這裡的長椅上，可以休憩，長椅上有個按鈕。按一下，就響起悠揚的蕭邦音樂，令人陶醉其中。

蕭邦只活了 39 歲。這位藝術家的生命雖然短暫，但他的藝術卻是長久的。在蕭邦博物館的旁邊，建有蕭邦音樂大學，吸引著來自全世界的學子。

為了紀念蕭邦對世界樂壇的偉大貢獻，自 1927 年起，華波每 5 年舉辦一次蕭邦國際鋼琴比賽。這是世界上最嚴格，級別最高，最轟動樂壇的鋼琴大賽之一，中國鋼琴家傅聰、李明強等人曾獲獎。特別是李雲迪，2002 年在蕭邦國際鋼琴比賽勇奪金獎，那年剛 18 歲，成為歷屆蕭邦國際鋼琴比賽最年輕的獲獎者。

白嗣宏 俄羅斯

音樂聖園：
柴可夫斯基的克林故居

　　莫斯科西北郊區有一座歷史名城——克林（英語 Klin），14 世紀的史籍中就有記載。那時俄國與許多歐洲國家一樣，有很多城邦。克林就是一座建有自己克里姆林城堡的城市。俄語中，克里姆林是城堡或者要塞的意思。

　　柴可夫斯基（Pyotr Ilyich Tchaikovsky, 1840-1893）每當外出的時候，就在痛苦地思考，回到哪裡去？他要有一個家。1885 年 1 月 5 日，他在給梅克夫人的信裡寫道：「目前我的全部願望就是在離莫斯科不遠的鄉下長期住下來。我不能再過搬來搬去的生活，我想無論如何要在一個地方，自己的家，住下來。」他很喜歡克林離莫斯科不遠，交通方便，有直達莫斯科和聖彼得堡的火車。除交通方便外，還有聯絡方便：電報局、郵局都有。對於經常在俄國各地和世界各國演出的他，是十分重要的。最終，年屆 45 歲的他，選中了這個小城市。這裡有茂盛的森林，有清新的空氣，有彎彎曲曲的河流，有純樸的俄國民風。這些都是他創作靈感的源泉。這裡遠離紅塵，遠離大城市的喧囂。這時他的創作進入一個更深沉的境界。他需要靜謐。為此，他先後在克林多處租賃住房。無論是在俄國國內各地，還是到歐洲和美國去演出，他都要回到這裡來。最後他選擇了一幢二層的小樓，當作自己的歸宿。「我簡直無法描繪，對我來說，俄羅斯的農村，俄羅斯的風光，還有這我極需的靜謐，是多麼的迷人。」他在克林居住了八個半年頭，八個創作如泉湧的年頭。《胡桃夾子》、《睡

美人》、《曼弗雷德》、《第五交響曲》、《第六交響曲》、《約蘭塔》等等，這些不朽的作品就是這個時期在克林創作的。

柴可夫斯基給梅克夫人的信裡寫道：「這幢屋子遠離其他房子，房東還會把大部分花園劃歸我。我可以隨意支配。夏天房東會重新裝修這幢屋子。」1885 年 9 月 15 日，柴可夫斯基搬進這座位於麥旦諾沃的新屋。他給梅克夫人寫信說，「我著急修訂第五交響曲的校對稿。累得很，我簡直像苦力一樣工作。」

紀念園裡有一座相當漂亮的音樂堂，一座清亮的古典主義建築，設有音樂廳和展廳。這裡定期舉行柴可夫斯基作品的演奏會和與柴可夫基有關的展覽會。這裡還有一處小小的展廳，裡面有常設的普希金展廳，因為柴可夫的創作有許多同普希金的著作有關，如大家熟知的歌劇《葉甫根尼‧奧涅金》和《黑桃皇后》。音樂堂是 1958 年新建造的。也就是這一年，蘇聯舉辦了第一屆柴可夫斯基國際音樂賽。當年得到鋼琴比賽第一名的，是美國的青年鋼琴家萬‧克萊本。克萊本多次回憶起他得獎後到這裡彈奏柴可夫斯基作品的故事。後來形成了一個傳統：每一屆的優勝者，都要在柴可夫斯基故居大廳裡的貝克鋼琴上演奏柴氏的作品，以示對他的緬懷。通常演奏第一鋼琴協奏曲片斷。

這幢建築之後就是柴可夫斯基最喜愛的大花園。走進種滿各種花草、栽種各種樹木的大園子裡，迎面就是坐在長椅上手持樂譜的柴可夫斯基青銅雕像。他坐在那裡沉思，彷彿在構建一篇新作。在他的心胸裡，已經是萬濤澎湃。這些音符就寫在他手持的樂譜上。

雕像的右後側是一幢灰白相間的兩層木結構樓房。最大的一間是大客廳，面積相當大，是目前現存俄國文藝家故居最大的客廳，超過 60 平米。客廳裡特別顯眼的是他的貝克（BECKER）鋼琴。不僅他自己在創作過程中用這架鋼琴上彈奏新作，許多同時代人常到他家裡做客，共同欣賞各地鋼琴家們的即興演出。大客廳還兼作寫字間。

角落裡窗前一張小寫字臺，是他修改作品校樣的地方。兩座考究的書櫥裡擺放著許多古典文學名著。他常在閱讀普希金的詩歌時，就在詩句邊上寫下曲調的草案。無論是長詩《葉甫根尼·奧涅金》，還是《波爾塔瓦》，都有他留下的標注。書房裡的綠色檯面寫字臺上，放著他使用過的墨水瓶台和鋼筆鉛筆，彷彿他就坐在桌旁寫作。

這裡有柴可夫斯巨大的臥室。相當寬敞。臥室窗前的小書桌上，陳放著第六交響曲的手稿。他就是在坐在這張小桌前，寫下了這部交響曲。他說：「我認為這是我的作品中最好的，特別是最真誠的作品。我喜歡它，從來沒有這樣喜愛過我的其他音樂精品。」柴可夫斯基在這幢樓裡居住了一年多的時間，從 1892 年 5 月到 1893 年 10 月。

園林的面積很大，古樹參天，林蔭道兩旁的樹木挺拔，秋風吹來，一陣陣令人心曠神怡。第三鋼琴伴奏曲，一些浪漫曲，就是在這裡醉人的莊園裡他寫下了像《在這月夜裡》這樣的浪漫曲。現在這裡有不少樹木是各屆柴可夫斯基音樂賽獲獎者種下的。這是音樂賽的另一項傳統。

1893 年 10 月 16 日，柴可夫斯基在聖彼得堡貴族俱樂部大廳指揮演奏不久前剛寫完的第六交響曲。低沉悲愴的樂曲，竟成了他給自己寫下的安魂曲。九天之後，即 10 月 25 日，他因病辭世。

柴可夫斯基去世後，他的弟弟、著名的劇作家、翻譯家、他許多作品的臺本作者莫傑斯特，創辦了這座紀念偉大作曲家的博物館，搜集了大量手稿和紀念品。博物館裡展出幾支指揮棒，其中一支放在紅色絲絨枕頭上，是他使用過的指揮棒。正是跟隨這支指揮棒流出許多美妙的樂曲。傳說這支指揮棒原來是孟德爾頌的，後來由一位著名作曲家根澤爾特送給柴可夫斯基。

柴可夫斯基的故居，並沒有人去樓空的感覺。這裡存放著他寫下的樂譜，他的手稿，他彈奏過的鋼琴，他讀過的書，他用過的家具，他睡過的雕花銅床，他身邊的雜物，一切都使拜訪者沉浸在柴可

克林故居

夫斯基的音樂之中，而他的音樂隨時伴隨著我們。他栩栩如生，因為他的音樂。

花園的綠茵裡流出一股旋律，那是柴可夫斯基《第一交響曲》（《冬幻曲》）。樂聲把我帶回到當年翻譯蘇聯作家雷特海烏的一篇小說《風帆》的往事。小說寫的是從來沒有聽說什麼是交響樂的楚克奇人（俄國的愛斯基摩人），忽然有機會聽到從列寧格勒不遠萬裡而來的樂隊演奏交響樂。上海譯文出版社找到我，請我譯出這一短篇小說。我讀完原文後大為震驚。一個只有一萬多人的民族，竟然懷有如此深厚的文化底蘊和豐沛的感情，如此細膩的審美力。小說中的「我」到列寧格勒愛樂樂團大廳去聽柴可夫斯基的《第一交響曲》。大廳的白色圓柱使他想起故鄉灌滿海風的風帆，想起那二十五年前第一次聽到這首交響曲的激動。而今，「音樂的風帆把我的心靈和思緒帶向那遙遠的地方」。現在回想起，五十多年前，我在列寧格勒大學求學時，時常去這家音樂廳聽音樂。第一交響曲優美而深沉的旋律，現在又在耳際飄蕩。人生走過八十個年頭，追求人生美的勁頭，不肯離去……

格里格的挪威海

　　我保存有一張從格里格（Edvard Hagerup Grieg）故居博物館買的明信片，上面是格里格和夫人尼娜在鋼琴邊婦唱夫彈的情景。格里格的花白頭髮像貝多芬那樣向四周綻放著，眼神寧靜而專注，鬍鬚齊齊地堆蓄在嘴唇上，悄無聲息地透露出格里格的思索和內斂。他看上去神態親切，儒雅卻也樸素，和普通挪威人幾無二致，甚至不像典型的挪威人那樣高大健碩。格里格身材瘦小，然而在挪威音樂文化歷史中，他絕對是個不折不扣的巨人。

　　多年之前，第一次來挪威時，我先生在我到來之前就制定和安排好了一趟去挪威北部的旅行。我看到行程中會途經貝根（Bergen，又譯卑爾根），就馬上向他提出我的心願，拜訪格里格故居。他研究了下時間表，有些為難地表示，我們只是從奧斯陸坐火車到貝根轉郵輪，時間上很緊張，只能到時候碰碰運氣看。

　　翻開地圖可以看到，挪威地處斯堪的納維亞半島西側，面積不大，卻因為擁有天上繁星般密布的峽灣，使得海岸線無比曲折悠長，從而造就了鬼斧神工般絢麗多姿的峽灣風光。同時也將豐富的漁業資源賜福於靠山吃山靠海吃海的挪威人。即使在 20 世紀 60 年代末奇蹟般地發現了北海石油之後，漁業仍是這個北歐小國的一個支柱產業。

　　也正因為這些大海裡的魚群，位於挪威西海岸的貝根從 12 世紀起就成為重要的貿易港口城市，到 1850 年之前（格里格出生於 1843年）一直是挪威最大城市和首都，之後才被奧斯陸（Oslo，當時叫克利斯蒂安尼亞）所取代。

格里格的曾祖父就是一位自蘇格蘭來到貝根的商人，祖父曾任英國駐貝根大使，幾代人都與當地挪威婦女聯姻。格里格的母親是貝根當地著名的鋼琴家和作家，每週都會在家中舉行家庭音樂會，有很高的音樂文化修養。格里格 6 歲起跟隨自己的母親學習鋼琴，9 歲作曲，很早就展露出非凡的音樂才華。格里格 15 歲時遇到他的第一個伯樂，挪威著名小提琴家奧勒‧布林（O. Bull）。小提琴家盛讚少年格里格的音樂才華，格里格的父母聽從他的建議將格里格送往德國萊比錫音樂學院學習。

　　年輕的格里格在那裡學習了四年，然後回到哥本哈根和克利斯蒂安尼亞生活。在那裡遇到了後來挪威國歌作者諾德拉克（R. Nordråk），受其影響決心開拓挪威民族音樂道路。格里格生活的年代正是挪威工業發展，民族意識覺醒的歷史時期。之前的挪威因為弱小，被強大的鄰國丹麥和瑞典強迫聯盟，度過了如漫漫長夜般黑暗的「四百年之夜」。此時在文化藝術上民族意識覺醒，體現為藝術家們努力收集整理出版民間故事神話，詩歌，歌曲等。格里格深入山區民間，記錄牧人的吹管樂，西部峽灣八根弦的小提琴演奏的樂曲等。他堅定了自己是個挪威人的音樂信念，從 19 世紀 60 年代開始展現出日益增強的民族創作風格。著名的作品編號 16《a 小調鋼琴協奏曲》就是在那時寫就的，作曲家當時年僅 24 歲。

　　在當時，挪威只是一個居於北歐一隅貧窮落後的小國家，格里格的民族音樂道路走得並非一帆風順。有的德國人笑話他鑽進了峽灣裡，「而且永遠都出不來了」。格里格並沒有動搖，他說「藝術家，如巴赫和貝多芬都在高處建立了殿堂，而我則想像易卜生的最後一齣戲劇中所表現的那樣，為人們選幾所住房。在這裡他們會感到自己的舒適和幸福。」他的身邊也有不少同道中人相互鼓勵理解，如作家比昂森（B. Bjørnson），斯文生（J. S. Svendsen）。此外，大鋼琴家李斯特的讚揚與肯定更無異是給格里格的音樂創作一個大大的擁抱。

1868 年，李斯特寫信給格里格，對他的第一小提琴奏鳴曲大加讚揚，格里格於 1870 年專赴羅馬與李斯特會面，李斯特同樣試奏和讚揚了他的鋼琴協奏曲。大師的鼓勵和支持，堅定了格里格的民族音樂創作決心，並在 1874 年迎來了為易卜生戲劇《培爾・金特》配樂的輝煌成功，一時間作曲家本人在國內外名聲大震。甚至於有種說法，雖說戲劇創作在先，配樂在後，卻是格里格的音樂成就了易卜生戲劇《培爾・金特》的曠世盛名。

1885 年以後，格里格回到故鄉貝根，在郊外建造了一棟別墅，從此便和妻子家人一直生活在這裡。我多年前的這第一次挪威旅行，心心念念想去拜訪的便是格里格自 1885 後直到 1907 年去世所居住的郊外別墅特羅爾德豪根（Troldhaugen）。以我自己後來在挪威的多年生活經驗，我知道，那是典型的挪威人喜歡的生活狀態：居於鄉野，隱於塵世，天然舒適，安寧平和。

從奧斯陸出行去貝根，有「海陸空」三種方式，那次我們選擇了朝發夕至的臥鋪列車，在日間飽覽山間美景。挪威的夏天白天很長，在北挪威甚至還有白夜，一天 24 小時都是白天沒有黑夜，所以有午夜太陽的奇特景觀。我們是傍晚時分到達貝根的，天色尚早，其實時間已經很晚了。轉郵輪是當天夜裡，沒有其他時間可以利用，因此儘管知道格里格故居博物館有可能已經關門了，我們還是不管不顧地乘車前往了。那時還不像現在這樣可以在手機上方便地利用互聯網查詢關門時間。

下車後，又步行了一段路。先是穿過一片開闊地，然後是一段林蔭道。路掩在一片小小森林中，那些樹高大挺拔，是典型的挪威森林的樣子。我後來讀到巴烏斯托夫斯基小說《一籃樅果》，總是把小說中格里格與小姑娘達格妮相遇的森林，就想像在這片森林中。小說寫了一個溫馨動人的故事。守林人的女兒達格妮在樹林裡撿拾樅果時遇到了作曲家格里格。她告訴格里格那天是她的八歲生日，格里格沒

有禮物可以送她，但承諾小姑娘會「製作」一個禮物在她十八歲時送給她。十年之後，達格妮真的在生日這天聽到了作曲家為她所寫的樂曲，一份承諾十年的生日禮物。很多人讀了這個故事試圖在格里格的作品中找出究竟哪一首是送給達格妮的禮物，最終沒有收穫，多數人認為最接近的可能就是《索爾維格之歌》。

按圖索驥終於來到特羅爾德豪根別墅，希望它依然開門的僥倖沒有實現，博物館還是關門了。正當我心有不甘地趴在玻璃上向裡面看時，聽到有腳步聲，抬頭一看，走過來一個挪威男子，上前詢問我們是某某旅行團的嗎，原來他是在等人。得到否定的回答後，他臉上浮現出略略失望的表情，顯然他已恭候多時了。但這失望沒持續幾分鐘，靜謐而空無一人的林蔭道上忽然駛來一輛白色的旅遊大巴車。片刻工夫，下來一個旅行團的遊人。原來，這個旅行團預定了這個參觀時間，故居博物館專門為他們重新打開了大門。一個中年男子引導大家魚貫而入之後，走到我們面前問好握手，自我介紹說是這個團的導遊。不用多說他就已經明白我們是兩個沒有趕上開放時間的遊客。這個金髮男人爽快地說：「歡迎你們！算我請客，直接進去參觀吧！待會還贈送一場音樂會！」這個戲劇性的奇遇讓我又驚又喜，慶幸自己真的好幸運。

這棟別墅是挪威典型的木質結構房子。建造在森林深處，面向大海的寧靜一隅。它的外立面木板被漆上淡淡的鵝黃色，門窗則變化為深綠色，從色彩感官上讓人很有春天的聯想。屋內的陳設完全忠實於格里格生前居住時的樣子，連三角鋼琴上格里格母親和妻子的照片擺放的位置都絲毫不差。這兩位都是格里格摯愛一生的女性。母親是他的音樂啟蒙老師，領著年幼的他走進音樂學習的大門。妻子尼娜是一位優秀的歌唱家，具有很高的音樂素養，也是格里格的表姐。兩人自 1867 年喜結連理之後一直相濡以沫，情投意合，常常夫彈婦唱，其樂融融。格里格創作過不少精緻雋永的聲樂曲，尼娜美妙的歌聲應

該也是其創作靈感之一吧。

除了這棟「很春天」的大房子，在更加靠近海的地方還有一個類似挪威尋常人家儲藏花園工具（bud）的小紅房子，只有幾個平米大。這個不起眼的小房子卻是格里格最為鍾愛的「創作室」。房子有一扇窗戶整個面朝大海。就在臨窗的地方，放了一張書桌，坐在桌邊，海水，遠山，山上的森林，藍天白雲，全都盡收眼底，悄然成畫。這是一幅再典型不過的挪威自然景致，瑰麗秀美，又靜謐內斂。

我試圖去想像一百多年前作曲家坐在這裡，面對此情此景的心情。經歷了在外面世界的探索，作曲家回到了他生於斯長於斯的故鄉土地。眼前這片挪威海的海水一直天然地流淌在他的血脈裡。他不想成為巴哈，貝多芬，他用他的音樂告訴世人他就是一個這方水土養育的挪威人，他的音樂裡有山妖（troll）的舞蹈，有蜿蜒的峽灣，有午夜的陽光，有險峻的挪威山和包容一切的挪威海。他用鮮明的挪威民族音樂特徵創作把挪威標在了世界音樂版圖上。

那位慷慨的旅行團導遊說得沒錯，參觀結束後，在諾大的故居音樂廳裡，一位當地的鋼琴家為遠道而來的遊客，格里格的仰慕者們，奉獻了一場格里格鋼琴作品音樂會。三角鋼琴擺放的舞臺後面全是巨大的落地窗，窗外咫尺之遙就是格里格的那片挪威海。坐在觀眾席上由上而下看過去，鋼琴家儼然毫無隔閡地身處大自然之中，被挪威海的海水包圍了。那些從格里格筆下流淌出來的音符，此刻隨著鋼琴黑白琴鍵的起伏，又流淌進這片給予格里格生命，靈感，熱愛的海水，水乳交融，不可分離。

莫索爾 西班牙

一曲成名的西班牙作曲家羅德里哥

　　開車沿馬德里通往南部安塔路西亞第四號國家公路至 48 公里處，旅客抵達一個風景迷人，有流水、有公園、有王宮、有麋鹿的小城阿蘭輝茲（Aranjuez），禁不住會停下來。當你走在林園深處，踏著輕快的腳步，聽著遠處流水的清唱，聞名於世的《阿蘭輝茲協奏曲》的調子會不覺間湧了出來。那和緩的，極具西班牙情調的吉他音樂漂浮在空氣中。於是，你忘記了馬德里大都市的煩亂躁急，悠閒地享受大自然的恩賜，和那令人神往的音樂，於是，你想起了羅德里哥。

　　1938、39 年冬，正是耶誕佳節歡樂的時候，但是西班牙盲人音樂家羅德里哥卻侷促在巴黎一間老舊公寓裡，西班牙的內戰，使得他原有的獎學金取消了，他與他的土耳其太太生活陷於難以為繼的境地。他的太太卡米產期已近，而他正在寫一首吉他曲子，那是他的朋友特別請求他作的。他想起了他與卡米度蜜月時在阿蘭輝茲林園裡漫步的情景。那些噴泉、古木、飛鳥……於是一首極為優美的古典吉他名曲誕生了，這就是舉世聞名的《阿蘭輝茲協奏曲》（Concierto de Aranjuez）。

　　1940 年 11 月 9 日，巴賽隆納愛樂交響樂團首次演出該曲，吉他獨奏者就是請他作曲的朋友。緊接著在馬德里再演出，轟動一時，從此這首不朽的協奏曲成了最為人熟知的西班牙音樂。這首曲子是 20 世紀西班牙作品中版權收入最高的，遲至 1998 年，它仍然是各國要求灌制最多的西班牙樂曲之一。根據不少專家的說法，羅德里哥和貝

多芬是音樂史上版權最多的作曲家。貝多芬的曠世作品極多，僅交響樂就有九首，但羅德里哥卻以一曲傳世。

羅德里哥（Joaquín Rodrigo）於 1901 年生於西班牙東部瓦倫西亞省的沙洪多城（Sagunt）。他三歲時，當地發生白喉流行病，許多小孩死去，羅德里哥也感染得病，結果使他目盲。開始時還感覺得到一點光線與陰影，但是四歲時雙目全盲。但這並沒有使他一生從事音樂創作有所阻礙。七歲時他進入瓦倫西亞盲人學校，除一般課程外，更學鋼琴。他家一個長工專門陪伴他，為他讀譜、抄譜，後來到巴黎留學深造時，也把這個助手帶去。在巴黎，他認識了也在那裡學鋼琴的土耳其女子卡米（Victoria Kamhi），兩人相愛而於 1931 年結婚，自此卡米成了他的另一個「我」。他的音樂靈感，常常經由卡米而成為曲子。兩人恩愛逾恒，共同生活了六十多年，可說白首偕老。

當然羅德里哥不是僅僅只寫了一首《阿蘭輝茲協奏曲》，事實上，他在長達近七十年的作曲生涯中，作品極多，而且涉及各種類型，有歌曲、有鋼琴、提琴協奏曲、有奏鳴曲、有宗教讚美曲。他是提升吉他音樂到更高地位的大師。西班牙是古典吉他名家輩出的國家，他的《阿蘭輝茲協奏曲》就是應吉他演奏家桑斯之請而作。當代西班牙古典吉他演奏家塞哥維亞亦曾多次要羅德里哥為他寫一首曲子，但是羅德里哥擔心再寫不出《阿蘭輝茲協奏曲》那樣的作品而遲延下來，最後終於寫成《一個侍臣的幻想曲》。該曲於 1958 年在美國加州首演，三藩市交響樂隊伴奏，吉他獨奏者就是塞哥維亞本人。羅德里哥在一篇論吉他的短文中曾說：「這種樂器已經成為最流行的樂器，我們甚至可以說，它在任何場合都居於顯要地位」。他又說：「西班牙人在作曲時，他心目中的樂器是一個有鋼琴的尾巴，豎琴的翅膀與吉他的靈魂的樂器」，真不像一個盲者的話。

羅德里哥是西班牙音樂界的祭酒，20 世紀西班牙音樂的代表人物。他早在 1951 年就被選為西班牙藝術學院院士，1991 年獲格雷洛

｜羅德里哥圖片

基金獎（西班牙音樂界的最高榮譽獎），一九九五年更獲代表最高成就貢獻的阿斯都雷亞王子獎，其他所獲各種國際獎狀、榮譽名銜更不計其數。是西班牙國民樂派，表現西班牙民族音樂的代表性人物之一。他的朋友都說羅德里哥是一個風趣、和善、生命力旺盛的人。他除了作曲外，也在馬德里大學教作曲。並經常四處演講，發表評論，沒有人想到他是一個殘障的人。

　　1997 年 7 月，與羅德里哥共同生活六、七十年的卡米去世，這對大師來說是最深沉的悲痛。他失去了雙目，失去了最親近的人，也失去了另一個「我」。自此，他鬱鬱不樂，身體日衰，終於在 1999年 7 月 6 日在其馬德里家中與世永別，高年九十有八，可說是伴隨二十世紀走過的人。

　　1991 年西班牙國王璜‧卡洛斯冊封羅德里哥為「阿蘭輝茲林園伯爵」，使得這位因阿蘭輝茲一曲成名的音樂大師，更與這個迷人的小城結了不解緣。他與卡米就長眠在那裡，可說是名曲與小城相得益彰。

輯四
———
思想家・社會活動家

尋訪路德的遺跡

今年恰逢宗教改革（1517）500 週年，堪稱 500 年一遇的機會，而宗教改革，與前面的文藝復興和後面的啟蒙運動一起，並稱為歐洲三大思想解放運動，對西方的興起至關重要，對其他文化圈的發展也有借鑒作用。為此，我參加了文友團，一起尋訪宗教改革家馬丁·路德（Martin Luther）的足跡。

宗教改革的搖籃──維滕貝格

10 月 20 日（週五），我們從德國各地趕到維滕貝格（Wittenberg），這是路德揭開宗教改革序幕的地方，因此全名路德城維滕貝格。我們下榻的酒店就叫路德旅館（Hotel Luther, Neustr. 7-10）。

維滕貝格位於柏林和萊比錫之間，以基督新教聖地聞名於世，被譽為「新教徒的羅馬」。下午 5 點，維滕貝格市長在市政廳親自接見了我們，他藉助紀錄影片，介紹了這座城市的情況：

維滕貝格位於易北河畔，人口 4.8 萬，有河港、化工等工業和溫室種植業，番茄等蔬菜大量供應柏林等大都市。維滕貝格曾為薩克森選侯的京城，1502 年創辦了一所大學，是德國最古老的高等學府之一，路德曾在此任教，19 世紀初該校併入哈勒大學。但在維滕貝格的老校區保留有語言培訓機構，歡迎來自世界各國的學子。

市政廳位於老城中心，為文藝復興式建築。門前的集市廣場（Markt），豎立著馬丁·路德的塑像。他身著長袍，手捧聖經，彷彿正在宣講宗教改革。

從市政廳西去，就到了圓塔高聳的宮廷教堂（Schlosskirche），因毗鄰薩克森選侯智者腓特烈的宮殿（現為博物館）而得名。當年是諸侯的禮拜堂，也是大學的教堂和禮堂，路德在此被授予神學博士。1517 年 10 月 31 日（萬聖節的前一天），路德把他的《95 條論綱》釘在這座教堂的木門上，掀起了席捲歐洲的宗教改革運動。1760 年因大火，木門被焚毀，後改裝銅門，門上刻有拉丁文的路德論綱。路德墓也在該教堂內，位於講道壇的下面。

　　宗教改革的背景是教會的腐敗。德國歷史上皇權衰落，皇帝沒有多少權威，像我國春秋戰國時代的周天子一樣，甚至不如一個大諸侯。而教皇教會則利用這種形勢掠奪壓榨百姓，也逐漸喪失了威信。中世紀的德意志，曾長期是羅馬天主教廷最大的掠奪對象，人稱德意志是「教皇的奶牛」。那時，人們普遍信奉天主教，教皇向教徒徵收什一稅，甚至宣揚煉獄（死後暫時受苦以煉淨罪過之地）的概念，出售贖罪卷來榨取金錢。教會誘使人們慷慨解囊，說什麼為救出煉獄中的靈魂把錢投入銀箱裡，只要當錢落到箱底，丁當響著的時候，那靈魂馬上就飛升天堂了。

　　馬丁‧路德對此深惡痛絕，勇敢地站出來口誅筆伐贖罪卷。他的《95 條論綱》正是反對教會腐敗的檄文，抨擊教皇發售所謂贖罪卷的政策，因而掀起了宗教改革運動。當時正逢歐洲的鉛字印刷術誕生（1455）不久，馬丁‧路德的文章付印之後，迅速傳播。一時之間，反對天主教會的運動，猶如乾柴烈火，成燎原之勢，席捲德意志各個角落。許多地方與天主教決裂，以路德教義建立了「基督教福音會」，稱之為新教。天主教的勢力大為削弱。兩個教派長期鬥爭，後來還釀成諸侯混戰的三十年戰爭（1618-1648）。今天天主教只在德國南部佔優勢，而新教在德國北部佔優勢，這種局面的形成就是宗教改革的一個結果。

　　宗教改革打破了天主教會的壟斷地位，摧毀了天主教會的精神獨

裁，促進了人們的思想解放，德國最早的古典哲學家如萊布尼茨和康德等都出現在宗教改革以後。宗教改革也在其他國家如英法荷瑞士和北歐爆發，產生了新教各種宗派。今天全世界共有新教徒 3.4 億人，其中路德宗 6600 多萬，後者除了德國以外，還分布在北歐和北美各國。

市政廳東鄰，還有另一個著名的教堂，叫聖瑪琳教堂（St. Marien），哥特風格，正面豎著雙塔。該教堂華麗的祭壇修建於 16 世紀，祭壇畫是德國大畫家克拉納赫（LucasCranach, 1472-1553）的傳世傑作。1521 年在此進行了世界上第一次新教敬拜活動。1522 年馬丁・路德開始站在此教堂著名的講經臺上傳教佈道，據說他一生在此佈道 2000 多次，宣傳宗教改革的理論。1525 年路德在此迎娶了出身貴族的修女卡特琳娜・封・波拉（KatharinavonBora）。從此基督新教的牧師，結婚成為慣例。他們的 6 個孩子也在這裡接受了洗禮。

維滕貝格還保存有路德故居（Lutherhaus），在城東頭。這裡以前是一座修道院，後來成為路德的家。如今闢為紀念館，其中有路德的房間（Lutherstube），還展示路德的各種私人物品，保存著許多宗教改革時期的文檔資料和路德的手稿。

路德的誕生地——艾斯萊本

10 月 21 日（週六），我們遊覽完畢維滕貝格之後，向西南方向驅車 100 多公里，來到了路德的誕生地——艾斯萊本（Eisleben）。

艾斯勒本在哈勒以西 20 多公里，是個 2.4 萬人口的城市。1483 年 11 月 10 日，宗教改革家馬丁・路德誕生在這裡。城中心的市集廣場上，市政廳前，矗立著這位宗教改革家的雕像。

路德誕生的故居（LuthersGeburtshaus）在老城東部，早在 1693 年起就成了一個紀念場所。近些年澈底翻修，增建了展覽館，集中展示路德的家庭及其成長的社會環境。他的父親漢斯・路德曾當過礦工，靠租用領主三座小熔鐵爐起家。逐漸發跡。自辦礦冶雇傭工人。

並當上了曼斯費爾德（Mansfeld，在艾斯萊本附近，路德一家後來搬到此地）議員，躋身於市民階層的行列。在父母嚴格的宗教教育下，路德從小熟知使徒信經、十誡、主禱文及讚美詩，接受了傳統的基督教信念。1498 年他進入艾森納赫的一所拉丁文學校。1501 年，18歲的路德進入愛爾福特大學，學習語法、邏輯、哲學、天文等，到1505 年取得碩士學位，奠定了從事宗教改革所必備的學識修養。接著，他遵從父意攻讀法律。7 月 17 日，他突然棄絕塵世（據說他遇到暴風雨閃電，似乎是上帝的警告），遁入愛爾福特奧古斯丁修道院（AugustinerKloster）當修士，成為修道僧。1507 年秋，他來到維滕貝格大學學習，次年講授倫理學。1511 年，路德因公赴羅馬，目睹了羅馬教廷的豪奢腐敗。1512 年路德在維滕貝格獲博士學位，成為神學教授。路德從贖罪捲入手開始對天主教會的批判。這就是宗教改革的背景和起始。

我們的參觀票一票兩用，除瞻仰故居外，還能參觀其去世的房屋（Luthers Sterbehaus）。一個靠思想澈底改變了歐洲、並習慣於浪跡天涯的人，最後在他出生的地方去世，這聽起來似乎有點奇怪。然而出生於此地的路德做到了。其實也是事出偶然。1546 年 1 月他離開維滕貝格，坐馬車沿奔波五天，回到家鄉艾斯萊本，住在艾斯萊本城西的一棟房屋裡。這次旅行，本來是為了幫助曼斯費爾德伯爵，調解一樁法律糾紛。那時路德已 60 多歲，身體不佳，再加上旅途勞頓，引發心臟病。在最後達成協議第二天，2 月 18 日，他就去世了。如今這座老屋裡保留著路德逝世的房間，和他最後彌留之際的畫像。

艾斯萊本還有路德接受洗禮的教堂——聖彼得保羅教堂以及路德最後佈道的聖安德列教堂。

路德死後，遺體運回他一生久居的維滕貝格，葬在宮廷教堂。1996 年，路德誕生地艾斯萊本和宗教改革發源地維滕貝格和一起被列為世界文化遺產。

你不知道的黑格爾

格奧爾格‧威廉‧弗里德里希‧黑格爾（Georg Wilhelm Friedrich Hegel, 1770-1831）的時代晚於康德，他是德國 19 世紀唯心論哲學的代表人物之一。黑格爾的思想對後世哲學流派，如存在主義和馬克思的歷史唯物主義都產生了深遠的影響。

我把餐館的窗戶打開，依窗外望，班貝格列格尼茨河對岸的州立圖書館，曾經是拿破崙的行宮。黑格爾 1806 年 10 月 13 日致函時任巴伐利亞學校及教會事務國家顧問的尼塔麥（Friedrich Philipp Immanuel Niethammer, 1776-1848）稱拿破崙為世界精神：我看見皇帝（Kaiser）—這個世界精神（Weltseele）騎馬巡察全城。看到這樣一個個體，他掌握著世界，主宰著世界，眼前卻於一點，踞於馬上，給人一種奇異的感覺（《黑格邇來往書信集》）。

黑格爾還有一句名言：「凡是合理的都是存在的，凡是存在的都是合理的。」（Was vernuenftig ist, das ist wirklich: und was wirklich ist, das ist vernuenftig.）。此句出自《權利的哲學綱要》一書（*Grundlinien der Philosophie des Rechts 1820*）。

我嘗試把這句話重新翻譯一下：理性就是現實，現實需要理智。

我之所以這樣翻譯，主要是考慮到當時的德國歷史現實和黑格爾當時的現實生活。

當年的黑格爾生活潦倒，他自從 1802 年正式開邏輯與形而上學課，就答應按照學校規定發講義，總算陸續寫出來。1802 夏季學期講授純粹數學，思辨哲學式邏輯和實在哲學。數學班學生不多，黑格

爾有撤銷的打算。1806 年交出《精神現象學》書稿第一部分，先行發排，接著趕寫後續部分。得到歌德的關照，在耶拿找到一門教書的差事，不過月薪才 100 塔勒（當時德國的貨幣）。

拿破崙大軍壓城，士兵到處燒殺無數，耶拿城為拿破崙攻破，學校停課，黑格爾輾轉於友人、同事家避難，又賴歌德托翻譯家克奈貝爾（Karl Ludwig von Knebel, 1744-1834）送款來濟一時眉急，勉強度日。

黑格爾為了搶救自己的作品，帶著未完成的《精神現象學》手稿逃亡，後來尼塔麥幫助他找到《班貝格日報》任總編輯的肥差。黑格爾先南下班貝格訪尼塔麥，瞭解《精神現象學》出版和稿酬問題，並設法要離開耶拿大學，戰亂和個人的生活的突變忽然打亂了他剛安定幾年的學術著述教學生涯。

當時，德意志南部和西部十六個邦在拿破崙策劃下成立萊因同盟（Rehinbund），實行拿破崙法典，廢除封建什一稅，准許宗教禮拜自由，實行中央集權，宣布脫離和神聖羅馬帝國的關係。奧地利皇帝弗蘭茨根的德意志民族神聖羅馬帝國稱號本來也還保留著個虛名，從此名實俱亡，而德意志西南一帶則加速了資本主義發展進程。

黑格爾南下班貝格，多虧尼塔麥接到他告急信就寄錢來才成行，可見這時他手頭之拮据，以及另有出行之苦衷。黑格爾和寡婦布克哈特夫人（Christiana Charlotte Burkhard, 1778-1817，耶拿時的女房東）非婚生兒子出世，黑格爾的私生子取名路德維希·菲舍爾（Ludwig Fischer），沒有跟隨黑格爾的姓，孩子的母親嫁給布克哈特之前姓菲舍爾。他還是盡職撫養自己的兒子，但後來兒子仍然認為黑格爾這個父親殘酷無情，最後父子決裂。

黑格爾在班貝格完成了他的第一部著作《精神現象學》，1807年，當時 37 歲的黑格爾是《班貝格日報》的總編輯。但是，黑格爾由於不滿巴伐利亞的新聞檢查制度，一年後就辭職不幹了，尼塔麥再

給他找到紐倫堡文理中學校長一職。

　　要理解《精神現象學》的主旨，可以看看黑格爾本人於 1807 年 10 月 28 日為此書所寫的發行廣告。黑格爾指出《精神現象學》「闡述了一種處於轉變過程中的知識。……精神現象學把不同的精神形態作為一條道路上的諸多停靠站點包攬在自身之內，通過這條道路，精神成為純粹知識或絕對精神。因此，在這門科學的主要部分及其細分章節裡，意識、自我意識、從事觀察和有所行動的理性、精神本身以及不同形式下的精神（倫理精神、教化精神、道德精神、最後是宗教精神）依次得到考察。」

　　這些乍看起來豐富多彩但凌亂不堪的不同發展階段，將會依次地被納入一個體系的秩序之中，因為絕對精神是一個整體，「但整體只不過是一個通過自身的發展而不斷完善著的本質」而已。這個體系的秩序會把不同的精神形態以必然性的方式依次地由低至高陳述出來，各種不完滿的精神形態會不斷地自行否定、瓦解，繼而過渡到更高的精神形態。《精神現象學》展示出不同的精神形態由低至高的發展趨勢，在三點之中得到理解，第一，較高的精神形態必然由較低的精神形態中產生出來；第二，較高的精神形態必定具有識別自身由較低的精神形態而來的能力；第三，只有較高的精神形態才能理解較低的精神形態，前者能夠明瞭後者作為絕對精神發展所必經的階段和後者自身的不完滿性。

　　1825 年 4 月 24 日，黑格爾致歌德的信：

> 還承蒙您的好意。指出了我對您的依念，並以此為慰藉，對此我感到有必要對您講一講這種依念以至虔敬的根本動機。因為在我縱觀自己精神發展的整個進程的時候，無處不看到您的蹤跡，我可以把自己稱為是您的一個兒子。我的內在精神從您那兒恢復了力量，獲得抵制抽象的營養品，並把您的形象看作是

照耀自己道路的燈塔。

黑格爾對歌德這樣恭維，大半出於真實情感，但也有面子上的話，歌德身上有官僚氣，黑格爾身上也有官僚氣，出於歌德的地位與名聲，恭維也正常。這種文化源於德國哲學和德國國民身分認同之間的緊密聯繫，自從黑格爾在被拿破崙時代的法國打敗的陰影下寫作時開始，普魯士的軍事勝利激發起德國的民族主義情緒，他們夢想著統一的德國。黑格爾想像這樣的世界和平意味著出現一個先鋒國家，它將戰勝其他國家，帶領人類歷史走向充分實現潛能的進步。就黑格爾而言，普魯士（祈禱美夢成真，統一的德國）具有獨特的位置，能承擔起這個歷史使命。其他任何國家的哲學家都沒有如此強烈地將國民身分認同概念建立在其思想體系之上，其他任何哲學家都沒有把這樣的命運壓在祖國身上。

1811 年 4 月 16 日黑格爾向紐倫堡的富豪圖赫（Jobst von Tucher）的女兒瑪麗‧馮‧圖赫（Marie von Tucher, 1791-1855）求婚（今日德國最大的啤酒集團之一的「圖赫啤酒」為該家族擁有）。圖赫小姐比黑格爾要年輕 20 歲左右。哲學家首先向她求婚，並得到了首肯。但是這樁美滿姻緣並非一蹴而就，黑格爾的求婚遭到了瑪麗雙親的反對。他們認為自己的女兒應該嫁給一位富裕的大學教授，而黑格爾這樣一位窮困的中學校長，經常靠借貸度日，顯然不合乎他們的心意。於是，黑格爾再次向尼塔麥寫信求助，希望他能為他謀得一個大學教授的職位，並且強調說這即是他結婚所必需的，也是哲學家本人嚮往已久的。機智的尼塔麥寫了一封既是給黑格爾也是給圖赫一家看的信。他在信中一方面大講一通中學校長的意義和重要性，另一方面告訴他們，聘請黑格爾去埃爾蘭根大學就任教授一事實際上早成定局，一切只等新學年開始就可以實行了。尼塔麥的信果然奏效，儘管瑪麗的父親仍不太滿意，但瑪麗的母親 Susanna 卻打開了綠燈。黑格爾見

黑格爾居所紀念碑

了瑪麗的家人，至此婚約才公之於眾。

仲夏時節，黑格爾向國王陛下呈遞了結婚申請書。兩周後，申請得到批准。1811 年 9 月 16 日，哲學家黑格爾和瑪麗・馮・圖赫正式舉行了婚禮。

結婚不久，黑格爾便做了父親，女兒出生不久就死亡，兒子 Karl Ritter von Hegel（1813-1901）卻生存下來。雖然家庭經濟仍有些拮據，卻也不乏足夠的體面。黑格爾親自主持家政，柴米油鹽這些家務瑣事，並未使黑格爾感到煩惱。家裏一般不用僕人，即使以後黑格爾生活寬裕起來，他仍然保持著儉樸的家居生活。黑格爾按其家鄉的風俗，建立了一本家帳，所有開銷統統入帳。月底結算時，帳面的結存和手頭剩的現金往往相符。黑格爾是位見解深刻、學識淵博的大哲學家，但同時又是一位精於理家之道的人。

1816 年起，黑格爾任海德堡大學哲學系教授，最後於 1818 年應聘到當時的普魯士首都大學——柏林大學哲學系（今日的「柏林洪堡大學和柏林自由大學」），接任費希特的教席。1829 年成為柏林大學校長，1831 年 11 月 14 日（61 歲）因霍亂，卒於柏林大學校長任內。

偉大的人道主義者：史懷哲

　　阿伯特・史懷哲（Albert Schweitzer），1875 年生於阿爾薩斯的一個叫凱塞爾斯貝爾（Kaysersberg）的小鎮，同年，全家遷往附近的瓊斯巴哈（Gunsbach）。他自幼勤奮好學，稟賦不凡，少年時便有一個夢想，希望有天能成為名作家和管風琴手。

　　阿伯特的父親是當地負眾望的牧師，對這個出類拔萃的兒子特意培植，送他到巴黎拜管風琴泰斗維多為師。阿伯特是個努力不懈的人，在讀書、鑽研、工作之餘，每天都抽出時間寫作。二十六七歲時已出版數本有關宗教理論的著作，並獲得神學碩士學位，當上大學講師。他一方面教學、寫作，一方面也繼續投入對音樂的研究，特別是對巴哈。巴哈也是他與維多老師共同的偶像。

　　三十歲的阿伯特已集神學家、哲學家、音樂家的頭銜於一身，在德法兩國已有相當的知名度。加上外表生得俊秀，氣質脫俗，任何人都看出這個年輕人前程似錦，未來的成就難以估量。阿伯特很明白周遭所有的人對他的期待，包括自己的父母和師長。所以他一點也不敢透露要去非洲的計畫，直到申請進入醫學院就讀，祕密才洩漏出來。

　　醫學院的教授問：「我沒聽錯吧？史懷哲牧師，你是說想到醫學院做一名新生？」「您一點也沒聽錯，我要到非洲去做一些事。那兒最缺的是醫護人員。我必須讓自己成為一名醫生。」阿伯特平靜的說。

　　消息一傳開，眾人驚訝：父親苛責，母親則發動淚眼攻勢，維

多老師反對得最為強烈：「荒謬！三十歲的音樂家突然去做一年級的醫學院學生……」

阿伯特是醫學院最年長的學生，他虛心向學，不恥下問，一直保持著好成績。在修習醫學課程期間，還完成了研究耶穌生平的《從賴馬瑞斯到沃雷德》，及德文版《巴哈》。都得到文化界的重視。

阿伯特交了一位親密的女友。她外表高雅大方，是一位教授的女兒，名叫海倫‧布絲黎。「我們阻擋不了固執的阿伯特，現在上帝派了海倫來管他，看他聽不聽！」母親胸有成竹的說。

可大家都猜錯了，海倫是唯一贊成他去非州的人。阿伯特在三十四歲時，通過一切考試，取得醫生資格。這段期間，海倫也默默地去接受護士訓練。她下定決心要陪伴阿伯特遠赴非洲，助他完成濟世救人的偉大理想。

阿伯特的執著，使原來強烈反對他的親友大受感動，紛紛伸出援手；有的捐款，有的幫助宣傳，找有能力的私人和機構贊助。曾嚴厲責備他的維多老師，成為他最積極的支持者，開了多次音樂會為他募款。還特地召集幾位製風琴的高手，製造一架用特殊木材製成的，在炎熱的熱帶氣候下也不會變形走音的風琴。

1913 年初春，阿伯特和海倫終於離開故鄉瓊斯巴哈，前往遙遠又陌生的非洲。從為了去非洲而學醫，到真正成行，已經過八個年頭。一大群親友在車站送行，母親和姐妹們流著淚，說著祝福的話。阿伯特深深感動，意志也更加堅定起來。

駛往法屬剛果的遠洋油輪「歐羅巴」號，停泊在離巴黎兩個小時車程的波亞克港口。阿伯特夫婦登上「歐羅巴」號，開始了他們嶄新的人生。航程預計五個星期，沿途還會在幾個港口靠岸。在羅泊斯灣換乘歐格威河（Ogooué）的平底輪船，沿歐格威河逆流而上，兩岸火焰般的紅土地和無垠的原始林，是阿伯特在歐洲從沒見過的荒莽景色。最後換上獨木舟，轉到一條細小的支流上。當時正值夕陽西

下，河水上閃爍著耀眼的粼光，在餘暉中分外明亮。

長途跋涉的目的地終於到了，岸上擠滿歡迎的民眾。帶頭的克雷斯多傳教士介紹說：「這兒方圓百里內沒有醫生。知道有位好心的醫生要來給他們治病，大家都很興奮，搶著來歡迎。」

阿伯特和海倫所選擇的新鄉叫加彭（Gabun），是當時法國在非洲的殖民地。主要的產品只有木材，一般農作物即使種了也結不出果實。米、麵、牛奶、馬鈴薯等食物，和一般生活必需品，都得由歐洲運來。

熱帶地區天亮得快，第二天不到六點，亮晃晃的太陽已普照大地。睡意正濃的阿伯特和海倫被一陣喧譁的人聲吵醒。掀開窗簾，見許多人圍在屋前，克雷斯多傳教士正在用土話向他們解說。這景象令阿伯特夫婦頗為吃驚，不知發生什麼事情？經克雷斯多說明後才知道，原來他們都是來求診的病人。

「我們早就發了通告，說三個星期以後診所才能開業。可是大夥兒今天就來了。」克雷斯多無奈的苦笑。其實數月前阿伯特就把建診所的經費，和大量藥品及各種醫療用物寄過來了。原以為一抵達隆巴涅（Lambaréné），就會有一間雖簡單卻可行醫的木屋；沒想到近半年因為木材價錢大漲，工人都去伐木，缺乏造房的人手，建診所的工作根本還沒開始。

阿伯特決心立即給求診的人看病，他發現在住處旁的樹林裡有間破舊的空木屋，裡面堆滿廢棄的東西。據告那裡曾經是雞舍，到現在還可聞得到腐敗的雞屎味，他立刻叫幾個原住民，將屋子澈底的打掃乾淨，然後用隨身帶來的酒精消毒，擺上兩張長桌、兩把椅子，拿出行李中有限的藥品，診所就開張了。

一開始診療才知道，在這炙熱的赤道地區，有些奇奇怪怪的病症，是他沒學過也未聽過的：昏睡症、脫腸症、象皮病、惡性膿瘍等，而酷熱又溼悶的氣候，簡直是傳染病的幫凶，每當熱帶赤痢、瘧

疾、痲瘋之類的病流行時，整個地區便成了人間地獄。既無醫生藥物，當地人又缺乏保健常識，使得疾病如狂風巨浪般肆虐，摧殘這些無助的人們。幾次傳染病的流行都造成大批人死亡，生命在這裡似乎微不足道！蠻荒地區的病固然不可免，文明地區的病也很常見，肺結核、肺氣腫、心臟病的患者比例偏高，在沒有醫生的情況下，只好求助於巫師，作法念咒的結果，當然還是逃不過死亡的命運。

海倫是唯一的醫生助理，不僅做阿伯特診病時的助手，舉凡一切有關那間「雞舍診所」的事：醫療用具、開刀器物、藥房配藥、清洗繃帶及看護重病患者，由她一肩挑起。

幾個月後建房子的工人終於伐完木頭歸來，可以開始蓋診所了。阿伯特夫婦高興得眉開眼笑，海倫還送他們一人一份從歐洲帶來的牙膏和肥皂。工人十分賣力，不到四個月就把一幢木屋建好。共有兩間長方形的房間，外面一間是診療室，裡面是開刀房。另外還做了放藥品的木架和兩個牆櫃，一張開刀時給病人用的木床，還給醫生做了把新椅子。雖然規模簡陋，阿伯特仍對他的新診所相當滿意。

阿伯特每天忙得沒有一分鐘休息，但在就寢前，仍空出一點時間彈奏風琴。那時萬籟寂靜，晴朗的夜空上常有星月相伴，在巴哈、孟德爾頌、韓德爾的雋永優美的音樂中，他更感到世界的美好。

醫院成長的速度雖然不是很快，卻穩健的發展。阿伯特對他的醫院有全盤的計畫，認為只要按部就班的進行，一定可以在這塊土地上，建立一所水準較高、規模較大，可以幫助更多人的醫院。不幸的是，他沒料到戰爭會真來到。

從 1914 年第一次世界大戰爆發，德國與法國成為敵對狀態。阿伯特屬於德國籍，加彭是法國殖民地，隸屬法國。他和妻子海倫被認為是戰俘身分，要接受看管。他們被送到法國和西班牙交界處的一所集中營，直到法德兩國交換戰俘，才離開了集中營，回到德國。

戰爭中的德國滿目瘡痍，他們的故鄉瓊斯巴哈屬於戰區，某些

地區火車中斷，走走停停終於到家。阿伯特的父親、姐姐和弟妹都非常驚喜。經父親說明才知母親已經去世。阿伯特唏噓不已。

1918 年深秋，戰爭終於結束，阿爾薩斯再次割給法國，又成了法國領土。失業及物資短缺，是百姓們生活的最大問題。看到眼前百孔千瘡的社會，讓一向能樂觀看待世界的阿伯特，也不由自主的憂悶，沮喪。「為什麼要打仗？人類為何要相互廝殺？戰爭是何等殘忍可怕又愚蠢啊！」他毫不掩飾自己是個反戰主義者。

阿伯特在阿爾薩斯彈風琴，寫文章，心繫非洲隆巴涅。兩年後慘澹的日子終於露出曙光：瑞典的烏普薩拉大學校長，著名神學家賽德波洛，給阿伯特一封信，請他去講授哲學。阿伯特欣然接受。他在課堂上發表長久思考的，對人類文化問題的見解──「敬畏生命」的學說，內容深刻又充滿感性，聽者動容。阿伯特被安排了一連串的巡迴演講，成了家喻戶曉的人物。

1924 年阿伯特再度啟程到非洲去，隨身帶著大批藥品器材，和一個年僅十八歲，牛津大學的醫科學生諾爾。當他站在獨木舟上，遠遠望到那片曾住過數年的熟悉叢林，激動得眼眶泛紅，後來在日記上寫道：「自從離去這可愛的地方，我是多麼的魂牽夢縈啊！終於又回來了，多讓人心動的重逢啊！」

阿伯特把卸貨的工作交給諾爾，自己迫不及待的去視察醫院，一看之下目瞪口呆。哪裡還有什麼醫院？原來的房舍已被荒草密密包圍，連站的地方也沒有，有幢房子竟然從屋頂上直直的冒出一棵樹來。阿伯特連休息也來不及，連忙向民眾求援。醫師先生回到隆巴涅的消息，已在瞬間傳開，男女老少一起來幫忙。阿伯特親自乘獨木舟到沼地砍竹子。

當阿伯特在非洲的叢林裡，被各種瑣事壓得喘不過氣時，他的名字卻如星火燎原般傳遍世界，贏得敬佩。多人付諸行動表示支持。先是醫院的第一位專業護士柯多曼小姐來到。接著陸陸續續的加入多

位醫生和護士。歐洲著名的外科名醫勞頓堡博士，也忽然不聲不響的出現了，同時帶來令阿伯特十分高興的大禮：北歐友人贈送的兩艘新式快艇。阿伯特給它們取名字刻在船頭，叫「謝謝你」和「愛心永在」。

有了快艇，接送病人和運送醫院器材及食物的工作，變得方便許多。阿伯特受到鼓舞，著手解決目前最讓他煩惱的房舍問題。他在歐格威河支流的上游三公里的岸邊，找到一塊七十公畝的山坡。這裡風光如畫、交通方便，還可建造碼頭供醫院運送病人和貨物，是塊好地方。他決定未來的醫院就建在這裡。

沒有人會懷疑阿伯特的決心和毅力。一天，阿伯特正彎腰除草，累得氣喘吁吁時，突然見到「謝謝你」載來一位白人青年。那青年自我介紹：「我叫夏慈曼，是瑞士工業大學畢業的建築師，在報上讀到阿伯特醫生正在建造新醫院，是特地來幫忙的。」

1927 年初，新醫院終於蓋成了，一棟棟鐵皮頂的木板屋，造得比以前美觀、堅固、合用。有診療室、候診室、開刀房、普通病房、重病病房，可形容為應有盡有。於是，阿伯特懷著好心情，乘著快艇，率領醫院人員大搬家。阿伯特曾數度往返於歐非之間。每次都是募款，購買藥品和醫療器材。由於不停的改善、擴充、修建，醫院的設備越來越齊全。1947 年時，已有房舍四十五棟，醫生、護士等工作人員一百餘人。

在阿伯特七十多歲時，決心要與痲瘋病作戰：計畫建造一個痲瘋病院。他想即使不能澈底消滅，也要遏止它繼續蔓延。歐洲許多國家成立了「史懷哲之友會」，有的直接叫「隆巴涅醫院後援會」。他自己則像個建築師，又像個木匠、水泥匠，總之，他和建房子工人沒什麼分別。他曾洋洋自得的說：「我什麼活都會幹。」1952 年當另一位史懷哲醫生——他遠從德國來服務的姪兒，氣喘吁吁的跑來告訴他說：收音機剛傳來的消息。他是諾貝爾和平獎的得主時，他正在拿

著鏟子挖土呢！

1953 年 11 月 4 日，阿伯特和妻子海倫同赴挪威領獎，並發表內容精闢動人的演說，題目是「今日世界的和平問題」。

阿伯特已名滿天下，年紀也確實很大了，但他的性格一生都沒改過，對全人類的關懷，要助人救世的熱情，絲毫不因年老而有所減退。1957 年的 4 月，他發表「制止原子彈試爆聲明」，挪威首都奧斯陸的電臺，以五種語言播出。當時一些強權大國還不能接受他的想法，但今日全球已全面禁止原子彈試爆。由此可見，阿伯特是一位具有先見之明的智者。

「深思人類文明」是他窮究一生的問題。有時想著想著就打起瞌睡，他也真的很疲勞很困倦了。但睜開眼睛看看四周高高低低的建築物，想起五、六十年前的理想：要為非洲被遺忘的人們建所醫院，要救治了病無處投醫的病患，要減少嬰兒的死亡率，讓那片黑色大地上的孩子，能和地球上其他孩子一樣，能健康的成長。如今看來，大部分已經實現了，這也讓他感到安慰。

昏暗的天色裡，鼓聲隆隆響起，沿河的居民早約定好，當醫師先生過世時，要用擊鼓的方式傳遞消息。那晚天氣晴朗，月明星稀，鼓聲一個村莊一個村莊的傳下去，震動著寂靜的大地。每個人都聽到了，那迴盪著的，沉重而憂傷的隆隆鼓聲。

阿伯特・史懷哲的一生得過無數榮譽和獎項，著作等身，集宗教家、哲學家、音樂家、醫師的頭銜於一身，但他從不以此誇耀或自大。他把每一分收入和募集來的錢，都用在隆巴涅的醫療工作上，自身過得卻是最儉樸的生活。無論在非洲或歐洲，他的屋子裡都只有一床、一桌、兩個書架和幾把椅子。史懷哲醫院至今仍存在。

顏敏如 瑞士

一杯酒、一支雪茄，手中有一本書
——出版家羅沃特

那是火車奔向日內瓦之前不久的一個小站，叫莫爾日（Morge）。人們通常在洛桑、在日內瓦下車，位處這兩城之間的莫爾日更顯得遺世獨立。

夏日安靜的午後，車子在平穩光滑的路上疾馳，兩旁翠綠的草原向地平線擴展，視野盡頭偶爾站著幾棵細長的高樹，無雲的天讓藍盡情展現它高傲的空曠。風，不來，只有幾隻黑鳥飛過。

從莫爾日進入拉維尼（Lavigny），這瑞士法語區的小村裡道路蜿蜒，在駛向那座莊園之前，總會看到路旁長方形石槽裡有流不完的清涼淨水。然後來到了前庭的入口。不用遲疑，掛在右牆方牌上的，正是拉維尼莊園。一幢巨大的白樓就矗挺在前庭小路的盡頭。

拾上幾層階梯，彎下雕花的黑鐵把手，推開厚重的大門，映入眼簾的是一道長廊，整眼的陽光就在大塊黑白相間的方形瓷磚地上跳躍。長廊的右側是個至少可同時容納十個人工作的廚房，一個電話間，以及以福克納命名的房間。長廊左側是昔日的餐廳，一張鋪滿書籍的長桌佔據房間的大部分，幾座玻璃櫥窗內展示著不同作家的親筆信函。餐廳隔鄰是個可以舉行宴會的大廳，幾套沙發組分散在不同的角落。推開大廳的兩扇玻璃門，便可走入占地數千平方米的庭園。

白樓的第二層分別以海明威、加繆、羅沃特以及納博科夫命名四個房間。除去門窗，自上至下，以書籍砌牆的海明威偌大圖書室的中央，是一張厚重的書桌及緊罩著墨綠絲絨的長沙發。就在這房裡，

數十年來，文字精靈，總是無視時空乖隔地忘情私語。

從二樓有著四周下垂紗帳高床的羅沃特房間外望，便是莊園廣闊的茵茵草坪。玫瑰叢旁的白色桌椅下，不時有小松鼠穿梭。園外左側是排列整齊向天邊邁步的葡萄園。右方遠處的日內瓦湖上，波光粼粼。

那麼拉維尼的主人是誰？

美國作家詹姆斯‧鮑德溫（James Baldwin）這麼寫著：「雷迪析令我印象深刻。因為，他實在並不怎麼像個出版家。對於出版家，我幾乎受制於在紐約麥迪森大道上所獲得的經驗。每當想到出版家，我總會額頭髮燙，手心出汗，也一定會想到浸著橄欖的辛烈馬丁尼配上鹹花生，以及在馬丁尼讓人愉悅的氣氛下，不得不簽下的合同……我對雷迪析的第一印象是，他或許是某些人一旦遭殃，必定會向他求助的、快活、無瑕而又富有的親戚。他應該是狄更斯會喜歡的人，不過，我倒是想像不出湯瑪斯‧曼會如何形塑他……後來我發覺，真正令人驚訝又窩心的，是他無與倫比的慷慨，真實而深沉，完全不帶任何算計。而最神奇的是，他擁有一種智慧與質疑相互結合的聰穎。他的笑，出自痛苦，出自曾見過的、忍受過的悲哀。他本能地為人設想周到，是因為他透徹瞭解男女之間會如何殘酷地彼此對待。」

鮑德溫提到的雷迪析，正是拉維尼莊園的主人，也就是德國 20 世紀出版界奇葩，海恩利‧雷迪析-羅沃特（Heinrich Maria Ledig-Rowohlt）！

海恩利出生於 1908 年，也就在這一年，他的生父恩斯特‧羅沃特成立了羅沃特出版社。海恩利的母親瑪利亞‧雷迪析是萊比錫著名的女伶，她不願下嫁給脾氣暴躁的恩斯特‧羅沃特，便讓兒子從她的姓，雷迪析。

海恩利愛書成癡，也喜歡旅行冒險，曾打算在船上的圖書室工作，卻不如願，而在柏林的一個書局當學徒。1930 年他在科隆賣書

時，母親致函父親，讓海恩利在羅沃特出版社當助理。恩斯特知道海恩利是自己的兒子，卻不動聲色，仍然以出了名的壞脾氣對待他。海恩利從母親那兒知道了自己和老闆的血緣關係，並不表明；出版社同仁其實可以感受他們之間不尋常的互動，卻也不約而同地幫這對父子隱藏他們的祕密。

老羅沃特把小羅沃特送到倫敦著名的書店蜉蝣肆（Foyles）工作的決定，無意間成就了德國出版史上舉足輕重的羅沃特出版王國。年輕的海恩利・雷迪析在倫敦九個月，發現自己對英國風味的喜愛，他澈底浸潤在英語文學的大洋中，也由於這個因緣，日後的讀者才能從一個德國出版社閱讀到豐盛的英美文學。

上世紀三十年代德國的經濟持續走下坡路，出版界必然受到影響。老羅沃特忙著尋覓資金挹注，海恩利負責銷售與廣告，並試著把出版的書改成劇本搬上銀幕，這在當時是一項受人矚目的創舉。此外，他也積極和美國作家聯繫，辛克萊・路易士、海明威、福克納等人都是羅沃特父子引介的作家。海恩利本人則和湯瑪斯・沃爾夫成了摯友。沃爾夫的全集得以出版，因為他是納粹所允許的少數「非政治性」作家之一。在海恩利眼中，沃爾夫是「詩人尋覓文字以描述世事」的具體象徵。沃爾夫則認為，海恩利視文學如命，也蔑視，甚至痛恨納粹的行徑。在小說《你不能再回家》（*You Can't Go Home Again*）中，沃爾夫以一整個章節，藉著人物弗朗茲・海利希將海恩利永恆化了。這事後來也對海恩利的事業產生關鍵性的影響。

因被控出版猶太作者的作品，羅沃特出版社一半的書遭納粹沒收、禁止或燒毀。1938 年 11 月 9 日夜，納粹在德國全境襲擊猶太人，許多猶太商店遭搗毀，破碎的玻璃在月光照射下有如水晶般發光，這便是「水晶之夜」（Kristallnacht）的由來，也是納粹迫害猶太人的開端。老羅沃特在事發第二天搭計程車環繞柏林兩小時後，難以忍受悽愴的景象，決定遠赴巴西，羅沃特出版社只得併入位於斯圖

加特的「德國出版公司」（DVA, Deutsche Verlagsanstalt）。

　　1941 年海恩利調往東線服役，因嚴重槍傷在拉脫維亞首都里加的軍醫院裡治療了相當長一段時間。戰後，他和家人住在巴伐利亞的一個小村子裡。當獲悉有可能申請到出版社可以再度營業的執照時，他不顧癱瘓的交通，背著五公斤的麵包為備糧，獨自徒步一百多公里到美軍轄區斯圖加特去碰運氣。主事的軍官讀過《你不能再回家》，知道海恩利是書中弗朗茲‧海利希的原型時，立即批准申請。也因著海恩利的不舍不棄，羅沃特出版社才能復活，也才有機會引進薩特、波伏娃、加繆及雅克‧普雷維爾等法國作家。

　　戰後從巴西回到德國的恩斯特‧羅沃特申請到英國轄區漢堡的執照，也重啟羅沃特出版社的業務，海恩利於是加入他父親的工作。也大約在這時候，老羅沃特正式公開承認海恩利為自己的兒子，海恩利也把父姓增加到自己原來延用母親的名字上，而有了 Heinrich Maria Ledig-Rowohlt 的全名。

　　戰後德國百廢待舉，要獲得印書的材料更是困難重重。海恩利把美國印報紙的技術引進德國，將小說書頁像印報紙般以旋轉方式快速並大量印刷，這套方法稱為「rororo」（Rowohlt Rotaions-Romane，羅沃特旋轉小說。筆者按：德語 Roman 即「小說」之意）。由於一開始小說以報紙的篇幅出版，老羅沃特極不習慣，視為怪物，甚至說：「這種東西絕對進不了我家大門！」

　　印刷成本大幅降低之後，原本遭納粹禁止的世界文學得以再度造訪德國。整個上世紀五十年代，rororo 成了簡裝書的象徵，也奠定了日後輝煌發展的基石。羅沃特出版社跨界到非小說類的書籍涵括科學與文化，而所屬作家海明威在 1954 年獲得諾貝爾文學獎後，更是讓羅沃特出版社聲名大噪。

　　1961 年老羅沃特過世。同一年，海恩利娶了在 50 年代便已認識的美國女子簡‧斯卡切德為第二任妻子。他單獨承擔整個出版社的業

務，不但繼續已有的傳統，更另闢新的管道，引進新的風尚。他和父親一樣，在羅沃特出版社出書的作家，往往成了可以一起大塊吃肉、大口喝酒的好友。海恩利愛文學、愛和亨利‧米勒比賽乒乓、愛打粉紅色領帶、愛穿粉紅色襪子，也愛在任何可能的場合翻跟斗！他也是《回憶一個在柏林的夏天》（*Erinnerung an einen Sommer in Berlin*）及《向湯瑪斯‧沃爾夫致敬》（*Hommage an Thomas Wolfe*）兩書的作者。八十年代退休後，海恩利常在拉維尼莊園從事自己喜愛的翻譯工作，常和也住日內瓦湖區的《洛麗塔》作者納博科夫談文說藝；海恩利忘不了，當納博科夫讀到自己作品中的一段能以恰當的德語翻譯出來時，感動得熱淚盈眶的那一幕。

海恩利‧羅沃特一生和書本共起落，就連生命終結也越不過和出版的情緣。1992 年他在出席國際出版大會時，病逝於印度。英國出版人、切爾西的韋登菲爾德勳爵（Lord Weidenfeld of Chelsea）在海恩利的葬禮上說：「他以熱情、以愛、以頑盛的精力和年輕人一起在文學的軌道上跑著……他信賴年輕人，自己始終有顆年輕的心。他一生叛逆，直到最後一口氣。對他而言，只要是出於才華與正直，實驗、矛盾、破壞偶像，甚至偶爾陷入愚蠢與荒謬，都是可愛而又令人興奮的……如果他是愛才、愛美的人，那麼他也是個容易憎恨的人，他恨庸俗、恨盲從……」

海恩利曾說，出版家必須有熱情、有想像力、有商業經營能力等三個特質。若以海恩利的一生為典範看待，出版人除了必須是愛書成癖，具備外語能力之外，眼界、心胸、氣宇是否不同於一般，是否願意冒險給名不見經傳的作家機會，正是決定自己能否史上留名的關鍵。

就在海恩利逝世的同一年，他的妻子簡成立了羅沃特基金會，專門獎勵優秀的翻譯家，並在每一年的法蘭克福國際書展上頒獎。為了紀念這位作家的知己、永不懈怠的編輯、才華橫溢的翻譯家，1996

年簡更通過基金會的運作，把他們的住處，已有近三百年歷史的拉維尼莊園貢獻出來，成立國際作家屋，讓來自各國的新生代及已享有知名度的作家，有機會共聚一堂，討論文學，朗讀自己的作品。

德國《FAZ 日報》（*Frankfurter Allgemeine Zeitung*）曾對海恩利做過訪問：

> F ：您認為最快樂的是什麼？
>
> 海：夏天坐在大樹下，有一杯酒、一支雪茄，遠處傳來村子裡的鐘聲，手中有一本書，並且感覺得到，我太太就在身邊。
>
> F ：您最喜歡的作曲家？
>
> 海：巴哈。
>
> F ：最喜歡的作家？
>
> 海：普魯斯特。
>
> F ：您認為什麼是最大的不幸？
>
> 海：失去我的太太，或是留下她一個人。

拉維尼有無數的藏書，有過去作家的手稿、信函、漫畫，有他們的文學精靈，以及他們和海恩利冬天在爐火旁品酒辯論、秋天在葡萄園裡信步低吟、夏天在草坪上野餐並遠眺日內瓦湖與阿爾卑斯山時所留下來的人文氣息。

每當夜幕低垂，現代國際作家在草坪旁玻璃屋裡用餐、談笑時，海恩利・羅沃特似乎也加入其中，永不休止地和他喜愛的文學人互通聲息。

編者注：顏敏如是第一位獲邀至拉維尼堡國際作家屋駐留寫作的華文作家（2009 年）。

輯五
——
科學家‧發明家

遺傳學之父孟德爾在捷克

　　早就讀過遺傳學鼻祖孟德爾的事蹟，今天我們所說的遺傳基因的概念就來自孟德爾。因此當我們在捷克旅遊時，特地下車遊覽了孟德爾創立遺傳學的地方布爾諾（Brno）。

　　我的目標很明確，一下車就直奔當年孟德爾作實驗的布呂恩修道院，在布爾諾老城大約 1 公里的地方。這座修道院始建於 1323 年，1783 年成為奧古斯丁會（天主教托缽修會之一）的修院。

　　近代遺傳學的奠基者孟德爾（Gregor Johann Mendel, 1822-1884）長期生活在這裡，一邊作神甫和教師，一邊作豌豆的雜交實驗，打開了近代遺傳學的大門。他做實驗的布呂恩修道院很大，包括聖母升天教堂和幾處院落，如今一部分用於慈善事業，一部分闢為孟德爾紀念館（Mendel Museum）。館內展示著孟德爾業績的相關資料。修道院翠綠庭園的一角立有他的紀念塑像。修道院裡還保留著孟德爾使用過的溫室。

　　紀念館介紹了這位大科學家的生平。孟德爾是奧地利德意志人，1822 年出生於西里西亞的海因贊村（Heinzendorf，今捷克東北部海因西斯 Hynice）。父親安通（Anton），母親羅西娜（Rosina）都是農民，父親對於園藝頗有研究，這為孟德爾後來的研究工作起到了啟蒙的作用。中學畢業後，孟德爾進了奧洛莫烏茨的哲學院，但他對數學非常感興趣，一邊向父母學習園藝技術，一邊自學科學知識。21 歲時，迫於生存的壓力，也為了能夠有更多的時間用於學習，他選擇了「一輩子不會挨餓」的職業，到布呂恩修道院當一名教士。

修道院院長納普（C. F. Napp）本人也十分愛好科學，因此他十分讚賞孟德爾熱心研究科學的精神，盡自己的能力幫助和支持他學習和研究。在修道院，開始幾年的生活使孟德爾有了更多的時間和機會去閱讀科技書籍，知識面大增。

25 歲時，孟德爾升任神父。因為親身體會了自學的艱辛，1849年，他決定去當兼職教師，但次年在奧地利教師資格考試中落榜。為了實現當教師的願望，他在 1851-1853 年來到維也納大學深造，學習物理、數學和自然史，特別注重實驗物理、植物解剖和生理學、顯微鏡實用課程。畢業後回到修道院，一邊繼續當神父，一邊在一所學校兼任動植物學老師，達 14 年之久。1868 年，他繼納普之後擔任修道院院長。

結合教學，孟德爾進行了植物的雜交實驗工作。他選擇豌豆來做實驗。修道院正好有一個小植物園，他在植物園中劃出一塊長 35米，長 7 米的地塊作為試驗區。這一小塊土地又被他分為幾個更小的區域。每個小的試驗區只有一個獨立的性狀特徵。他把同一性狀（如豌豆花色，植株高矮，子葉顏色）具有明顯不同特點的兩種豌豆稱為「相對性狀」（如紅花豌豆和白花豌豆，黃子葉和綠子葉）。經過兩年的辛勤培育，孟德爾從幾十個豌豆品種中篩選出 22 個具有 7 對不同相對性狀的純種豌豆品種進行雜交試驗。

孟德爾通過人工培植這些豌豆，對不同代的豌豆的性狀和數目進行細緻入微的觀察、計數和分析。運用這樣的實驗方法需要極大的耐心和嚴謹的態度。他酷愛自己的研究工作，經常向前來參觀的客人指著豌豆十分自豪地說：「這些都是我的兒女！」

從 1856 到 1864 年，經過 8 年的觀察和試驗，運用統計學進行分析，孟德爾發現了令自己都大吃一驚的現象，寫出論文《植物雜交實驗》並於 1865 年在布爾諾自然協會上發表。在他的論文中首先提出了遺傳單位（現在叫做基因）的概念，並闡明了遺傳的規律，被後人

稱為「孟德爾定律」。

孟德爾定律包括三個方面：1、顯性規律——由於某個性狀對它的相對性狀的顯性作用，子一代所有個體都表現出這一性狀。例如紅花豌豆與白花豌豆雜交，子一代都是紅花，因為紅花對白花是顯性。2、分離規律——在子二代中表現出分離現象，出現紅花和白花，約成 3:1 的比例。這個比率，後來人們稱為孟德爾比率。3、獨立分配規律（或稱自由組合規律）——在兩對或兩對以上的相對性狀的雜交中，子二代出現獨立分配現象。例如考察豌豆花和豌豆子葉（黃子葉為顯性）這兩對象對性狀的雙因數雜種，各自都按 3:1 的比例分離，所以紅花黃子葉、紅花綠子葉、白花黃子葉、白花綠子葉這四種組合的分離比為（3:1）的平方，也就是 9:3:3:1。或可用數學式表示為 $(3x + y)(3X + Y) = 9xX + 3yX + 3xY + yY$，這裡大小寫字母分別代表兩對象對性狀。

孟德爾遺傳規律的發現在當時並未受到學術界的重視。直到1900 年，孟德爾逝世 16 年後，才由德、奧、荷蘭等國的三位科學家分別獨立地予以證實。「守得雲開見月明」，從此生物遺傳學進入孟德爾時代。孟德爾被公認為遺傳學之父（the father of genetics）。後來人們還發現，染色體是基因的攜帶者。隨著科學家破譯了遺傳密碼，人們對遺傳機制有了更深刻的認識。現在，人們已經開始向控制遺傳機制、防治遺傳疾病、合成生命等更大的造福人類的工作方向前進。然而這一切都與布呂恩修道院的這位獻身於科學的修道士相連。

在布呂恩修道院我還看到一處紀念碑，寫到「1945 年 5 月 30 日德意志人被迫離開布呂恩和附近德語區。未來歐洲所有人都應該在和平與尊重人權的環境中生活。」二戰結束後，出於對法西斯德國的報復，捷克政府把世代居住在這裡的德語族裔全部驅逐出境。這是歷史的悲劇，後來人們認識到這樣做是不對的，1995 年立下了這座紀念碑作為警示。

高關中 德國

諾貝爾獎盛典處

　　斯德哥爾摩因每年舉行諾貝爾獎頒發活動而聞名，這次來瑞典旅遊，我就重點參觀與諾獎有關的場所。

　　諾貝爾（Alfred Bernhard Nobel）1833 年 10 月 21 日生於斯德哥爾摩，是瑞典著名的化學家和實業家。他發明的黃色炸藥在採礦、採石、築路和軍事方面有廣泛的應用。在研製炸藥時，他的弟弟被炸死，他自己也幾次歷險，身體多處被炸傷。為了不讓實驗事故影響別人，他索性把實驗室搬到停在湖中央的一艘船上繼續實驗，終於解決了黃色炸藥的安全性問題。炸藥的發明和生產使諾貝爾獲得了巨額的財富。1896 年 12 月 10 日，這位科學家與世長辭了。他無妻無後，在臨終前留下遺囑，把他一生積攢下來的財富作為基金，把利息作為獎金（這筆基金為 920 萬美元，每年利息約 20 萬美元），每年獎給為人類做出最卓著貢獻的人。諾貝爾獎金設物理獎、化學獎（這兩個獎項由瑞典皇家科學院評定）、生理學醫學獎（由斯德哥爾摩卡羅林斯卡醫學院設定）、文學獎（由瑞典文學院確定）、和平獎（由挪威議會任命的評委會確定）5 項。1968 年，瑞典中央銀行為紀念諾貝爾又設立了經濟學獎金。這 6 項諾貝爾獎除和平獎在挪威頒發外，都由諾貝爾基金董事會每年在諾貝爾逝世日統一頒發，儀式在斯德哥爾摩音樂廳舉行。

　　現在諾貝爾獎是世界公認的最高嘉獎，自 1901 年第一次頒發以來，全世界已有 600 多人獲獎。

　　斯德哥爾摩中央火車站北邊不遠的音樂廳（瑞典語 Konserthuset）

就是頒獎的地方。這是一座藍色正方形的建築物，從外面看，音樂廳古色古香，八根通天巨柱從地面直通樓簷，高高的石臺階從大門前傾斜下來，門前豎立著瑞典著名雕刻家米勒斯的雕像群。音樂廳雖然沒有過多的裝飾，卻也顯得典雅大方。一年一度的諾貝爾獎頒發儀式，使這所看上去普普通通的建築聞名於世。

平時音樂廳有演出任務，只在中午 11 點，12 點和下午 2 點開放參觀，由英文導遊帶領。這位導遊告訴我，12 月 1O 日是諾貝爾逝世日，每年頒獎就選在這一天。頒獎儀式在下午 4 時到 6 時舉行。音樂廳內布置得莊嚴典雅，舞臺正中白色帷幕下諾貝爾半身銅像在柔和的燈光下熠熠閃光。舞臺上放著 10 只花藍，那盛開著的鮮豔的唐菖蒲和百合花是從義大利聖雷莫（San Remo，地中海邊，靠近法意邊境）運來的，諾貝爾晚年曾在那裡度過一段很長的時光。

儀式開始，音樂奏起，獲獎者由穿著整齊的瑞典女大學生帶領，從幕後走上舞臺。接著諾貝爾基金會主席致詞。在樂曲聲中，瑞典國王為獲獎者授獎。獲獎者要走到舞臺中央，從國王手裡接過金質獎章和證書，此時會場上報以熱烈的掌聲。每頒獎一次，樂隊演奏一段長約 10 分鐘的樂曲。最後全場起立，頒獎儀式在瑞典國歌聲中結束。英文導遊告訴我，莫言是 2012 年獲獎的，她指著第一排中間的那位，正是莫言，那天，他也像其他貴賓一樣，身穿莊重的燕尾服。

晚上，諾貝爾基金會為獲獎者舉行盛宴，地點在斯德哥爾摩市政廳（瑞典語 Stadshuset）。市政廳位於中央火車站之南國王島（瑞典語 Kungsholmen）東南端，面臨美麗的梅拉倫湖。它由著名建築師厄斯特堡設計，工期 12 年，於 1923 年建成，是一座龐大的褐紅色建築，被推崇為 20 世紀歐洲最美的建築物，現已成為斯德哥爾摩的標誌。一端豎著 106 米高的尖塔，塔尖上的三個金色王冠，是瑞典王國的象徵，也象徵當年組成卡爾馬聯盟的三個成員國——丹麥、瑞典和挪威。

市政廳配備有中文導遊。她帶領我們參觀了市政廳內的著名大廳：其中議會廳為 101 名市議員討論市政的地方，而藍廳和金廳與諾獎典禮有關係。

　　藍廳在樓下，最初設計時要將磚砌成藍色，後因紅磚極美，建築師臨時改變主意，保留了紅磚的顏色，所以「藍廳」實為「紅廳」，據說當時將柱廊漆為藍色，但現在看到的大柱均為灰色。廳內可安排 1300 位賓客就餐，每年招待諾貝爾獎得主的宴會就在這裡舉行。參加宴會的有瑞典國王、王后、議長和首相、諾貝爾獎得主的夫人也應邀出席。

　　吃罷晚宴，樓上的金廳舞會開始。獲獎者和他們的夫人們雙雙走上舞場翩翩起舞，與參加舞會的瑞典各界人士共度這一個難忘的夜晚。

　　金廳在瑞典聞名遐邇，其長寬約為 25 米，四壁有用 1800 萬塊約 1 釐米見方的鍍金金屬塊和彩色玻璃馬賽克鑲嵌的一幅幅壁畫，這是一幅現實主義和浪漫主義相結合的藝術之作。中間的壁畫上端坐著捲髮飛拂，神態俊逸的梅拉倫女王（Mälaren），她右手擎王冠，左手執權杖，懷擁斯德哥爾摩，四周是向她致敬的來自東西方的使者。這幅鑲嵌畫象徵著梅拉倫湖與波羅的海結合而誕生的斯德哥爾摩是全世界嚮往的美好之地。左壁則是從瑞典海盜時代直到近代工業化的歷史畫卷，右壁為瑞典歷史上著名人物的肖像。整個大廳在明亮的燈光下，金光閃耀，顯得無比輝煌壯麗。

　　為人類科學文化事業做出傑出貢獻的科學家、文學家和經濟學家們，在此得到了人類給予他們的最熱烈、最隆重的獎賞。

居里夫人——走過磨難的外嫁女

譚綠屏 德國

居里夫人，名瑪麗・居里（Marie Curie, 1867.11.7-1934.7.4），波蘭出生，為法國物理學家、化學家，放射性研究的先驅者，鐳和釙兩種天然放射性元素的發現者。一位現代原子物理學和癌症治療醫學領域的巨人，世界著名科學家。

1903 年居里夫人和丈夫皮埃爾・居里（Pierre Curie, 1859-1906）因在放射性上的發現和研究，共同獲得諾貝爾物理學獎，36 歲的居里夫人成為世界上第一個獲得諾貝爾獎的女性。

八年之後的 1911 年，因為成功分離了鐳元素而獲得諾貝爾化學獎，44 歲的居里夫人成為世界上唯一一位獲得兩項不同科學類諾貝爾獎的人。

1935 年居里夫婦 38 歲的長女伊雷娜・約里奧-居里（Irène Joliot-Curie, 1897-1956）和女婿弗雷德里克・約里奧-居里（Frederick Joel – Curie, 1900-1958）因為放射化學方面的成就獲得諾貝爾化學獎。

1965 年身為音樂家、傳記作家的次女艾芙（Ève Denise Curie Labouisse, 1904-2007）高興地看到，她的夫婿小亨利・理查森・拉布伊斯（Henry Richardson Labouisse, Jr.）以聯合國兒童基金組織總幹事的身分接受瑞典國王授予該組織的諾貝爾和平獎。

居里家族一共收穫過多少次諾貝爾獎？居里夫婦共同獲得一枚，居里夫人個人一枚，長女兒、女婿又一枚。此外次女婿以組織代表身分再獲一枚。一共 4 枚，舉世罕見哪！

這一段鐫刻在世界科學史冊上金光閃閃的文字，激勵了一代代

人奮發圖強的意志。然而，在這看似金石般必然的碩果蒂結之初始，又帶著多麼牽強巧合的偶然性，其光輝似錦的歷程中，又經歷了多少哪怕頑強意志都足以被摧毀的艱險磨難。

從華沙老城廣場東北方向的大街步行走過去，可到二戰後復建的新城區。伏萊塔街 16 號（Freta 16），一幢在二戰中被德國法西斯炸毀，又依據照片重建的三層民居小樓，原本是居里夫人的出生地，現在是居里夫人的紀念館，於 1954 年開放參觀。

居里夫人原名瑪麗亞（Maria Salomea Skłodowska），娘家姓斯克沃多夫斯卡。父母都是有名望有見識的教師。父親在聖彼德堡大學主修科技。回華沙後教數學和物理。母親是一位有出色音樂素養的歷史教師，成功創辦了一所提供寄宿的女子名校達 8 年之久，直至瑪麗亞出生。母親感染上傳染性肺結核，瑪麗亞不得不被母親強制性嚴格隔離。9 歲時母親不辛早逝。當時波蘭被普魯士、奧地利、俄國一分為三，華沙歸俄國統治。在俄羅斯沙皇統治下的波蘭，人民生活困苦，女子根本沒有進大學念書的機會。處於宗教和民族迫害的貧困逆境之中，天資過人的瑪麗亞變得格外堅強、早熟。17 歲時偶然見到父親因遭遇降職而搬遷回家閒置的物理儀器教材，使她神往著迷並且影響了終生。

瑪麗亞清楚做家庭女教師的辛勞和卑屈，可能被人看得「低三下四」，但困境之中，不到 18 歲的瑪麗亞依然決然通過職業介紹所找尋當家教的工作，開始掙錢資助去巴黎學醫的姐姐。殊料次年一份家教出色的任職，使得顧主家一表人才的長子深深愛上了這位不同凡響，跳舞、划船、滑冰無所不能的美妙少女。但是瑪麗亞貧寒的家境、低微的家教身分，勢必遭到男孩父母棒打鴛鴦、落了個痛苦分手的結局。

初戀的挫折和屈辱，促使瑪麗亞鐵心於尋求自己的專業，撫慰受創傷的心靈。1891 年，24 歲的瑪麗亞靠著自己當家教積攢到的一

點錢，乘火車，歷經三天日夜顛簸，從華沙奔赴巴黎大學攻讀。同我們當今每個離鄉背井、赴海外求學打拼的學子一樣，面對著文化差異的考驗。瑪麗亞以一個難以發音的波蘭人姓氏，註冊入校即引人側目。於是改名為瑪麗。她金色閃亮的頭髮、灰色淺淡的眼睛，典雅大度的風姿、沉靜嚴肅的神色，即使衣著那麼寒傖無華，也不乏校友的專注。更何況她突出的才學，早已得人敬重。當瑪麗以無窮的樂趣刻苦求學之際，沒人知道她極端地儉省，使得她在近乎極限的饑寒交迫中幾度昏厥，忍饑挨餓帶給她嚴重的貧血。友人、父親和姐姐在知道她刻意隱瞞的真相後，伸出了援手。1893 年、1894 年，天資煥發的瑪麗，先後獲得物理和數學學士學位，並以第一名的成績從巴黎大學畢業。

瑪麗決意拒絕婚嫁，獻身科技。她急需要一個足夠面積的實驗室用以從事應約的鋼鐵磁性研究。一位波蘭籍旅法物理學教授助人心切，聞知隨即熱誠邀請法國物理學家皮埃爾‧居里和瑪麗到自己家中見面。

皮埃爾‧居里，時年 35 歲，年長瑪麗 8 歲。身材高大，氣質優雅、思維縝密，隨和寬容、樂於助人，更是一位非凡的天才法國物理學家。

兩人的見面，冥冥之中促成了建樹諾貝爾獎的偉大姻緣。居里先生眼前，這位滿頭金髮、額頭飽滿的青年知識女性，頭腦精確、智力驚人。面目明麗，雙手卻因受實驗室的各種酸城溶液和家務勞動而損傷；服裝儉樸，天性卻自然地流露出對複雜學科細節的敏銳和熱情。仿若天賜良緣，眼前這位奇女子正是他心目中等待已久、罕見少有、天資穎悟的才女！這位努力向上、尚在貧困線上掙扎的女子令他一見鍾情。

瑪麗對居里先生也懷有好感。但是她骨子裡卻滲透著留在法國就是背叛祖國的不安。初戀的居里先生滿懷深情，一封接一封信地追

蹤著乘火車離開巴黎的瑪麗，開導瑪麗、告訴瑪麗、他在等她。瑪麗終於回到巴黎，實驗室又見到她忙碌的身影。瑪麗內心仍在激烈地鬥爭，是留下還是回華沙？居里先生動員了父親、母親和瑪麗的姐姐、姐夫向瑪麗耐心懇切地遊說，終於打破了瑪麗頑固的心理防線。志趣相投、志同道合，瑪麗相信，居里先生是一位在科學和人生道路上值得託付終生的好人！

　　1895 年 7 月 26 日，一個晴朗美好的日子，豔陽高照。瑪麗在這一天冠上夫姓，成為居里夫人。溫馨簡樸的婚禮使得瑪麗稱心如意，因為一應細節都遵從了她樸實無華的生活觀念：一無結婚禮服，二無結婚戒指，三無喜慶筵席，四無宗教儀式。新房沒有裝修。他們拒絕友人提議贈送的長沙發或扶手椅等家具，以圖精簡撣灰除塵的工夫，並且藉以杜絕訪客隨意佔用科研的急迫時間。小房間中一方白色長桌旁，只安置了兩張座椅。一切社交應酬都被排除在他們的生活之外。一位親戚贈送的禮金，買下兩輛自行車，是他們最貴重又實用的結婚禮物。兩年之間，他們常雙雙騎車出遊度假，去海濱森林、去山村農莊、沉醉於無人打擾的僻靜中，享受到人生有限的青春快樂，煥發出無限的科研激情。居里夫人得到先生的萬般寵愛，那種把妻子置於同自己完全的平等，甚至格外超出自己地位的寵愛。這就是放手讓夫人自由立於窮盡一生為科學獻身的位置。

　　期間，居里夫婦整修了一個破舊的棚子，改建成實驗室。在常人無法忍受的艱難條件下，為了節省開支，從低價收購的上萬噸瀝青鈾礦廢渣中進行無數次的溶解、蒸發、分離和提純結晶。居里夫人絲毫不在乎過分樸素的服裝打扮被人指責。居里夫人，工作服沾滿灰土和各種酸鹼液體，每天手執鐵棍不停地攪動鍋中沸騰的礦物。一年、兩年、三年，頑強地守候著、單調地持續著。工作的艱辛實在難以承受，丈夫勸妻子暫時休停。可是居里夫人不肯放棄，堅信必有成果。皇天不負有心人，歷時四載春秋，提煉出至尊至貴、閃耀著藍色螢光

的的鐳，重量僅僅 0.1 克。居里夫人獨立地通過大量周密的理論研究和繁重的化工操作，付出一雙粗糙的、被酸液燒壞、被鐳嚴重灼傷的手，石破天驚地換得兩個新元素的發現和提煉。欣喜之中居里夫人用祖國波蘭的讀音命名了一個元素「釙」（polonium），和一個意思是「賦予放射性物質」的元素「鐳」（Radium）。

1903 年 6 月，居里夫人獲得巴黎大學授予物理博士學位，同年 12 月居里夫人與夫婿共同獲得諾貝爾物理學獎。不可思議的是居里夫人在理論和學科思維上的獨特貢獻，被當時男權社會輿論執意歪曲，居里夫人被描述成丈夫的配角。作為一名女性，功勳卓著仍被刻意抹煞。她被無情地拒絕上臺作報告，只有居里先生作為一個男人才容許上臺講演。這種狀況迫使居里夫婦不得不挺身公開辯解。然而即使明知遭遇不公，品格高尚的居里夫婦也沒有從這個可圖利的產業中申請專利，心甘情願、毫無保留地奉獻給了人類。居里夫人以偉大科學家的無私胸懷立下名言：「鐳不屬於我，鐳屬於全人類。」鐳的發現，解釋了放射現象、地質學和氣象學方面的某些現象，以及生物學方面對於癌細胞的有效作用。以鐳為主導的新型產業開始在國際發展。

1906 年 4 月 19 日是個災難淚灑的陰雨天。皮埃爾在穿過馬路時橫遭車禍，不幸喪生。儘管瞬間面臨天塌地陷，居里夫人仍然以無比堅強的意志拒絕了政府提議給予的國家撫恤金。她以百折不撓的毅力和勇氣繼任了居里先生在巴黎大學的講座，成為該校第一位女教授。她指導實驗室工作，潛心研究各種放射性元素，並且盡責肩擔起兩個女兒的教育。在那個令人心碎的一年，年僅 39 歲的居里夫人獨對孤燈，每天向瞬間消失的亡夫痛訴衷腸，苦苦執筆寫她永遠也發不出去的信！

1910 年，居里夫人成功分離提取出純鐳，她的名著《論放射性》一書出版。1911 年秋天居里夫人去布魯塞爾參加了第一屆索爾

維（Solvay Conference）國際物理學會議。會議由企業家索爾維贊助並命名，其中著名參與者還有愛因斯坦、居里先生得意的學生物理學家保羅・朗之萬（Paul Langevin）等。

正當 20 多位世界頂級物理學精英成功聚會、躊躇滿志之時，一件桃色傳聞被學術對手利用，大肆宣揚、甚囂塵上。原來保羅・朗之萬，家有妻子飛揚跋扈，早因吵鬧、廝打、不合而分居。導師遇難之後，朗之萬教授對哀慟逾恆的師母悉心關照、分憂解難，以至兩人互生愛慕之情，同居一年之久。情愛使冰河之中的居里夫人得已回暖，走出哀傷失落，陪伴了鐳的重大解析。萬無所料，朗之萬的老婆嫉恨之火中燒，乘著比利時會議期間，居心叵測地找人砸鎖強入朗之萬的實驗室，撬開抽屜，偷走了居里夫人寄給朗之萬的情書。情書中有關於通過情愛滿足情欲的表述，被公開發表在巴黎 11 月 4 日的媒體小報上，標題《愛情故事：居里夫人與郎之萬教授》。偉大的居里夫人被巴黎心胸狹窄的一派輿論辱罵為「波蘭蕩婦」。

毫不知情的居里夫人從比利時散會回家，赫然見到家門口聚集著一群歹徒張狂叫罵，不得不帶著女兒躲避到朋友家。

巴黎無良知的公眾和輿論，惡狼般恨恨撲向讓法國榮享國際盛譽的一名謙謙女子，一名樸實無華為科學鞠躬盡瘁的移民女子。法國內閣會議甚至討論是否驅逐瑪麗。郎之萬也被逼迫為此事與輿論攻擊者決鬥。所幸無人喪命。愛因斯坦憤然公開為瑪麗和朗之萬辯護：「如果他們相愛，誰也管不著。」1911 年 11 月 23 日他專門給居里夫人寫信表示安慰。

天傾地斜的當兒，造化降臨。1911 年 11 月 7 日，居里夫人收到獲得本年度諾貝爾化學獎的電報。鑒於她的重大成就，她再次獲得諾貝爾獎。居里夫人勇敢地拒絕了個別權威人士要她請辭的建議，12 月 10 日在姐姐與女兒陪同下第二次來到瑞典首都斯德哥爾摩。12 月 11 日和 12 日授獎儀式在音樂廳隆重舉行，居里夫人堅定地走上講臺

第一次作諾貝爾學術報告。

　　儘管瑞典科學院賦予居里夫人無上的榮光，也難平她在巴黎輿論風暴中所遭受的傷害。她在窮凶極惡的敵視攻擊下，精神崩潰如殘枝敗葉。奄奄一息、無可奈何，短期間採用娘家姓氏斯克沃多夫斯卡女士的稱謂住進一所女子修道院的醫院，以養息治療生理和心理的雙重創傷。研究工作中斷了一年多。

　　對科學研究的頑強意志和用科研成果救助人類的崇高信念，終於使居里夫人重新站立起來。1914 年第一次世界大戰爆發，居里夫人奔赴前線戰地醫院，她親自指導製作和操作使用的流動式 X 光機在戰場上拯救了上百萬受傷的法國士兵。居里夫人不計較自己向法軍提供的重要人道貢獻，法國政府也從未授予她任何正式嘉獎。她專注於建在「皮埃爾-居里」街的鐳學研究所。在居里夫人帶領下，鐳學研究所湧現出四位諾貝爾獎得主，其中包括她的長女和長女婿。

　　居里夫人承受輻射幾十年，而且在一戰期間四年經受過更危險的倫琴儀器射線。最終不克多種慢性疾病折磨，病逝於輻射帶來的再生障礙性貧血（有說是白血病），享年 67 歲。長女伊雷娜‧約里奧-居里和女婿弗雷德里克‧約里奧-居里同樣從事放射線研究，雙雙享年不足 59 歲，病逝於輻射帶來的同樣疾病。居里先生若不是慘遭車禍，也將病逝於因輻射帶來的血液病。居里夫人一家為科研貢獻造福人類付出了人壽生命的沉重代價。只有二女兒艾芙‧居里，嫁給美國駐希臘大使小亨利‧理查森‧拉布伊斯。2007 年 10 月 22 日在睡夢中於紐約自宅逝世，安享天年 102 歲。

　　恪守自己的職業道德，既不求名也不求利的居里夫人一生獲得各種獎金 10 次，各種獎章 16 枚，各種名譽頭銜 117 個。愛因斯坦說：「在所有的世界名人當中，瑪麗‧居里是唯一沒有被盛名寵壞的人。」時經 60 年後的 1995 年，居里夫人和她丈夫皮埃爾‧居里的遺體從合葬的墓地移葬至法國最高榮譽的巴黎先賢祠。一位來自海外曾

1
2　3

1 ｜ 歐華作協文友與居里
　　夫人合影
2 ｜ 居里夫人故居紀念館
3 ｜ 居里夫婦

經清寒窮困的年輕女子，走過無數艱險磨難，在以男性占主導地位的
世界科學史上憑自身成就佔有了一席之地，成為法國國家先賢祠中唯
一的女性。

輯六
———
政治家・軍事家

謝盛友 德國

拿破崙害死貝爾蒂埃元帥？

　　班貝格（Bamberg）老城是德國最大的一座未受戰爭毀壞的歷史城區，1993 年入選聯合國教科文組織的世界文化遺產名錄，它以獨特的方式展現了一座在早期中世紀城市基礎上發展而成的歐洲城市。老城內保留了大量 11 世紀至 18 世紀的歷史建築，是中世紀教堂、巴羅克居民住房和宮殿的完美結合，生動地展現了整個歐洲建築藝術的發展歷史。

　　班貝格擁有上千年的歷史，曾是神聖羅馬帝國皇帝和主教的駐地。新宮殿（Neue Residenz）是一座多翼的砂岩建築，位於主教座堂廣場，現為州立圖書館和美術館。

　　拿破崙・波拿巴（Napoléon Bonaparte, 1769-1821）在 1804 至 1815 年間在位，稱「法國人的皇帝」，也是歷史上自胖子查理（881 年～887 年在位）後第二位享有此名號的法國皇帝。他推動司法改革，頒布《拿破崙法典》，而這一法典也對世界範圍內的民法制訂產生重要的影響。拿破崙最為人所知的功績是帶領法國對抗一系列的反法同盟，即所謂的拿破崙戰爭。他在歐洲大陸建立霸權，傳播法國大革命的理念，同時創立法蘭西第一帝國，在一定程度上恢復過去舊制度中的一些體制。拿破崙在他所參加的這些戰爭中屢獲勝利，以少勝多的案例屢見不鮮，由此他也被認為是世界軍事史上最偉大的軍事家之一，他的戰略也為全球的軍事學院所研究和學習。

　　班貝格新宮殿曾經是拿破崙的行宮，1806 年 10 月 6 日，拿破崙在此簽署法國向普魯士的宣戰書。1815 年 6 月 1 日，發生了拿破崙時

代的一幕插曲：拿破崙的元帥路易士・亞歷山大・貝爾蒂埃（Louis Alexandre Berthier）在此墜樓身亡。

這一天他來到三樓的窗戶旁，他看到俄國騎兵穿越城鎮奔赴戰場，這時他從三樓的窗戶中跌到外面，當場死亡。他的死成了一個謎，有人認為這是一場意外，由於他離窗戶太近。其他人認為他不被拿破崙接受，來到這裏還要被迫看到俄國軍隊再次入侵法國，因而自殺。還有一些人認為這是一場暗殺，傳言有蒙面人闖入他的房間，並把他從窗戶中推出去。

貝爾蒂埃的死亡原因一直沒有解開。歷史學家 Charles Mullié 認為六名屬於納夏泰爾祕密社團的蒙面男子進入他的房間，並把他推出窗外，造成他的死亡。

關於他的死，當時的班貝格報紙報道，有六個蒙面人把他從三樓扔下去。可以肯定的是，根據班貝格警察局當時的法醫解剖鑒定，沒有人向他下毒酒毒素。

路易・亞歷山大・貝爾蒂埃 1753 年 11 月 20 日出生在凡爾賽。他父親是地形測繪工程師，早年受過地圖測繪員的訓練。他天生就有傑出的地理和數學才華。1766 年 1 月 1 日，年僅 13 歲的貝爾蒂埃成為地質工程師。1770 年他加入陸軍。1780-1782 年赴美洲，參加了美國獨立戰爭。1796 年拿破崙出任義大利軍團司令後，主動請求追隨，3 月份出任義大利軍團參謀長，1797 年 12 月 9 日接任義大利軍團司令，指揮對羅馬的占領。

而在外人看來，貝爾蒂埃最能讓拿破崙欣賞的地方是他「在拿破崙的面前總像矮了一截。」1800 年 6 月 14 日，在馬倫哥之戰中負傷。1804 年 5 月 14 日，成為帝國的十八位元帥之一，時年 51 歲。1805 年任大軍團總參謀長。1806 年封為納夏泰爾親王。1807 年 8 月辭去陸軍大臣職務，將其全部精力用於軍隊。

1808 年 3 月 9 日，拿破崙出於政治目的強迫貝爾蒂埃與巴伐利

| 貝爾蒂埃元帥紀念碑 | 班貝格拿破崙行宮 |

亞公主 Maria Elisabeth Amalie Franziska in Bayern（1784-1849）結婚。

　　1809 年奧軍入侵法國的盟友巴伐利亞時，貝爾蒂埃代理大軍團司令。在 1812 年博羅季諾戰役作戰會議，拿破崙與貝爾蒂埃意見相左，發生口角衝突。從此以後，拿破崙漸漸疏遠貝爾蒂埃。儘管如此，他持續追隨拿破崙，完成作為參謀總長的義務。

　　1812 年 11-12 月，在莫斯科撤退中，貝爾蒂埃組織有方，保持了部隊的有序後撤。在 1813 年戰役中，立下不少功勞，但漸漸對戰爭感到厭倦。1814 年 1 月 29 日，在布列訥堡（Brienne）之戰中負傷。4 月 11 日，加入「謀叛」一方迫使拿破崙退位。從而得到波旁王朝的表彰，任路易十八的侍衛長。百日王朝期間，他護衛路易十八出逃，後到巴伐利亞旅行。他拒絕了拿破崙要其復歸的請求，被拿破崙從元帥名單上除名。1815 年 6 月 1 日，在班貝格墜樓身亡，時年 62 歲。

　　貝爾蒂埃是一位值得仿效的參謀長，一位繁忙、有效而不知疲倦的人。他是司令部勤務機構的奠基人，所制定的有關司令部勤務機構的原則，後來幾乎被歐洲所有國家的軍隊所採用；歷史上最出色的德國參謀部，即以貝爾蒂埃的參謀部為藍本。

　　有人認為，1815 年 6 月 18 日的滑鐵盧戰役，如果由他擔任參謀，拿破崙不至於失敗。在滑鐵盧戰役之後拿破崙說：「如果貝爾蒂埃在這，我就不會遇到這樣的不幸。」

漫步新天鵝堡，
懷念路德維希二世

　　沿著布拉赫山路向東行走幾分鐘，就來到一片開闊地，眼前就是高崇連綿起伏的阿爾卑斯山。在半山腰上，一座充滿童話夢幻的城堡矗立在蔥林中，在夕陽餘輝的照耀下，顯得特別的美麗與壯觀。這座城堡，就是舉世聞名的新天鵝堡（Neuschwanstein）。我家就住布拉赫山路一號，每當工作之餘，我常來到國王的這塊領域散步，欣賞新天鵝堡。二十八年前，我是一名輕狂充滿理想的少年，在中國南方深圳，與朋友一起辦雜誌，做出版，幻想有一天成為中國著名的作家。然而命運使然，理想幻滅，隻身來到了德國，不經意踏上了巴伐利亞國王這塊領域，在此地成家立業，開了家酒店，做了國王領域的居民。

　　人生，在這茫茫的宇宙之中，是否有一命運在左右著我們的人生？每當我來到這塊開闊地，仰望新天鵝堡，總覺得有些不可思議。當初巴伐利亞國王，是如何看中此地，然後在此地打造王宮的呢？退回到一百多年前，此地不過是一個人煙稀少的鄉下地方，有河流、高山相隔，交通極其不便，可說是窮鄉僻壤。我想，這個巴伐利亞國王，也是夠有意思，怎麼會看中了此地，在此營造王宮？而到了路德維希二世，更是此地打造了一個新天鵝堡，使他與城堡揚名世界？如今路德維希二世，新天鵝堡的名字，已響亮地登上世界著名的旅遊排名榜。據說，世界各地，每年有三百多萬的人來此參觀，目睹一下這座城堡的真面目和聆聽路德維希二世的故事。這裡已形成世界 30 大

旅遊區之一。

新天鵝堡，是德國巴伐利亞國王路德維希二世的傑作。路德維希二世，與他的新天鵝堡一樣充滿傳奇夢幻的一生。也可以這樣說，沒有路德維希二世，就沒有新天鵝堡充滿童話夢幻的新穎建築，而沒有新天鵝堡的新穎夢幻建築，就沒有路德維希二世的人生傳奇，兩者是相輔相成的。

奧托・路德維希・弗里德里希・威廉（Otto Ludwig Friedrich Wilhelm）1845 年 8 月 25 日出生於慕尼克的寧芬堡（Schloss Nympfenburg）。他與祖父路德維希同月同日生，按照其祖父的願望，取名為「路德維希」。他是巴伐利亞王儲馬克希米利安二世（Maximilian ll）和普魯士瑪麗・弗里德里克（Marie Friederike）的長子。他接班成為國王後，就稱為「路德維希二世」（Ludwig II）。

路德維希二世的父母，在距離慕尼克一百多公里的阿爾卑斯山腳下的 Fuessen（富森）附近的 Schwangau（斯萬高）買進一座騎士城堡（現稱王宮 König Schlossen）。路德維希二世小時候，夏天經常隨父母到此地度假。可以說，他的童年，有很多時間是在此地度過的。騎士城堡有不少的壁畫和英雄的傳說，路德維希二世從小就受到騎士傳奇英雄人物的影響，小小年紀就種下浪漫的情懷。還有一個影響這位國王至深的人物是查理德・瓦格納。這位歌劇王子，寫了許多英雄悲壯的戲劇，在當時的德國紅極一時，路德維希二世，對瓦格納非常崇拜，後來掏了很多錢，專門請他到王宮安排演出他戲劇。

路德維希二世，人也不說他不聰明，他受過嚴格朝廷規格的訓練，又在慕尼克大學接受教育，可說是既聰明又有知識的一個王子。由於他父親的突然去世，他匆促被推上國王的位置，接了班。

也許是他的天性浪漫，或是受瓦格納戲劇或其他英雄人物的影響？他有些不務正業。國家行政做得非常糟糕。瓦格納戲院花去他大量的金錢，讓他捉襟見肘，使他不得不解僱瓦格納的歌劇演出。而使

他陷入困境的是，他不是好好管理朝廷政務，而是花大量時間、金錢來建造他心目中的理想城堡—新天鵝石宮，儘管那錢是自己私人的，但作為一個國王，不是化時間去管理朝政，而是發他的天鵝藝術夢。他自己設計圖紙，選擇建地，聘請工匠，一個新天鵝堡的稚型就建造起來了。然而，問題卻接踵而來：王國內困外憂，經濟頻臨崩潰，舉步維艱。巴伐利亞國王議政團要彈劾他，指責他的執政無能；他的新天鵝石宮也因資金短缺而被迫停工建造。據史料記載，他負債達一千四百萬馬克，陷入萬劫不復的境地。不久，他被王室宣布精神有問題，剝奪他的國王權利，被指定一個精神病醫生監管治療。他多次辯解說他沒有精神病，說沒有一個精神專科醫生來對他檢查，就宣布他有精神病是不公的，但他還是被送去離慕尼克不遠叫施塔恩貝格（Starnberg）的地方療養，可以說形同軟禁了，1886 年就在施塔恩貝格湖溺水而亡。有說他是被謀殺的，有說是正常溺水而死？至今還是一個迷。

路德維希二世，生前建有幾處行宮，如林德赫夫行宮（Linderhof），金湖的行宮（Schloss Herrenchiemsee）等，而最終成大氣候成大名的，就是新天鵝堡。

我在新天鵝堡腳下的一片開闊地漫步而行，思路逐漸進入迷幻中：路德維希二世，他的一生，你說他很有傳奇，也不見得。他不就是一個有點小聰明的王子，從小被王室培養，長大後接班做了國王。然後不務正業，大動土木建城堡，最後被罷免不得志溺水而死。他與眾多的歐洲王室的國王又有多少不同？這樣的王子命運，我想也沒有多少稀奇。而我們從另一角度來看，路德維希二世，他確是與眾不同。他沒有上過建築工程的專業大學課程，但他自己即可以畫圖建造他心目中的新天鵝堡。他雖然不善於管理朝政，但對文化藝術既很有愛好，而且雄心勃勃。他大力支持瓦格納的歌劇演出，親自構圖選址打造新天鵝堡。後來被廢，被精神病仍直被溺水身亡。他都執迷不

悟，一直認為他是在做一個偉大的事業。他在 1865 年給查理德‧瓦格納的信中寫道：「當我們兩人都已不在人世時，我們的作品將成為後來追隨者們的經典範例。我們的作品將愉悅後世之人，人們的內心將為這永恆的藝術所傾倒！」歷史真的不幸被他言中：瓦格納的歌劇至今仍在德國盛演不衰，新天鵝堡人們參觀絡繹不絕。他的名聲，路德維希二世，在世界各地正在盛傳。

　　路德維希二世，一個末代國王，與清朝溥儀末代皇帝可比嗎？溥儀的命運多舛，可能比他更傳奇？他是一個曠世奇才的建築師嗎？沒有老師給他教過建築工程學，他自己即能畫圖紙，選地點，勾畫出美輪美奐的新天鵝堡；他可與明朝的明熹宗木匠皇帝朱由校做比較嗎？朱由校做出的櫃子，至今在北京故宮有模有樣地擺著呢；說到酷愛藝術，他可與五代十國的李後主做比較嗎？李後主的詞，可是傳誦上千年了呢。冥冥之中，歷史自有其相似之處，但不能一一而論。一個人在世時，無論他如何威風凜凜，紅極一時。死後無人惦記，就會煙消雲散。他能引起人們的注意，是後人的挖掘與傳誦。為什麼是他而不是他被挖掘出來歷史再現呢？這裡有一個機遇問題。在此，我不得不信奉我們祖先的風水學。中國的堪輿學，認為山水與人處於何個地方是非常重要的。它決定人的榮華富貴，生死與共，或是今生未來好壞的命運。

　　我在平地緩緩漫步而行，眺望著建在半山腰的新天鵝堡。它就坐落在阿爾卑斯山一個山坳上。兩旁是高崇的山峰，中間有一個窪地，後面遠處有一山頭做墊。站在平地這一端，遠遠望去，真像一個女人的生殖器。而這個新天鵝堡，正是建在那敏感的位置上。而且讓人稱奇的是，在城堡的後面，有一條高山流水的瀑布直瀉而下。我終於若有所思，似乎發現了什麼祕密：這個新天鵝堡建在這個地理位置上，用我們中華文化的風水命理學來說，它註定要激動人心的，發情而讓人流連忘返的。因為它就建在一個處女地上。你不得不信，造物

新天鵝堡

主造天地，它是與人有很大的關係的，新天鵝堡今天人丁興旺，川流不息，它是有風水命理學的存在的。當國王路德維希二世，決定把他自行設計的新天鵝堡建在這個地理位置上，就註定他今後的命運和歷史定位了。

　　我突然想到老子的一句話：「玄牝之門，玄之又玄，妙不可言」，路德維希二世，他已守住那玄牝之門，那風水微妙的勝地，能不「妙不可言」嗎？他註定要揚名熱傳於天下的。

光影斑駁看茜茜
——波森霍芬堡沉思

　　德國有一句諺語說：Wo Licht ist, ist auch Schatten。意思是：有光明的地方，必然也會有暗影。今年七月底，我偕同家人走訪了茜茜公主故居波森霍芬堡（Possenhofen），對這句諺語有了更深的理解。

　　茜茜公主是歐洲歷史上的一位傳奇公主，十九世紀的「戴安娜王妃」。她出身侯門，不是巴伐利亞王室正支嫡傳的公主，可是命運讓她嫁入奧地利皇室，成為奧地利歷史上的伊莉莎白皇后，奧匈帝國的國母，臣民遍佈多瑙河以及地中海流域。生前，她引領時尚潮流，她的髮型和服飾被貴婦模仿，她的美貌和身材被萬眾膜拜，她的足跡和身影被媒體追蹤。身後，她的人生故事多少次被搬上銀幕。其中最成功的是五十年代中期拍攝的三部曲，通過這三部電影她的故事在全世界廣為流傳，茜茜公主以及她的扮演者羅密‧施耐德（Romy Schneider）都成為萬千粉絲的偶像。

　　隔了一個世紀回望，她的人生故事是一個充滿光明的現代版童話。通過電影，人們看到光彩照人的茜茜公主。三部電影，各有各的故事情節，各有各的波瀾起伏，但是最後的圓滿結局讓觀眾不會耽溺於故事中的波折，爭吵，悲哀，傷痛。人們看到的是美麗的公主，善良的王后，很少深究背後的真實。

　　我也一樣。在巴伐利亞州生活三十餘年了，多少次到施塔恩貝格（Starnberg）湖邊散步湖中泛舟，卻從沒想去看看湖邊的茜茜公主故居波森霍芬堡，甚至不知道確切地址。行前夜裡在網上查找資料，

然後大吃一驚，感慨不已。

第二天，在一個美好的夏日，我們一家一早出門驅車前往，先到故居附近的皇后博物館參觀。博物館不大，交通卻非常便利，緊挨著 6 號輕軌線車站。博物館前身是路德維希二世修建的車站，橘紅色左右對稱的建築獨立於一個高坡上，沒有皇宮的宏偉氣魄，卻也不失美觀。前面一座塑像，伊莉莎白皇后長髮梳起長裙曳地，雙手交疊無言肅立。

博物館有三間展室，中間展室房門大開，陳列有關茜茜故居波森霍芬堡的介紹。在這裡我慢慢參觀一張張平面圖，照片，對應網上找到的故居歷史介紹。

對電影中的波森霍芬堡印象太深刻了，查資料才知道電影中的波森霍芬堡另有其地，並不是施塔恩貝格湖邊真實的故居，而現實中的故居在短短的一兩百年間飽經滄桑多歷變遷。

波森霍芬堡始建於十六世紀，是當時的巴伐利亞侯爵威廉四世下令修建的，最初是全木結構，規模很小，侯爵不大滿意。負責建造的首相雅各·羅森布施（Jakob Rosenbusch）追加成本投入重金，在那裡修建了一座三層四角有方形塔樓的宮堡，蔚為壯觀。他因此獲得侯爵歡心，被封為貴族。其後宮堡數次易主，直到 1834 年，被茜茜公主的父親馬克西米連侯爵買下，作為那個龐大家族的夏日行宮。馬克西米連侯爵在原來的老建築旁另建新殿，新宮是一座馬蹄鐵形的三層樓房，一座小教堂連接新老宮殿。在波森霍芬堡，茜茜公主和姐妹們度過無拘無束的童年。

茜茜公主嫁到奧地利後，巴伐利亞國王路德維希二世為了皇后歸寧方便，特別在旁修建鐵路車站。可是皇后晚年常年在地中海各地旅行，很少回來。在她身後她的家族越來越少到那裡，一度車水馬龍的門庭逐漸冷落荒敗。1940 年，第三帝國時期她的家族把宮堡賣給當時的納粹政府，那裡成為戰時醫院。戰後波森霍芬堡更是命運

多舛，幾次變賣，用途一改再改，當年宏偉壯觀的宮殿，一度成為工廠，一度成為修理車間，一度甚至淪為羊圈！

不過短短幾十年，這座童話故事裡的宮殿面目全非，瀕臨坍塌！八十年代初，這座危樓差點被拆毀澈底消失，後來被賣給私人。投資商耗費鉅資大力整修，保存建築外觀，內部澈底重建，改建為高級公寓。現在是私人產業，不對外開放參觀，只有宮堡前面到湖邊的一段闢為公園，供民眾散步休憩。

為了彌補故居不對外開放的缺憾，才有了現在的伊莉莎白皇后博物館（Kaiserin Elisabeth Museum），供人們參觀紀念。

博物館右邊展室陳列大量的照片，一大摞當時有關伊莉莎白皇后的剪報，一張張翻看，她真實的故事隱約重現。

茜茜公主，本名：伊莉莎白，全稱是：伊莉莎白·阿瑪麗亞·歐根妮（Elisabeth Amalie Eugenie），於 1837 年 12 月 24 日平安夜出生於慕尼克，1898 年 9 月 10 日在瑞士日內瓦湖畔遇刺身亡。茜茜（Sisi），是父母家人對她極為親昵的稱呼。1854 年，茜茜公主在她十六歲時嫁給表兄奧地利皇帝弗朗茨·約瑟夫一世，成為後來的奧匈帝國的國母。

茜茜公主不是出身王室正支，很幸運少女時代可以不必過循規蹈矩的皇室生活，得以跟隨喜愛自然的父母，在風光秀麗的斯塔恩貝格湖邊長大，自幼徜徉山林縱聲歡笑縱馬賓士，按照自己心性自由快樂地成長，直到——，直到她嫁入皇室，成為伊莉莎白皇后。

電影中年輕的伊莉莎白皇后在輝煌的美泉宮成為美麗的籠中鳥，不得不學習宮廷生活準則，一言一行，一顰一笑，被嚴格遵守宮廷教條的太后苛責。長女索菲公主誕生後，撫養權被太后奪走，年輕的皇后忍無可忍私自離開皇宮回到娘家。多少年來我一直相信，這些不過是編劇故意製造的情節衝突吧。可是認真探究之下發現這些情節都有歷史上的真實背景，而且伊莉莎白皇后真實的人生遠比電影故事

更加曲折。

　　茜茜公主或許是一個幸福的女孩，嫁給了自己心愛的人，可是伊莉莎白皇后是一位不幸的母親，四位子女，她在生前失去兩位。她十六歲結婚，婚後第二年長女索菲公主出生，緊接著次女吉賽拉公主來到人間，婚後第四年皇儲魯道夫降生，最愛的小女兒瑪麗・瓦拉莉公主姍姍來遲，生於 1868 年，比哥哥姐姐小十多歲。十七歲做母親，太年輕了，太后以此為由剝奪了她作為母親親自撫養孩子的權利。伊莉莎白皇后很少能夠接近孩子，跟年長的三個子女沒有特別親密的關係。或許為了跟太后抗爭吧，1857 年，婚後第三年，她不顧醫生反對帶著兩個年幼的女兒到匈牙利旅行，途中孩子染病，長女索菲公主兩歲夭亡。這件傷心的意外給她和弗蘭茨的婚姻造成深深的裂痕。1889 年，伊莉莎白皇后時年 52 歲，步入晚年，獨生愛子王儲魯道夫自殺身亡，更是命運給她沉重一擊。從此她放棄鮮豔色彩，黑色喪服成為她的招牌標誌。那段時間後來被稱為「黑色時期」（Die schwarze Periode）。

　　嫁入皇室，貴為國母，外人眼裡風光無限，可是伊莉莎白皇后最終選擇逃離，自我流放常年在外旅行，二十年間足跡遠至匈牙利、英格蘭、瑞士、義大利、土耳其、葡萄牙、西班牙、埃及，以及她非常喜愛的希臘。她曾經在希臘養病，僥倖康復，對那裡滿懷感激，甚至在科孚島建造了一座行宮阿喀琉斯宮（Achilleion）。1898 年 9 月，正當她計畫再一次坐船旅行時，在日內瓦湖畔被一名義大利反對皇權者刺殺身亡。她遇刺身亡，各大報刊爭相發行號外。她的葬禮，萬人哭送的場面，都是當年最轟動的報導。

　　回顧茜茜一生，年輕的伊莉莎白皇后為調和奧匈帝國各民族間的矛盾做出了不可磨滅的貢獻。她用一顆柔軟的心征服匈牙利，使奧匈帝國成為一家。在匈牙利境內至今有很多王后雕像，我在匈牙利首都布達佩斯親耳聽到匈牙利導遊對王后讚譽有加。除此以外，伊莉莎

白皇后在內政外交上無甚太大建樹，最後二三十年她常居海外，遠離國家，不問政事，選擇做影子皇后。

她和表兄弗蘭茨的婚姻，從深愛到疏遠，後來常年分居，靠書信維繫感情，婚姻名存實亡。雖然如此，在弗蘭茨心中她的地位無可替代。據說她的死訊傳來，弗蘭茨喃喃低語：她永遠不知道，我有多麼愛她。弗蘭茨在一戰期間去世後，兩人在皇家的地下墓室裡並排安息，永遠相伴。

茜茜公主的傳奇故事從一個偶然開始，在另一個偶然裡結束。1853 年，她母親和姨母，奧地利皇太后，安排相親，本欲撮合她姐姐海倫公主和表兄，偶然帶上妹妹同行。相親見面時，表兄陰錯陽差地沒有愛上十八歲花樣年華的姐姐，反而對十五歲含苞待放的妹妹傾心不已。1898 年的行刺事件，行刺者後來供認，他計畫刺殺一名皇室成員，不拘是誰。他鎖定的目標本來是法國王子亨利・菲力浦・奧爾良，可是法國王子臨時改變行程沒到日內瓦來，行刺者轉而盯上了伊莉莎白皇后。兩次偶然，兩次陰錯陽差，一代傳奇就此展開，又邈然謝幕。時也？命也？令人喟歎。

走出右邊展室，我們來到最後一間展室，左面展室在門口標明不允許拍照。這裡莫非正在裝修嗎？門口懸掛一道黑色布簾，裡面還有一道，隔開一部分不能參觀的地方。布簾使展室光線幽暗。進門迎面是幾個玻璃展櫃，裡面陳列少數當時的器皿、用具、首飾。在另外一道布簾隔開的一角，一個展櫃特別引起我的注意。那裡有一張照片，是一身黑衣的伊莉莎白皇后，照片旁是一把棕色扇子。下面有介紹說，伊莉莎白皇后在兒子皇儲自殺後，深受打擊，從那時起只穿黑色衣服。一身黑衣棕色扇子遮面，成為她晚年的招牌形象。展櫃旁邊的角落裡，衣架上一條黑色長裙被撐開，那是伊莉莎白皇后曾經穿過的裙子。

交替注視角落裡的黑色長裙和展櫃裡的棕色扇子，腦海裡身穿

黑裙手拿扇子的伊莉莎白皇后和髮辮細密頭戴鑽石髮飾的茜茜公主交替出現。半晌轉身，推門走出走前再次回頭，有人走動帶起一絲微風，黑色長裙的下襬輕微顫動。

走出博物館，或者說「紀念館」，陽光陡然耀眼。回過頭來，橘紅色的建築，建築前的伊莉莎白皇后銅像，高貴，美麗，卻——，在陽光下閃著一絲寒冷的金屬光澤。

告別伊莉莎白皇后博物館，我們走向茜茜公主故居，波森霍芬堡。

波森霍芬堡離皇后博物館不遠，步行下坡，走過一個路口，在正前方即可看到一座龐大的建築物的後牆。

慢慢走近，從後牆轉到側面入口，沿路綠色籬笆圈地為牢，正面灰色柵欄當路而立，攔住我們前進的腳步。抬頭遠望，波森霍芬堡氣勢宏大外觀宏偉，淡黃色的牆壁淡雅柔和，整潔到似乎上個月才粉刷過，周圍綠茸茸的草地夢一樣鋪展開來，柵欄後一個簡單的石堆裡，幾股水柱湧起，水珠在陽光下閃爍。

無法走近參觀，我們只能遠遠繞宮堡一圈。茜茜公主的父親擴建的馬蹄形新宮，連接新舊兩處的禮拜堂，老宮四角塔樓建築，一一走過看過，最後停在波森霍芬堡偌大的綠地公園前，好大的綠地，草色葳蕤，綠樹成蔭。

不得入內，我們只好走向湖邊，在那裡回望波森霍芬堡，彎彎小路穿過草地通向宮堡。茜茜公主，她曾經在草地上奔跑，在花園裡歡笑，在小路上縱馬，在樹林深處喁喁私語嗎？

佇立湖邊，享受夏日金色的陽光。眼前，施塔恩貝格蔚藍的湖面波光粼粼帆影點點，對岸群山逶迤連綿。茜茜公主在一個明媚的春天乘船出發，走向戀人開始新生活，她站在船頭向歡呼的民眾揮手致意時，多瑙河的河水也曾經這麼藍，這麼清，這樣輕輕蕩漾嗎？

我們沿著湖邊的人行道走去，濃密的林蔭道隨湖岸蜿蜒伸展，

| 1 | 1 | 故居老屋 |
| 2 | 2 | 灰色欄柵攔路 |

陽光透過樹蔭灑落。初秋，伊莉莎白皇后在生命的最後一刻，在日內瓦湖邊徒步走向郵輪時，可曾有一縷陽光照亮她的黑裙？

我們一路走下去，隨著我們的腳步，茜茜公主曾經的故居波森霍芬堡一會兒露出一角，一會兒完全隱去。走下去，有風來，水面金光跳躍，林中光影變換……

希特勒的老鷹窩

　　搬家，搬家。由於先生的工作調動我們必須前往德國中西部的黑森州。先生喜歡自然，我喜歡安靜，兩者一相加，我們便選擇了在陶努斯山後面的自然保護區內落腳。進山只有一支被冠名以陶努斯線的小火車。它像一條胖而短的蚯蚓，速度不快地每半小時到一小時一班。將山後面的人們慢吞吞地運送到山前的最大城市——人稱法蘭克福後花園的巴德洪堡市（Bad Homburg）。從那裡人們才可以再轉輕軌火車去法蘭克福。

　　當我們落腳此間之後，在周圍遊走之餘有一處神祕之地悄然地落入眼中。只見它一側是臨公路的山，另一側是森林草甸。山陡而高，卻有條上山坡的小路只看得見入口，看不見盡頭。在草甸的邊上有一棟以「主人磨坊」命名的餐館。此餐館神祕莫測至今都是門上貼張名片，要吃餐者請電話預約。當你進入裡面時馬上又會被一種與眾不同的大氣和高貴的氛圍而打動。這裡的家具和鏡子、油畫和沙發都顯示出一種讓你不是生活在當下的提醒。空間很大。餐廳裡除了一個大壁爐和兩面臨窗的風景外，只放三個大橡木圓桌。腳下石磚也顯示著年代的滄桑。不知為何我彷彿總是看見有穿著黑色長筒靴子和軍褲的腳在上面走動。這也是附近最貴和最具盛名的一家餐館，只要誰提起說把家宴或者什麼慶祝宴放在了「主人磨坊」時，聽的人眼睛都會放大。更令我驚訝的是，有一年當我們說要請將近 50-60 人時，老闆為我們打開了一扇門，門後竟然是一個比平時餐廳更大兩三倍的廳。宴會一來，大廳裡面放十五六張大橡木圓桌都完全不成問題。不說那

白色的桌布、白色的蠟燭、高而大鑲著銅框的鏡面無不惶惑出一抹歷史的遺跡。在這靜悄悄的山裡何來這種需要？

當我們時候瞭解到這「主人磨坊」的對面——也就是離我們家沿公路 1500 米不到的山後，隱藏一個巨大的「老鷹窩」（德國的國徽上就是一個老鷹）時，我們不得不重新用歷史的眼光來審視起腳下的這一片土地。

不言而喻，老鷹是德國國家的象徵，所以，鷹巢或稱老鷹窩——也就是象徵國家的總部所在。翻找歷史資料我們得知，原來自己所住的地方竟然就是當年二戰時期希特勒（Adolf Hitler, 1889-1945）的備用司令部。

通常為大家所知的鷹巢是位於巴伐利亞州的希特勒別墅。根據維基百科的資料：鷹巢，德語 Kehlsteinhaus。位於德國南部貝希特斯加登附近的阿爾卑斯山脈，海拔 1834 米。1937 年由馬丁·鮑曼下令建造。1938 年完成。作為希特勒 50 歲生日賀禮的一座別墅。希特勒將其用作款待重要客人之用。如今那個鷹巢已經成為重要的遊覽地。

然而我們在這篇文章裡面所要介紹的，是至今並不為旅遊者開放的一個隱秘的鷹巢。它的名字全稱是 Führerhauptquartier Adlerhorst（領袖司令部老鷹窩）。從德語的原文，我們可以清晰地看出前面在維基百科裡被稱作鷹巢的德語原文根本沒有老鷹這個意思。Kehlsteinhaus 直譯的意思是「尖石上的房子」或者「角石上的房子」。而 Adlerhorst 這個詞直接的意思就是老鷹窩。除此之外沒有第二個解釋。所以如果要說鷹巢，我認為，這個位於黑森州陶努斯山後朗恩山羊坡（Langenhain-Ziegenberg）上的軍事據點才是真正的鷹巢。

對住在它的邊上，每天幾乎都要路過它面前的我們來說，不搞搞清楚它的內幕總是有點不甘心的。有幸的是我們認識了本城對此很有研究的一位朋友。從他那裡我們得到了有關這個老鷹窩的整整一夾

子資料。一部分是他從網上找到的，一部分是他自己在得到城市的特許之後進去看到的。這位名叫庫爾特・茹普（Kurt Rupp）的先生，將自己的研究結果作為第一本有關老鷹窩的書於 1997 年出版。根據他在書裡的介紹，我瞭解到，在老鷹窩的周邊為了防備空襲一共造了 29 座地下防空工事。從那張畫有各種圓圈的地圖上，我們可以看出斜橢圓是司令部和後勤部。小圓圈裡面有一個黑點標誌都是表示這裡是防空機槍點。專門打飛機的。實心黑色圓點是防空洞和地下通道。空心圓圈是工人宿舍。橫橢圓是水源和水庫。所有的設計從生活到軍事、從防守到攻擊都準備得堪稱完美。

　　從所登記的資料來看當時有 475 個人在那裡工作。從一張顯示他們業餘生活的照片上，我看見左邊有一個人在拉手風琴。老鷹窩的左面還有一座山羊城堡。從照片上看還能夠辨認出裡面所曾擁有過的輝煌，比如皇冠燈、路易十六式的陶瓷壁爐以及透露著一派高貴之氣的畫廊。

　　總體來說這個司令部是一個結構十分複雜的巨大掩體。它的佈局包括了 Langenhain-Ziegenberg 主體工事以及後來搬遷過來所形成的居民區，有七座隱秘地下工事的大草甸（Wiesental）和有好幾個碉堡的冠坡（Kransberg）。它於 1939 年 9 月至 1940 年 8 月間建成。是專門為了當時的元首希特勒和他的士兵們建造的。建築的總體設計由建築師亞伯特・斯佩爾（Albert Speer）完成。

　　1939 年到 1943 年，是希特勒企圖征服歐洲的四年。德國軍隊發動閃電戰於 1939 年 9 月佔領波蘭，1940 年 4 月佔領丹麥和挪威，5 月佔領比利時、荷蘭、盧森堡和法國，1941 年 4 月佔領南斯拉夫和希臘。就在這段時間內希特勒選中了在黑森州的陶努斯山裡建造他的第二個司令部。不知道他當時是出於何想——是覺得柏林的司令部太小容不下指揮整個歐洲的量呢？還是他已經預感到了柏林有一天終將不守，他必須逃往某個隱秘之處？總之，幾乎就在德軍輕而易舉地攻

佔了波蘭的同年，老鷹窩開始動工建設。這一片土地從地理位置上來說也是很符合保密要求的。前後出山都只有一條鄉間公路，而且蜿蜒曲折。如果要封鎖的話是很容易的。

回想當年，就在希特勒法西斯政府為在東歐建立廣闊的、全新的帝國「生存空間」（Lebensraum）而發動戰爭的同時，陶努斯山裡的居民也開始增加。根據建築師亞伯特・斯佩爾的設想是，要在陶努斯山區裡建造一個巨大的、隱秘的、不被空中飛機所發現的軍事基地。所以老鷹窩的建造在這個設計理念之下，形成了到今天為止還不為人發現的功能。它的所有的碉堡和防空洞全部被偽裝成普通的民居。也就是說那些泥水匠和建築工們在造好了一個厚度為 2.5 米的水泥防空洞或碉堡之後，又在這個防空洞或碉堡的外面，用普通的建築材料造了個民居的外殼。比如綠瓦紅牆、籬笆煙囪。牆上爬滿了玫瑰和常青藤。若是飛機經過飛得再低，看上去也都是一片民居。

德國在取得了攻克南斯拉夫和希臘的勝利之後，由於英吉利海峽和英國皇家海軍的緣故，未能對英國發動地面攻勢。1941 年 6 月 22 日德軍突襲蘇聯。但殘酷的事實證明，德國無法擊敗蘇聯。相反，被蘇聯與英國和美國一起扭轉了戰局，最終於 1945 年 5 月戰敗投降。當盟軍的飛機呼嘯著炸爛了德國絕大多數城市——包括法蘭克福之後，也許把剩餘的炸彈在回程的路上到處亂扔。陶努斯山為此也不能避免。又或許是走漏了風聲，讓盟軍知道在這陶努斯山裡隱藏著希特勒的第二個司令部，總之，有幾枚炸彈是炸到了「民居」。在今天我們還能夠看見被炸到的「民居」的一角。德國人未做任何的粉飾，就讓它保留在那裡。但是縱觀「民居」整體上安然無恙，只被炸破一點邊邊角角。而從那些被炸破的邊角後面，儼然露出了更為堅實的厚厚的水泥——灰色的防空洞實體牆。

2015 年我參與了由捷克華人老木、胡忠旭和劉進民間發起的，為了紀念二戰勝利 70 週年所舉辦的「單騎送鐵證・萬眾倡和平」活

動。中國江蘇省電視臺一路跟蹤拍攝並一同走訪了老鷹窩。我們到老鷹窩做了實地觀察後，還到希特勒當年來到這裡視察時所降落的軍用小機場——現在已經變成了一個信號雷達發射站參觀。根據當地二戰老兵 Gerhard Maurer 的回憶，當年聽說希特勒要來時作為青少年的他們，都十分好奇遠遠地爬到可以望見那塊小機場的山上。從這個小機場到老鷹窩有 10 公里的路。想希特勒下飛機之後，坐車來到老鷹窩，就在「主人磨坊」被眾軍官們接風洗塵了吧。

在不到一年的時間裡造起了一個巨大的備用司令部，不能不說也是閃電般的速度了。當時的德國法西斯軍隊正在歐洲所向披靡，老鷹窩的地下工事一切都準備就緒，燈火輝煌地就等著領袖在必要時來使用了。然而就像任何事物的膨脹都會帶來毀滅性的結果一樣，短短四年不到，二戰的局勢就因正義必定壓倒邪惡的歷史性必然而被扭轉。蘇聯人民在斯大林格勒保衛戰中頑強奮戰，以雙方陣亡超過 71 萬人的代價，換來了法西斯德國的開始敗退。

德國軍隊一向所習慣的戰車、步兵、工兵、大炮及飛機的協同作戰，在蘇軍司令崔可夫所制定的盡可能和德軍近身距離的戰術——他把這種戰術稱作是「緊抱德軍」，迫使德軍在異國的戰場上只能各自為戰。在斯大林格勒，蘇軍把多層樓宇、工廠、街角乃至辦公大樓都變成戰鬥堡壘。

這一場殘酷無比的、對德國軍隊來說，更是饑寒交迫的惡仗，就在老鷹窩順利完工之後，從 1942 年的 7 月 17 日一直持續到 1943 年的 2 月 2 日。從盛夏一直打到次年的初春。冬天的斯大林格勒平均氣溫可以達到零下 9 度，穿了夏裝進入蘇聯的德國軍隊到了開始進入冬天時，給養線被蘇軍切斷。凍、病、餓造成額外的大批傷亡。從傷亡的數字來看該戰役是近代史上最為致命的戰役之一。

希特勒到老鷹窩視察過兩次之後，因德軍在蘇聯戰場上的失敗，再也沒有機會光顧和使用他的備用司令部而，最終自殺於柏林。

老鷹窩

　　老鷹窩一直靜靜地空置在那裡——直到 70 年後的今天。相信以後也不會再有人去打擾和使用它。它變成了一個標誌——標誌著德國歷史上一個不再發展的病灶、一個靜止活動的癌細胞。

聯邦德國首任總理阿登納，故居和軼事

兩年多前的秋天，我隨 Minnerop 老太太做領隊的讀者團來到了阿登納故居參觀。這個故居坐落在萊茵河邊的一個小村鎮勒恩多夫（Rhöndorf），在聯邦舊都波昂（Bonn，又譯波恩）南郊 Bad Honnef 一帶，是阿登納同他的家人從 1937 年起的住所，他在那裡度過了 30 個年頭，也在那裡去世，去世時 91 高齡，隨後他被安葬在附近的墓地，故居則變成了懷念老總理的紀念館。

一、阿登納其人

阿登納是二次大戰後，1949 年聯邦德國成立以來的第一位總理，全名康拉德‧阿登納（Konrad Adenauer）。他 1876 年出生於科隆，1967 年在勒恩多夫去世。他的父親是法院書記員，他是家中五個孩子中的老三，他們家信奉羅馬天主教，他在大學裡學習法律專業，畢業後從事法律工作。一生結過兩次婚。1917 年以 41 歲當選為科隆市長，是當時全德最年輕的市長，一當就是 12 年。因為反對希特勒，1933 年被解除職務，之後兩次被捕入獄，但最後都獲得釋放。尤其是第二次的釋放原因不明，一般來說，那時納粹政權就要亡命，又逢刺殺希特勒的斯陶芬爆炸事件，納粹拚命地殺人，瘋狂地殺人。有一說法是他的大兒子去為他陳情，說明阿登納與斯陶芬無關。

英國人不喜歡阿登納，1945 年他再度出任科隆市長，之後沒多久就被英國佔領軍解除職務。美國人喜歡他，由於阿登納有敢於反對

納粹希特勒的作為，有別於與希特勒時期合作的大部分官員，在西德初始領導人的選擇上，他受到同盟國青睞，支持他出任首任西德總理。

阿登納當選總理時是 73 歲，4 次贏得大選，每屆四年，本來可以當 16 年的總理，結果當了 14 年就有人請他走路，因為他已是 87 歲高齡。他的執政時間記錄後來被不久前去世的科爾打破，科爾當了 16 年總理。

對阿登納的評價歷來很正面，沒有什麼轟動的醜聞。阿登納去世後，很多西德民眾表示：感謝他「為德國人民所做的一切」和他「勤奮、剛直」的品格和求實態度，他的政敵也讚賞他具備「真正領導者的素質」。西方評論界普遍讚譽他「以他的鐵肩支撐危局，使一個戰敗的、幾乎氣息奄奄的民族經受住了考驗」。2005 年 11 月 28 日德國電視二台投票評選最偉大的德國人，阿登納當選第一。

二、阿登納故居

我們觀看阿登納的故居，就是一所很普通的民居，建在山上，路很陡，走上去有點吃力。阿登納住在這裡時，每天要上下山兩次。房子不算很大，我們早上上去時霧很濃，到中午時分漸漸地散去，太陽冒出來了。房子的視野很好，右面山上的 Drachenfelsen ──萊茵河邊著名的石壁「龍崖」和殘留的古堡──看得一清二楚。對面是名鎮 Königswinter，站在山坡上可以遠眺萊茵河。

他的房子沒有大片的草坪，花園是在斜坡上，一層一層的像個梯田。花園也很樸實，有一個小小的噴泉，還有一些玫瑰，阿登納很喜歡玫瑰花。花園的左邊有他晚年寫回憶錄的玻璃書房。他為什麼要在這裡建房？因為這裡的地皮便宜，這地方原來都是種葡萄的，不屬於居住區。上世紀三十年代時他在科隆當市長，希特勒上臺後請他走路，每個月他只有 1000 帝國馬克的退休金，一直拿到 1945 年情況才

有所改變。他有 7 個孩子：4 個兒子，3 個女兒，因而他需要比較大的房子，又不能太貴。

當我們踏進他的家門，就感覺到當父親的阿登納好像還活著，正在那裡同他的一大群孩子遊戲著。他家的窗臺邊放著兩個電話，裡面的一個是私人電話，外面那個是公家電話，上面有個紅點，一按，就是直線。緊急情況下，工作人員可以直接打到總理的家裡；而總理家的傭人也可以用這個電話。比如，阿登納上班地點在波昂，每天早上有司機來接阿登納，但是賓士車是無法開上山的，所以阿登納總是走路上下。哪天如果阿登納早出門，女傭人就趕緊打電話給司機，讓他早點出門來接。下山處有一棟白色的小屋，是警衛處。當年阿登納堅持將聯邦德國的首都定在波昂，是不是與他的這所住處有關？

進入這個家庭，你會很吃驚，大總理的家是那麼地樸實，連一般中層階級都比不上。裡面有個音樂室，是當年阿登納的女兒彈鋼琴的地方。客廳裡面有許多國家領導人送的貴重禮物。比如西班牙的佛朗哥贈送的古代皇帝的寶劍；戴高樂送的法皇路易十四的對瓶等等。那套沙發為 Biedermeier 風格，是老家具，從舊居搬來的。阿登納接待國家領導人都是在他的官邸，從來不在家裡接待客人。只有一個例外，他兩次在這套老沙發上接待了法國領導人戴高樂。他們私交很好，阿登納請戴高樂品嘗萊茵地區的梅子蛋糕。阿登納很注意同法國搞好關係。德法兩國歷史上從來就是敵人，友好關係的開端就從這套沙發上開始。因為阿登納很明白，要維護歐洲地區的安全和經濟，只有兩國攜手才能成功。德法是歐洲兩個最重要的國家。若不是阿登納當年的努力，就沒有今天的歐洲聯盟。

因為阿登納與戴高樂的特別友誼，花園裡豎立了二人的雕像。但是藝術家將阿登納美化了。因為戴高樂有 1 米 90 多，而阿登納的個子不高，但從這兩個雕塑上看不到有這麼顯著的差別。

三、阿登納的軼聞趣事

　　某一年，阿登納訪問義大利，在那裡學會了玩地滾球，回來後就在家裡的花園裡修了一塊地，每天工作完畢，他會在這裡玩一會兒地滾球。由於他總是想贏，就像他在政治舞臺上那樣，所以他的朋友有時故意輸掉，讓他高興一下。

　　故居裡有一間房是阿登納吃早飯的地方，這個房間裡有兩幅名畫，都是二戰期間偉人的作品：一幅是邱吉爾親手畫的希臘古廟（左牆上），一幅是美國將軍，第 34 任總統艾森豪畫的風景畫（右牆上）。阿登納心裡恨著美國人呢，故意將這幅畫不裝鏡框，放在地下室裡。後來這幅畫才被人掛在了這裡。

　　我們還參觀了他的睡房，睡房裡只有一張單人床，還有一排書櫥。他的第一任太太過世很早，在阿登納登上政治舞臺前離世。阿登納的一帆風順同這個太太有關，因為太太的叔叔是前科隆市長。第一任太太為他生了 3 個孩子。第二任太太出身也不凡，不過也在阿登納生前去世。所以阿登納的晚年就同一個當神甫的兒子住在一起。因為當神甫不能結婚，所以這個兒子就一直留在家裡。

　　去世前阿登納一直在寫回憶錄。他喜歡聽古典音樂，桌上放的是莫扎特的唱片。他很節省，房間裡有很多書，他喜歡在睡前讀一段 Agatha Christen 的小說（《尼羅河摻案》的作者），有時讀著讀著就睡著了，檯燈開了一晚上。他心痛電費，就自己發明了一種裝置，可以在他睡著後半小時內叫醒他，將燈關掉。

　　阿登納是個發明家，在他當科隆市長期間（希特勒上臺之前），科隆發生大飢餓，他用大米和玉米粉做麵包，用黃豆做香腸，用洋薑代替土豆，以幫助老百姓度過難關。他的創造發明還得到過專利，由於這些東西很難吃，所以好多人都難忘那個味道，給阿登納起了不雅的綽號。據說，今天還有廠家生產這樣的產品，紀念那段艱難

的時代，算是德國式的憶苦思甜。

阿登納就在睡房裡的那張單人床上過世，去世前，孩子們都圍住他哭，他說：沒有什麼好哭的。這是他留在世上最後的一句話。

在勒恩多夫小鎮上我們有一個半小時的自由活動時間。我們在鎮上到處閒逛。這個美麗的小鎮，無處不透著安詳。小鎮上有許多衍架木結構的民居，到處可以看到阿登納的畫像，連迎面走過來的男人，都長得像阿登納，讓我心裡覺得好有趣。

四、阿登納與酒

這個地區的雷司令葡萄酒（Riesling）很出名，到了這裡不品酒說不過去。我們去了酒莊 Weingut Broel，酒莊裡放著古老的音樂，好像來到了古修道院。這個酒莊很有名，是從前阿登納一直訂酒的地方。酒莊的地下室用來藏酒，裡面藏著 1921 年出產的葡萄酒。那些酒是用來慶祝的，不是用來品嘗的，所以說名酒是一種文化。酒窖裡還有些木質的酒桶，上面雕著花紋。現代的酒桶已經不再用木桶了，成本太高，修繕費也高。我們在這裡品嘗了三種酒，都是白葡萄酒。這個家族傳到現在已經第 7 代「種葡萄者」了，他們家的葡萄園就在石壁「龍崖」的山腳下。

阿登納當年就坐在這個酒窖的樓梯上，一杯接著一杯地喝。我們從他曾經坐過的地方走來走去，聽酒店老闆 Karl Heinz Broel 給我們講阿登納喝酒的趣聞。這是一個很風趣的人，有點神經質，也有點緊張。也許生活節奏太快，接待完我們，晚上還有三輛大巴要開來。

阿登納有著特殊的處事方式，當內閣會議討論問題陷入僵局時，他會將辯論中斷片刻，把一瓶葡萄酒傳遞一圈。在幾杯酒和友好的閒聊之後，他再重新開會，那時，反對派就不太堅決了。

當年阿登納當總理時，有許多政敵，選舉時僅以一票險勝。他投了自己的一票，這是當然的，而那另外最關鍵的一票來自自民黨

| 阿登納與戴高樂對坐的白沙發

（FDP）。他個人不喜歡社會民主黨（SPD），所以想同 FDP 搞聯合執政。有一次在他家聚會時，他的許多政敵同他對質，說是 FDP 的頭兒是新教派，不虔誠，阿登納多喝了幾口這個酒莊的葡萄酒，帶點醉意的說：這個人的太太很虔誠，這就足夠了。沒想到這句話救了他，這多出來的一票最終就來自 FDP。

看勒恩多夫這個小鎮，多麼美麗，多麼安靜。而在不遠處的萊茵河邊，有個叫 Unkel 的小鎮，那裡有 SPD 黨魁維利·勃蘭特（Willy Brandt, 1913-1992）的故居，他曾以他在波蘭的一跪，感動了全世界。不過他可是阿登納的頭號政敵，當年東德在柏林建造柏林牆時，阿登納沒有及時地趕過去，受到了時任西柏林市長勃蘭特的嚴厲批評，這也最終導致了阿登納於任期中在 1963 年 10 月 15 日辭去總理職務。但願這兩位德國偉人在九泉之下重新握手言好。

「歐洲之父」舒曼

　　歐洲歷史上有多少英豪梟雄，如古代的凱撒，近代的拿破崙，現代的希特勒，縱有千軍萬馬，未能統一全歐，倒是一位部長級的政治家，60 多年前開創了歐洲聯合的進程，發展到今日的歐盟，這位政治家就是被譽為「歐洲之父」的羅貝爾・舒曼（Robert Schuman，按德語發音為羅伯特・舒曼）。在盧森堡遊覽，我看到了他的故居和歐盟辦公區，感受到歐洲聯合的成就。2012 年的諾貝爾和平獎即授予歐盟，以表彰它「為二戰之後的歐洲帶來和平」。

三國之子

　　盧森堡市東北郊的 Clausen，是一片山環水繞，綠樹蔥蘢的深谷地帶。我從林間小路下山，來到谷底，峰迴路轉處，屹立著一座圓堡，繼續前行幾步，找到了舒曼的故居（Maison Schuman）。這是一棟坐落在山麓車路邊的兩層小屋，白牆灰瓦，頂上有小閣樓，旁邊是小片綠地院落。外牆鑲嵌的長方形大理石板上鐫刻著金字「這裡誕生了羅貝爾・舒曼，歐洲共同體的宣導者，盧森堡榮譽市民，1886-1963」。舒曼故居的工作人員送給我一本介紹舒曼的小冊子，使我對他的一生有了初步的瞭解。

　　舒曼 1886 年 6 月 29 日誕生於盧森堡，母親是盧森堡人，因此他的母語也是盧森堡語。盧森堡語屬於日爾曼語系，基本上是德語的一種方言，但由於盧森堡是一個獨立的國家，所以盧森堡語被認為是一種獨立的語言。其父原是法國人，家鄉在與盧森堡接壤的洛林地區農

| 舒曼故居留影。

村。1871 年普法戰爭後，洛林地區被德意志帝國兼併，他的父親成
為德國公民。母親本為盧森堡人，但和他父親結婚後取得德國國籍。
雖然舒曼在盧森堡出生，但國籍是德國。盧森堡是他的母語，德語是
他的第一外語。而法語直到他上學之後才開始學習，因此他一生說法
語都帶有口音。

1896 到 1903 年，舒曼在盧森堡上文法高中，並以優異成績畢業。1904 年他 18 歲，開始在波昂大學學習法律，後來又相繼在慕尼克、柏林和斯特拉斯堡學習。1908 年他在梅斯通過了德國第一國家考試（在德國要成為律師必須進行兩次國家考試，其間為律師實習期），並在那裡進行律師實習。1910 年以 24 歲的年齡在柏林取得法學博士學位。1912 年他通過第二國家考試，並在梅斯成為一名律師。

　　第一次世界大戰期間舒曼擔任德意志帝國軍隊的士官，但並沒有參加戰鬥，而是做民事工作。1918 年成為梅斯市議會成員。

　　一戰德國戰敗，1919 年，阿爾薩斯-洛林地區重歸法國，舒曼接受了法國國籍。後來成為法國議會中代表洛林的議員，而且曾一度被選為法國議會的副議長。第二次世界大戰中法國淪陷，舒曼被蓋世太保逮捕。1942 年他得以逃脫，參加法國地下抵抗運動，直到法國解放。

　　二戰結束後，舒曼重新擔任法國議員並成為議會中財政小組的組長。1946 年他擔任法國財政部部長，甚至於 1947 年到次年幹過幾個月總理。從 1948 年到 1953 年他出任法國外交部長。

　　從舒曼的經歷看，他對法、德和盧森堡三國的政治文化都有親身的瞭解和體會，對德法結怨之苦深有感受，對於一生經歷的兩次世界大戰的破壞深惡痛絕。他想只有德法和解，歐洲聯合，才能爭取永久的和平。於是準備從這個方面著手，邁開第一步。

從舒曼計畫到歐共體

　　歐洲聯合，不是一蹴而就的事情。舒曼深知法德兩國仇隙不淺，但他是個高瞻遠矚之人，知道冤仇宜解不宜再結，先要從解決兩國之間巨大的經濟衝突入手，才能舉一反三，化敵為友。而大戰剛剛結束，希特勒德國殺人無數，血跡未乾，民眾的敵對情緒正盛。如果

聽到風聲，必然群起而攻之。當時舒曼是法國外長，於是祕密安排政治經濟學家莫內（Jean Monnet, 1888-1979）為首擬定出一份計畫。

這份計畫是法國外交部機密檔，直到檔在公佈前幾小時，西德總理阿登納（1876-1967）才得到文本。阿登納時年 73 歲。身歷兩次世界大戰，是一個精明能幹到令人生畏的政治家。而戰後的德國，用尼克森 1947 年訪問時的見聞來表述就是：「所有的城市已被盟軍的炸彈完全夷為平地。」幾千萬面黃肌瘦的人民盤桓在廢墟旁，阿登納擔負著重建德國的重任。法德聯合，既有利於西德經濟的恢復，又有利於提高西德的地位，況且歐洲聯合為一體也是他本人的夙願，於是雙方一拍即合，阿登納立刻表示同意該計畫。

1950 年 5 月 9 日，即戰勝德國法西斯 5 週年之際，舒曼在法國外交部駐地奧賽碼頭（Quai d'Orsay）時鐘沙龍（Salon de l'Horloge）公佈了這份重新組建歐洲的歷史性計畫，史稱舒曼計畫。舒曼宣布：

> 法國政府建議設立一個共同的高級機構（haute Autorité）來管理法國和德國的煤和鋼鐵的生產。其他歐洲國家也可以參加這個機構的組織。

這份計畫先從兩國煤鋼兩大產業的聯合入手，再擴展到其他一些歐洲國家，謂之「歐洲煤鋼共同體」。此項計畫既可使兩國在經濟上互助互益，共同開發煤鋼資源，又可互相監督，因為煤炭與鋼鐵是發動戰爭必不可少的戰略物資，只要這兩項產業被置於兩國的共同監督與控制之下，那麼誰也別想暗地裡磨刀，然後發起突然襲擊，可謂一箭雙鵰。

所有聽眾都被這個計畫驚得呆若木雞：法國與德國就要和解了！多年來致力於歐洲統一的人們奔相走告。對德國存有戒心的人則大加斥責。舒曼並不氣餒，決心同德國一起幹下去，於是又馬不停蹄

地奔走遊說，拉來義大利、荷蘭、比利時和盧森堡，加上法、德總共6 國，於 1951 年 4 月 28 日訂約成立「歐洲煤鋼共同體」，為今日歐盟奠定了第一塊基石。這個機構具有超國家的功能性質，它協調成員國的煤鋼生產，擁有決定生產、投資、價格、分配原料的權力，它在履行其職能時不接受政府的命令。

1952 年 8 月 10 日歐洲煤鋼共同體正式開始辦公，莫內擔任首任主席。歐洲煤鋼共同體的總部設在舒曼的故鄉盧森堡市、自由大街北端的一座樓房裡。如今掛著一個銅牌紀念此事。而此樓二戰末期曾作為美軍第 12 集團軍群的司令部（布萊德雷任司令），從戰爭到和平，西歐從此不再戰，象徵意義莫大於此。

歐洲煤鋼共同體被視為歐洲走向聯合的重要一步。然而由於二戰剛剛結束不久，德國和法國之間的仇恨在民眾當中尚未消除，因此舒曼的歐洲聯合思想在法國並沒有得到理解，以致他不得不於 1953 年初辭去法國外長職務。卸任之後，舒曼在很多地方作報告繼續宣傳歐洲聯合的思想，在他的影響下歐洲國家簽署了《人權和基本自由斯特拉斯堡公約》。1955 年舒曼出任法國司法部長。

1957 年 3 月，在舒曼、莫內、阿登納等人的推動下，煤鋼共同體 6 國在羅馬簽字成立了「歐洲經濟共同體」和「歐洲原子能共同體」，一個「歐洲共同市場」由此形成。根據羅馬條約，經濟一體化擴大到成員國各個經濟領域，首先是關稅同盟，逐步取消成員國之間的關稅，對外築起關稅壁壘。可謂「城內通衢坦蕩，城外高牆聳立」。此外還促進勞務和資本的自由流通，建立了歐洲議會等一系列專門機構。1958 年舒曼被任命為歐洲議會第一任議長。

「待到山花爛漫時，她在叢中笑。」1963 年 9 月 4 日，舒曼在法國梅斯逝世。但歐洲聯合的腳步已經邁開。1967 年，法德等 6 國索性將「歐洲經濟共同體」和「歐洲原子能共同體」和「歐洲煤鋼共同體」合併為一個「歐洲共同體」，歐洲統一大業漸現雛形。

今日歐盟

1992 年簽訂《馬斯特里赫特條約》，歐洲共同體改名為歐洲聯盟，簡稱歐盟。自從歐洲共同體成立以來迄今，經過 7 次擴大，迄今歐盟已達 28 個成員國，囊括除俄羅斯以外的歐洲大部分地區。面積 430 多萬平方公里，人口 5 多億。政治上所有成員國均為民主制國家，經濟上為世界第一大經濟實體。歐盟已成為世界上最有力的國際組織。在貿易、農業、金融等方面趨近於一個聯邦國家，而在內政、國防、外交等其他方面則類似於一個獨立國家所組成的同盟。

從 2002 年起，歐元成為歐盟的官方貨幣，目前已有 19 個國家採納為流通貨幣，涵蓋 3.3 億人口。《申根條約》取消了部分成員國之間的邊境管制，目前已有 22 個歐盟國家及 4 個非成員國加入。

歐盟的運作按 2007 年簽訂的《里斯本條約》進行。最高決策機構稱為歐洲理事會（European Council，德語 Europäisher Rat），即歐盟首腦會議，每年舉行 3 次。此外還有歐盟理事會（Councilof the European Union，德語 Rat der Europäishen Union，即部長理事會），歐盟委員會（European Commission，德語 Eu-Kommission），歐洲議會和歐洲法院等機構。

歐盟把它的總部設在布魯塞爾，因此布魯塞爾就像是歐盟的首都。其主要機構布置在市區東部，這一片被稱為「歐洲區」，我以前參觀過。歐盟機構龐大，公務人員達數萬人。其中歐盟委員會是歐盟的執行和建議機構，相當於歐盟的政府。歐盟委員會辦公大樓（Palais Berlaymont）坐落在市區東部的法律大街（Rue de la Loi）上。一街之隔，坐落著歐盟部長理事會秘書處大樓（Palais Justus-Lipsius）。歐盟部長理事會和歐洲議會共同決定通過歐盟法律。

歐洲議會設在 3 地，每月一周的大會在法國斯特拉斯堡舉行，秘書處在盧森堡辦公，而議員們 3/4 的工作時間，如議會黨團活動，

議會下屬各委員會的活動等，在布魯塞爾度過，以便就近與歐盟委員會的有關機構溝通。所以在布魯塞爾市區東部也新建了歐盟議會大樓。

歐盟還有相當一部分機構設在盧森堡。這次我在瞻仰舒曼故居後，順道進行了參觀。該市東北郊 Kirchberg 地區，即舒曼故居北側的高地。自 1972 年以來，在 360 公頃地面上，大片現代化高樓大廈陸續拔地而起，分布在主幹道甘迺迪大道兩側。大道路南以歐洲廣場為中心，包括舒曼大廈（現為盧森堡國家圖書館）、會議中心等。這裡是每年三個月（4 月、7 月、10 月）舉行歐盟部長理事會的地方（其他時間在布魯塞爾舉行）。

甘迺迪大道路北坐落著歐洲議會總秘書處辦公樓阿登納大廈。綿延百米的莫內大廈則是歐盟委員會若干總局的辦公處。十字形的歐洲投資銀行向成員國及聯繫國發放貸款。再加上附近的歐盟法院、歐洲審計院、歐盟統計局、歐盟計算中心等，盧森堡市堪稱僅次於布魯塞爾和斯特拉斯堡的「歐洲第三首都」，約上萬名歐盟公務人員在此工作。

盧森堡市區北面的女大公夏洛特橋（Pont Grande-Duchesse Charlotte）跨過峽谷，把市區與歐盟辦公區連在一起。這是一座 1966 年建成的現代化鋼橋，長 355 米，寬 25 米，橋面距河面 85 米，橋紅橋身，白色欄杆。兩邊斜立著的支架很像長凳的兩條腿，故中國人稱之為「板凳橋」，當地人則簡稱為「紅橋」。橋頭豎立著 20 米高的紀念碑，又叫舒曼紀念碑，碑頂 6 方鋼板直指藍天，象徵盧、比、荷、法、德、意 6 個歐洲煤鋼聯營參加國，也是歐盟前身歐共體的創始國。旁邊的石碑上，鑴刻著 1950 年 5 月 9 日舒曼關於歐洲煤鋼聯營計畫的講話語錄。飲水思源，人們永遠不會忘記歐洲聯合的宣導者和推動者——舒曼。

林凱瑜 波蘭

從電工到總統：
波蘭政治家華勒沙

　　萊赫・華勒沙（Lech Wałęsa）是 80 年代的風雲人物。全世界都知道他領導團結工會，為波蘭走向民主化做出很大貢獻。他榮膺諾貝爾和平獎（1983），還當選過波蘭總統。可最近傳出了一些不利於華勒沙的傳聞，說他是祕密員警的線人。這到底是怎麼回事呢？對政治名人到底應該如何評價呢？這是一個值得深思的問題。

撲朔迷離

　　2017 年初，根據波蘭國家通訊社「波蘭通訊社（PAP）」報導，該國檢方將出示據信為前總統華勒沙曾於共產黨統治時期充當「抓耙子」，與祕密員警勾結的證據。這位前波蘭「團結工會」領袖否認該指控，自清並非拿錢辦事的告密者。

　　波蘭通訊社的消息與 IPN 相關。IPN，即波蘭「國家紀念研究所」，是負責起訴共黨統治時期及納粹佔領時期的罪行的機構。IPN去年得到先前不知道的祕密員警檔案，來源為共黨統治時期一位內政部長的遺孀。IPN 表示，這些檔案包括一紙簽有「萊赫・華勒沙」以及疑似為華勒沙的代號「波列克（Bolek）」與共黨政權密謀的協議。未透露其名的消息人士說，一組鑑識專家已透過筆跡分析得出結論。自那時起，諾貝爾和平獎得主華勒沙即為相關指控與外界爭辯。他一再否認這些檔的真實性，並再次表示，稱他是祕密員警線人的指控為「謊言」。

不過，他曾神祕兮兮地承認自己「犯過錯誤」，過去也曾說自己有一次遭審訊時，替共黨祕密員警簽過「一張紙」。IPN 在 2008年出版的一本書裡聲稱，共黨政權於 1970 年 12 月將華勒沙登錄為祕密員警，1976 年 6 月，他因「不願（再）合作」而與共黨政權斷絕關係。

此事得到政界的關注。波蘭外長瓦斯奇科夫斯基（Witold Waszczykowski）在波蘭「第廿四電視台（TVN24）」上宣稱，「華勒沙可能當過魁儡—我們得收拾他」，「此事為獨立波蘭的創建及其政治菁英蒙上陰影」。

以上都是打開電腦搜尋萊赫‧華勒沙，就可以看到的消息。

我所看到，聽到的華勒沙

其實，這一消息讓更多的人感到很心痛。華勒沙，做為波蘭歷史上團結工會的領袖，最後竟得到這樣不堪的評判。這完全顛覆了我的觀感。我在波蘭最初看到的，聽到的，完全是另一種情形。

1987 年 7 月我嫁到波蘭，定居於首都華沙。那時，團結工會的鬥爭方興未艾、如火如荼，我正好見證了這場波蘭政體無流血的大改革。那些日子，我時常在電視上，看到一群留著短鬍鬚的波蘭工人，與當時的政權領導者談判甚至起衝突，然後一大群員警追打工人或路人。團結工會為前蘇聯附庸國家中第一個獨立的工會，華勒沙即為其創始人之一。之後透過談判方式，於 1989 年不流血地終結了共產主義在波蘭的統治。我對華勒沙的印象特別深刻，因他的鬍鬚特別厚也多，除了在電視，廣播電台以外，還常在路上聽到他的名字。經過波蘭人的解釋才知道，華勒沙是團結工會的領導者，來自基層。

那一時期，在商店外排隊買東西時，常能聽到看到波蘭人開心地議論，悄悄地說著波蘭要變天啦！團結工會將帶領波蘭走向民主國家之路！

我剛來波蘭的時候，一黨專權，人們沒有自由。國家控制經濟。物資匱乏，商店空空如也。排隊買東西是家常便飯，常常一站就是一兩個小時。那時，正是團結工會受壓的時期。他們雖然遭到鎮壓，但不屈不撓，終於取得勝利。波蘭開始實行多黨制議會民主，實行市場經濟。國家面貌大變。在這歷史的轉變中，華勒沙功不可沒。

那時身歷其境的我，強烈地感受到波蘭人的興奮，與全心全力對華勒沙的期盼及擁載，使我情不自禁地也舉雙手贊成，並期待著華勒沙的民主思想能領導這個國家走向更好更自由的生活品質。

當時每個波蘭人把華勒沙當拯救世界的神人，只差沒把他供奉起來而已。

大起大落的政治生涯

萊赫・華勒沙 1943 年 9 月 29 日生於比得哥什郊區波波沃村。這裡距偉大的天文學家哥白尼的家鄉托倫不遠。華勒沙父母是農民，他們都是傳統的天主教徒，華勒沙自己也是。他在軍隊服役兩年，畢業於海軍士官學校和青年專業人員部隊通信軍校，升至下士。1967 年 5 月 30 日，進入波蘭北部格但斯克市的列寧造船廠做電工。他於 1969 年結婚，婚後妻子是家庭主婦，育有八個子女。

1970 年波蘭沿海城市工人舉行大罷工，政府動用了武力。在這次流血罷工事件中有 80 名工人死於防暴員警鎮壓。華勒沙因參加罷工，被指控犯有「反社會主義罪」，而入獄 1 年。1976 年華勒沙在造船廠徵集簽名，要求為死難的工人立紀念碑，因此事件他被開除了。他只好靠打零工過活。

1980 年格但斯克的列寧造船廠再度爆發罷工事件，不只格但斯克，波蘭各地也陸續有其他罷工響應，來自各省的罷工委員會的代表齊聚列寧造船廠，一起組織了以華勒沙為首的企業間罷工委員會，人稱團結工會（Solidarność）。華勒沙當選為全國委員會主席。幾乎在

一夜之間，「團結工會」擁有了幾百萬會員。

1981 年 12 月，波蘭當局宣布全國戒嚴，取締團結工會。並拘留了華勒沙等團結工會領導人。華勒沙軟禁在一個遙遠的農村房屋中，近一年之久。1982 年 11 月被釋放。以華勒沙為首的團結工會始終堅持和平改革運動。1983 年 10 月，華勒沙獲得諾貝爾和平獎的公告大大地鼓舞了團結工會的士氣。華勒沙將所獲得的獎項獻給「團結工會」，並表揚在工廠以及辦公室工作的上百萬名人民，因為這些人組成了工會，共同反對共產主義。團結工會帶給波蘭復興，使波蘭的自由化運動展現新的局面。團結工會的推動力量，除了經濟因素之外，愛國心和宗教信仰也都占了重要成分。

團結工會的鬥爭迫使當權者坐下來談判，召開圓桌會議，華勒沙擔任反對派首席代表。團結工會提出了有名的 21 條要求清單（21 postulatów solidarności），重要內容如下：

允許創建新的獨立的工會；放寬檢查制度；輿論自由；出版自由；加強國家經濟效益；對人民開誠布公地談話；有罷工及抗議遊行的權利；要求釋放政治犯；讓因政治被開除的人復職；提高人民的生活所得，等等。

1989 年 4 月，圓桌會議達成協議。波蘭議會通過了團結工會合法化、改行總統制和實行議會民主等決議。

1989 年 6 月，波蘭舉行全國大選，團結工會大獲全勝。9 月，以團結工會為首的聯合政府上臺。華勒沙在 1990 年當選波蘭第一任民選總統，從此波蘭走上民主道路，開始實行社會市場經濟。人民的生活一天天好起來。

不過，華勒沙畢竟不是神。他文化程度不高，在領導國家方面，顯然力不從心。由於國家處於體制轉型期間，在改善民生方面華勒沙並沒有重大突破，失業率居高不下。他的聲望越來越下滑，導致於 1995 年競逐連任時，落敗予左派候選人亞歷山大·克瓦希涅夫斯

基（Aleksander Kwaśniewski）。2000 年華勒沙再次參選，僅獲 1 %
選票。可見人民對他的失望度有多大。

　　華勒沙的政治生涯大起大落，也不知道目前那些對他的批評是
否正確，是否令人質疑，他真的曾經是「祕密員警」、「共黨線民」
嗎？或者我們應該如一些學者認為「就算華勒沙真是共黨線民，這也
是他在 1970 年代的活動，無損他在 80 年代身為使波蘭共黨垮臺的革
命領袖的功績」，來對待這位波蘭歷史的風雲人物?!

土耳其國父凱末爾
——拜謁其陵園

中國人把孫中山先生尊稱為「國父」，因為他是亞洲第一個共和國—中華民國的締造者。土耳其人則把穆斯塔法·凱末爾（Mustafa Kemal，又譯基瑪爾）尊稱為國父。他和孫中山大體同時代，是他，終結奧斯曼帝制，創建了土耳其共和國。無獨有偶，就像南京有個宏偉的中山陵一樣，在土耳其首都安卡拉也建有一個闊大的凱末爾陵園，紀念這位土耳其民族的英雄。

抵抗列強

奧斯曼帝國末期，像我國清末一樣，正處於日趨崩潰的過程中，王室官僚貪汙腐化，列強恣意欺凌，禍患迭起。人們中各種新思想在迅速傳播。1881年，在帝國重鎮薩洛尼卡（今希臘塞薩洛尼基），一個名叫穆斯塔法的男孩出生。生日不詳，他本人將發動民族戰爭的 5 月 19 日作為生日。從小穆斯

凱末爾騎馬英姿畫像

塔法就聰明過人，他的數學老師為他取了一個名字叫「凱末爾」，也就是優秀的意思。後來，凱末爾進入伊斯坦布爾軍事學院就讀，在那裡，他對啟蒙思想家盧梭和伏爾泰的著作產生了濃厚的興趣。1905年畢業後成為一名上尉軍官。

1914年奧斯曼帝國加入同盟國，參與第一次世界大戰，與德奧一道，同英法俄作戰。1915年，凱末爾擔任師長，在加利波利半島（Gallipoli，今譯蓋利博盧半島）戰役中，他成功地擊敗英法聯軍，為他的國家贏得了唯一的一次戰役勝利，獲得「伊斯坦布爾救星」的美稱，一時聲名大噪。次年，他被調到東線作戰，因成功地攔截了俄軍的進攻而晉升為將軍。1917年，凱末爾被派往敘利亞，任第7軍軍長，歸屬於德國上將法金漢（Falkenhayn，又譯法爾肯海恩，1861-1922）指揮的集團軍。當他感到集團軍司令的想法對土耳其極為不利時便憤而辭職，返回伊斯坦布爾。不久，他隨奧斯曼王子瓦希代廷訪德，他曾當面向德皇及興登堡等陳述關於戰事發展的意見。他認為戰爭再打下去將會產生嚴重後果。最後戰爭的結局果如其言。

1918年，瓦希代廷王子接位登基，稱穆罕默德六世蘇丹（1918-1922年在位），凱末爾被任命為第7軍團司令。同年，奧斯曼帝國簽署穆德洛斯（Mudros，在希臘利姆諾斯島）停戰協定，凱末爾能做的就是盡量保存土耳其的領土和軍力，但對於整個戰局也無力回天。第一次世界大戰以同盟國戰敗而告終，奧斯曼帝國領土喪失殆盡，就連土耳其本土也岌岌可危。

在民族生死存亡的危急關頭，凱末爾挺身而出，擔當起拯救國家的重任。1919年5月19日，他以第九軍團督察的身分，同部分戰友一起乘船來到黑海之濱的薩姆松，在「不獨立，毋寧死」的口號下，領導了轟轟烈烈的民族解放戰爭。

1920年3月，英軍佔領伊斯坦布爾後，要求蘇丹解散議會，並逮捕革命議員。希臘軍隊在英國支持下，也佔領土耳其西部的伊茲密

爾地區，並不斷向安卡拉推進。此時，凱末爾決心同舊政權一刀兩斷。果斷決定在安卡拉召開議會，商討救國大計。安卡拉作為革命運動的中心，實際上已起著土耳其首都的作用。它位於土耳其的中部，對於防禦外來侵略和鞏固民族解放運動的陣地，具有十分有利的條件。當時領導全國的土耳其大國民議會第一次會議於 1920 年 4 月 23 日在安卡拉召開，凱末爾被選為主席。他組織了土耳其新政府，同當時在伊斯坦布爾的蘇丹政府相對抗。

為了抵抗外敵，凱末爾在農民遊擊隊的基礎上建立了正規的國民軍，爭取到蘇聯的軍援，自己兼任總司令。在初戰經受住考驗後，於 1921 年 8 月打響了薩卡里亞河戰役。凱末爾指揮國民軍從薩卡里亞河右岸向深入土耳其領土的希臘軍隊發動了強攻，用 22 天時間，把敵軍擊退到埃斯基謝希爾和阿菲永一線，從此土希戰爭的有利局勢轉向土耳其方面。因為這次勝利，大國民議會授予凱末爾元帥軍銜和「勝利者」的稱號。經過一年準備後，土耳其軍於 1922 年 8 月 26 日突然發起總反攻。次日佔領阿菲永。8 月 30 日，土軍在阿菲永以西 50 公里的杜姆魯佩納爾（Dumlupinar）附近發起大規模進攻，一舉擊潰希臘軍隊的主力。兩天後，土軍收復埃斯基謝希爾，希軍總司令投降，因此人們戲稱這次戰役為「總司令戰役」。9 月 9 日，土軍進入伊茲密爾，9 月 18 日前把希臘軍隊趕出了國土。這次反攻中，土耳其軍隊俘虜希軍 4 萬人，繳獲火炮 284 門，機槍 4000 挺，飛機 15 架，希臘佔領軍僅有 1/3 的部隊乘船從海上逃脫。

當統治達 600 年之久的奧斯曼王朝最後一個蘇丹逃往國外以後，1923 年 10 月 29 日，土耳其共和國正式宣布成立，這是第一個成立共和國的穆斯林國家，凱末爾當選為首任總統。

宣導改革

共和國成立後，凱末爾並未就此止步，而是在社會政治、經

濟、文化等方面雷厲風行地進行了一系列改革，終於把「西亞病夫」從「病榻」上挽救起來，使封建落後的土耳其走上現代文明之路。他提出「學習西方」的口號，告訴人民：「我們應該從文明、科學和知識中吸取力量。」他制定了「共和主義、民族主義、平民主義、國家主義、世俗主義和改革主義」6 大原則，並寫入憲法，人們稱之為凱末爾主義。共和主義即以共和國取代君主制。民族主義即實行完全獨立。平民主義表示人民擁有主權，國家的最高主權屬於全體人民，在法律面前人人平等。國家主義意指政府積極指導和參與社會經濟生活，建立、發展和保護民族工商業。

世俗主義即政教分離，在這樣的傳統伊斯蘭國家特別重要，成為社會發展的一個重要原則。土耳其從憲法中刪去了「伊斯蘭教是土耳其國教」的條文，廢除宗教審判制度，封閉教會學校。這些措施防止宗教成為干預政治的溫床。

改革主義就是迅速、持續而非暴力的社會變革。在凱末爾任職期間，土耳其進行了多方面的改革。推行文字改革就是其一。由於此前所用的阿拉伯字母中沒有足夠的字母可用來表達土耳其語中的所有母音，造成語言學習和使用中的諸多困難以及文盲比例居高不下的狀況。凱末爾於 1928 年下令廢止阿拉伯字母，實行字母拉丁化，以利普及教育。新的土耳其字母體系採用稍加修改的拉丁字母，由 21 個輔音和 8 個母音構成。在土耳其語中，沒有 q、w 和 x 這幾個字母，字母 c 發音類似英語 John 的 j（漢語 zh），j 類似漢語的 r，ç 讀 ch，ş 讀作 sh。字母 ğ 僅用來稍稍延長它前面的母音的讀音。母音分前母音 e、i、ö、ü 和後母音 a、ı（注意這是 i 沒有上面的小點‧）、o、u。字母上帶小點的 i，即使在大寫時也仍然保留小點，比如 İstanbul（伊斯坦布爾）中的 İ 就是這種情況。新的字母系統大大方便了人們的學習和使用。經過文字改革和普及小學教育，10 年間文盲從 80 %以上降低到 50 %以下。

土耳其提倡男女平等，廢除一夫多妻制，反對婦女戴面紗等。通過有關法令，禁止在宗教場合外穿宗教服裝，提倡穿西裝，以促進人們觀念的改變。

凱末爾的名言「國內和平，世界和平」至今仍然是土耳其外交政策的指導方針。他一生以土耳其的獨立、自由和發展為己任。1933年10月29日，在土耳其共和國成立10週年大會上，凱末爾說道：「我將提高土耳其的國際地位，使之進入世界最繁榮文明的國家之林。」這表明他不以建立共和國為滿足，而是希望推動土耳其社會的全面進步，並進而使土耳其步入世界強國之林。

1938年11月10日，凱末爾因肝病在伊斯坦布爾逝世。

在土耳其，無論在繁華的都市，還是偏僻的城鎮，都可以看到凱末爾的塑像聳立街頭。凱末爾不僅深受土耳其各階層人士的愛戴和敬仰，而且受到世界各國人民的廣泛尊敬和讚揚。

長眠之地

鑒於凱末爾對締造土耳其共和國的巨大貢獻，土耳其為他修建了阿塔圖爾克陵園（Atatürk Mausoleum）。阿塔圖爾克意為「土耳其之父」，專指凱末爾。阿塔圖爾克陵園於1944年動工，1953年建成，占地70公頃，是土耳其現代建築史上的傑出作品。陵墓融合了古代和現代建築概念，偏重赫梯和古安納托利亞風格。它建在一座山岡上，主要建築由圍廊、陵寢和廣場組成。從北面沿33階梯拾級而上，就是陵園的正門。

入口處兩旁聳立著兩座堡塔，左邊的叫自由堡，右邊的叫獨立堡，它們象徵著獨立戰爭追求的根本目的——獨立和自由。獨立堡正面青年手持利劍的浮雕，代表了土耳其軍隊和民族力量。塔上鐫刻著凱末爾的著名語錄：「不獨立，毋寧死」；「生存就意味著搏鬥。只有鬥爭的勝利，才有生存的可能。」自由堡塔正面有美麗的女天使騎

| 凱末爾騎馬像前留影。

　　馬的浮雕，她手擎「自由宣言」。塔上刻著凱末爾的語錄：「土耳其
迄今為止的全部歷史證明土耳其一直是追求獨立與自由的國家。」這
些名言，當年鼓舞著土耳其人民創造了震驚世界的豐功偉績。

　　堡壘前面有兩座群雕像，一座是 3 個男人，另一座 3 位婦女，
他們像衛士一樣守衛陵園大道。進入陵園內，沿著寬 30 米，長 260
米的墓道前行，兩旁綠樹夾道，12 對赫梯風格的石獅護衛，所以又
稱獅子大道。在赫梯帝國時期，獅子象徵帝國的權威、力量和對臣民
的保護。

盡頭處又有兩座堡塔守護。一座是自衛權堡塔。塔上的浮雕描述一位青年手持利劍刺向敵人，並大喝：「滾回去！」與此塔相對的是士兵堡塔。塔上浮雕生動地描述了戰士為祖國前途與命運告別妻兒，毅然奔赴前線的動人場景。

然後就進入一個廣場。廣場上有一根高 34 米的旗杆。四角還有 4 個堡塔，分別代表勝利、和平、立憲和改革。勝利堡塔內部存有 1938 年運送凱末爾遺體的炮車。和平堡塔的浮雕描述農民在田野耕作，士兵在保衛人民的和平勞動。立憲堡塔在廣場東南側，浮雕上幾隻手一起握一隻劍柄，象徵萬眾一心，努力保衛和建設新國家。改革堡塔上有兩把火焰浮雕，火苗即將熄滅的火炬表示奧斯曼帝國壽終正寢，而另一把烈焰熊熊、光芒四射的火炬代表凱末爾和人民通過改革正使土耳其步入現代文明。

廣場相當寬闊，是舉行儀式的地方。正面就是鵝黃色大理石建造的紀念堂，為一巨大的矩形建築，四周由一排排四方形的大理石柱支撐。紀念堂長 72 米，寬 55 米，高 21 米，為古代神殿造型融合現代的簡潔風格。堂頂用富有民族色彩的金色瓷磚裝飾，顯得格外莊重。外圈為柱廊，靈堂大廳本身面積約 2000 平方米。土耳其國父凱末爾的靈柩安放在靈堂大廳的盡頭。靈柩用整塊大理石鑿制而成，重 42 噸。國父的遺體並不在石棺中，而是遠離遊人的視線，躺在棺塚地下 7 米的深處，安息在全國各地運來的泥土之上。

紀念堂基座牆壁上刻有兩幅反映獨立戰爭場面的巨型浮雕。一幅是薩卡里亞河戰役，另一幅是總司令戰役，生動地重現了具有決定性意義的兩大戰役。站在浮雕前，猶如置身於那炮火連天的戰場上。如總司令戰役浮雕由 4 部分組成，第一部分是一位農婦帶領一個孩子，牽著一匹馬奔赴戰場，反映了全民族支援戰爭的動人情景。第二部分描繪的是 1922 年 8 月 30 日凌晨，凱末爾端坐著，表情沉著堅毅，目光炯炯有神，左臂向前平伸，食指指向前方，發出號令：「士

兵們！第一個目標，地中海！——前進！」第三部分塑造了幾個戰士的形象。其中一個受傷倒地，仍然緊握手中戰旗；另一個一手拿盾牌，一手握利劍。他們代表軍隊為執行總司令凱末爾的命令而勇於犧牲的英雄氣概。最後一部分是勝利女神。她手持土耳其國旗，伸展雙臂歡迎土耳其戰士。這紀錄下了土耳其軍隊9月9日光復伊茲密爾，把英法等協約國支持的希臘入侵軍趕出去的歷史性勝利。

陵園內廣場東側設有阿塔圖爾克紀念館（Atatürk Museum）。收藏凱末爾將軍的一些私人物品，如他用過的茶具、咖啡具、工藝品、電話、書桌、個人藏書、將軍的制服等，還有外國元首贈送的禮品和大量圖片。其中一塊曾經挽救了凱末爾生命的懷錶，尤其引人注目。在一次戰鬥中，他身先士卒，英勇殺敵，突然一顆子彈射入他的胸部，但他卻安然無恙，只是胸前的這塊懷錶粉碎了。這位偉人使用過的交通工具都停放在紀念館的外面。陵園的圖書館裡，收藏著外國出版的關於凱末爾的傳記著作和他本人著作的譯本，以及凱末爾生前收藏和閱讀過的大量書籍，還有描述凱末爾生平的油畫、郵票、硬幣等。

凱末爾曾說過一句話：「要見我，不一定要親自看見我本人，理解我的思想和感情就足夠了。」參觀這座陵園，就像看到了凱末爾一樣。不僅在這裡，而且在全土耳其的大地上，到處都可以感到凱末爾的存在。

今天，阿塔圖爾克陵園已成為安卡拉的第一名勝。按照禮儀，來訪的官方貴賓都要前往陵墓敬獻花圈，緬懷這位現代土耳其共和國的締造者。每一屆土耳其新政府上臺後的第一件事就是率領全體成員拜謁這座陵墓，並在簽名簿上留言。

後記

　　歐華作協 1991 年成立，迄今已經 27 年了。歷年來所出版的協會作品集達到 11 本，這是值得自豪的成就。尤其是有關歐洲方方面面的合集，彰顯歐華作協的特色，現已出版 4 本，涉及到歐洲旅遊（《歐洲不再是傳說》）、歐洲教育（《東張西望看歐洲家庭教育》）、歐洲環保（《歐洲綠生活》）和歐洲美食（《餐桌上的歐遊食光》）等主題。這些書籍出版後，受到各方面的關注，會員們深受鼓舞。

　　去年 5 月底在波蘭首都華沙召開了歐華作協第十二屆年會，選出新一屆理事會。在討論今後工作時，決定再接再厲，鼓足幹勁，每年爭取出一本文集，用豐碩的成果迎接歐華作協成立 30 週年。新任會長麥勝梅提出，其中第一本書仍以歐洲為專題，發揮會員分布在在歐洲十幾個國家，懂外語，熟悉各國情況的優勢，集思廣益，出版一本介紹歐洲名人的作品集。推舉我和楊翠屏博士擔任主編。

　　接到這個任務，我非常感謝會友們的信任，一方面非常高興，「與有榮焉」！高興的是，自己多年來偏重於史地和人物寫作，歐洲各國幾乎都去過，也寫了不少遊記風土類文章，出版過《寫在旅居歐洲時——三十位歐華作家的生命歷程》和《大風之歌——38 位牽動臺灣歷史的時代巨擘》兩本傳記類作品，對傳記寫作有了親身的體會。這次主編歐洲名人傳正好符合自己的愛好，給了自己一個貢獻力量的平臺，一個用武之地。

　　另一方面也有誠惶誠恐、如履薄冰的感覺。自己寫作多年，做

過編委，評委，但從未擔任過主編；組稿編書，對自己來說，是一個巨大的挑戰。不過這次有機會與楊翠屏博士合作，壓力就減輕了不少。楊翠屏博士是我佩服的學者型作家，出過關於西班牙伊薩貝拉女王的歷史書《你一定愛讀的西班牙史：現代西班牙的塑造》、《情繫西班牙》和《名女作家的背後：八位英語系經典女作家小傳》。我們可以商量探討啊！而新任會長麥勝梅更是編書的高手，擔任過《歐洲不在是傳說》、《餐桌上的歐遊時光》的主編，參加過協會許多本文集的編輯，有豐富的經驗，也可以請教啊！

說幹就幹，華沙年會後，兩位主編和麥勝梅會長、林凱瑜秘書長共同商定了本書的大體設想，也就是框架，由協會秘書處向全體會友發佈了徵文郵件。

關於這本書，初步有幾個想法：

書的篇幅，與前 4 本相當，20 多萬字，300 多頁，除文字以外，最好配一些照片。

歐洲名人的選擇，先由會員自報，每人可以提出一至三、四個選題，等報上來以後，再做綜合平衡，一是類別平衡，如政治家、軍事家、科學家、文學家、藝術家等等，最好都能有；二是地區平衡，如西歐、東歐、南歐、北歐、中歐都應該照顧到。總共可選大約四五十位名人。

寫法上，用文學的筆法，重點要介紹名人的生平、主要貢獻，突出亮點，要有新意，穿插名人軼事等都可以。最好能結合名人遺跡，如名人故居、紀念館、紀念碑、墓地等等。注意生動性、可讀性和知識性。為此請求大家儘量多讀原文。姓名地點等要附原文，以便查對。每篇文章，篇幅掌握在 2000 至 4000 字左右。

時間上，要像《餐桌上歐遊食光》等書一樣，儘快完成選題，用近半年組稿，2018 年內一定要付印，在 2019 年歐華作協年會上要拿出新書來獻禮。

第一個環節是報選題，進行得非常順利，2017 年 6 月中旬發出通知，到 7 月底就已有 30 多位文友報來 50 多個選題，進入視野的歐洲名人分布地域廣，且涉及各個領域。情況令人振奮。

下一個環節是組稿。截稿日期定為 2017 年 12 月底，大家都很踴躍，幾乎不用催，最後收到 47 份稿件（不包括主編）。特別令人感動的是年屆八旬的創會會長趙淑俠大姐，不顧年邁體弱寫了稿子；創會元老呂大明大姐和老會長莫索爾還專門郵寄來了手稿，熱情令我敬佩。每份稿件的字數平均近 4000 字，也在我們的設想範圍之內。

稿件收齊，就進入了第三個環節編輯環節，我們兩位主編通力合作，主要做了以下的工作：

一是根據來稿，綜合平衡，填平補齊，根據需要補寫幾篇，分類、排序，做出本書的底本。最後確定收入 30 位文友的 51 篇作品。介紹的歐洲名人涵蓋 6 大領域。其中文學家最多，達 18 位，這是因為會友們都是搞文學創作的，對歐洲文學家格外關注、特別熟悉的緣故吧。美術家有 10 位，音樂家有 8 位，這是因為協會不少文友多才多藝，不僅寫作，還能作畫、懂音樂。其他如思想家社會活動家寫了 4 位，科學家 3 位，政治家軍事家 8 位，這樣各主要領域都涉及到了。地域上來看，所選寫的名人，以中歐最多，西歐、東歐次之，南歐和北歐也都有若干名人選收入內，達到了預期的設想。

二是認真閱讀稿件，進行加工整理，對所寫的名人的全名、生卒年份、基本事實要核對把關，不能有大的失誤，對主要人名、地名等要附上原文或英文，以便讀者查詢。對有些太長的文章適當剪裁，並對一些稿件略加潤色。

三是根據文字要求選配一些照片，做到圖文並茂。

最後由創會會長趙淑俠和現任會長麥勝梅分別作序，完成全書。

就這樣，經過幾個月的努力，一部完整的書稿呈現在我們面前。通過編輯文友們的文章，我有幸能夠在第一時間欣賞到他們的作

品，學到了不少東西。從中可以看到，傳記文學竟有如此各種各樣的寫法，有的描述傳主的一生，有的著重寫傳主的某個側面或生活的某個片段，有的寫傳主在某個地方的事蹟，有的把傳記和遊記結合起來，真是洋洋大觀，各有千秋。從文風上看，風格迥異，有的抒情，有的平實，有的詼諧，有的浪漫……編輯的過程，也是我向文友們學習的過程，的確受益匪淺。第一次做主編，有辛苦，更有收穫，在我的人生中，多了一項經歷，也留下了美好、難忘的記憶。

高關中　2018 年 2 月 15 日

釀文學227　PC0745

 尋訪歐洲名人的蹤跡

作　　者	歐洲華文作家協會
主　　編	高關中、楊翠屏
責任編輯	洪仕翰
圖文排版	張慧雯
封面設計	蔡瑋筠

出版策劃	釀出版
製作發行	秀威資訊科技股份有限公司
	114 台北市內湖區瑞光路76巷65號1樓
	電話：+886-2-2796-3638　傳真：+886-2-2796-1377
	服務信箱：service@showwe.com.tw
	http://www.showwe.com.tw
郵政劃撥	19563868　戶名：秀威資訊科技股份有限公司
展售門市	國家書店【松江門市】
	104 台北市中山區松江路209號1樓
	電話：+886-2-2518-0207　傳真：+886-2-2518-0778
網路訂購	秀威網路書店：https://store.showwe.tw
	國家網路書店：https://www.govbooks.com.tw
法律顧問	毛國樑　律師
總 經 銷	聯合發行股份有限公司
	231新北市新店區寶橋路235巷6弄6號4F
	電話：+886-2-2917-8022　傳真：+886-2-2915-6275

出版日期	2018年9月　BOD一版
定　　價	460元

國家圖書館出版品預行編目

尋訪歐洲名人的蹤跡 / 歐洲華文作家協會著. --
一版. -- 臺北市：釀出版, 2018.09
　　面；　公分
　BOD版
　ISBN 978-986-445-271-2(平裝)

　1.傳記 2.歐洲

784　　　　　　　　　　　　　107013136

讀者回函卡

感謝您購買本書，為提升服務品質，請填妥以下資料，將讀者回函卡直接寄回或傳真本公司，收到您的寶貴意見後，我們會收藏記錄及檢討，謝謝！

如您需要了解本公司最新出版書目、購書優惠或企劃活動，歡迎您上網查詢或下載相關資料：http:// www.showwe.com.tw

您購買的書名：_____

出生日期：_____年_____月_____日

學歷：□高中 (含) 以下　　□大專　　□研究所 (含) 以上

職業：□製造業　□金融業　□資訊業　□軍警　□傳播業　□自由業
　　　□服務業　□公務員　□教職　　□學生　□家管　　□其它____

購書地點：□網路書店　□實體書店　□書展　□郵購　□贈閱　□其他

您從何得知本書的消息？

　　□網路書店　□實體書店　□網路搜尋　□電子報　□書訊　□雜誌

　　□傳播媒體　□親友推薦　□網站推薦　□部落格　□其他_____

您對本書的評價：(請填代號　1.非常滿意　2.滿意　3.尚可　4.再改進)

　　封面設計____　版面編排____　內容____　文／譯筆____　價格____

讀完書後您覺得：

　　□很有收穫　□有收穫　□收穫不多　□沒收穫

對我們的建議：_____

_____

_____

_____

11466
台北市內湖區瑞光路 76 巷 65 號 1 樓

秀威資訊科技股份有限公司　　　收

BOD 數位出版事業部

⋯⋯⋯⋯⋯⋯⋯⋯⋯⋯⋯⋯⋯⋯⋯⋯⋯⋯⋯⋯⋯⋯

（請沿線對折寄回，謝謝！）

姓　　名：＿＿＿＿＿＿＿＿　年齡：＿＿＿＿　性別：□女　□男

郵遞區號：□□□□□

地　　址：＿＿＿＿＿＿＿＿＿＿＿＿＿＿＿＿＿＿＿＿

聯絡電話：(日) ＿＿＿＿＿＿＿＿＿　(夜) ＿＿＿＿＿＿＿＿＿

E-mail：＿＿＿＿＿＿＿＿＿＿＿＿＿＿＿＿＿＿＿＿